JN334711

珠玉の
イギリス庭園をいく

60の緑の楽園ガイド

岩切正介

原書房

目　次

　　庭園の地図　IV
　　はじめに　VI

1章　ロンドン　1
　　1　オスタリ・パーク　2
　　2　チェルシー・フラワー・ショー　7
　　3　テムズ・バリア・パーク　14
　　4　ミドルトン・ハウス　17

2章　南東部──サリー｜ケント｜サセックス　19
　　5　赤い家　20
　　6　グンストン・パーク　23
　　7　ペトワス・ハウス　28
　　8　レナジー庭園　31
　　9　マール・プレイス　36
　　10　グレイト・コンプ　41
　　11　ラリングストーン城　44

3章　南部──ハンプシャ　51
　　12　エグジュバリ　52
　　13　ヒントン・アンプナ　55
　　14　ロングストック水庭　60

4章　南西部──デヴォン｜サマセット　65
　　15　ダーティングトン・ホール　66
　　16　王立園芸協会ローズムア庭園　70
　　17　ザ・ガーデン・ハウス　74
　　18　イースト・ランブルック・マナ　78
　　19　ハナム・コート　84

5章　コッツウォルド地方　89
　　20　ハイグローヴ　90
　　21　アビ・ハウス　97
　　22　バツフォード樹林園　102
　　23　グレンジ・ファーム　105
　　24　セジンコート　107
　　25　ストラトフォード園芸センター　112
　　26　プレストン・ケイプス村の個人庭7つ　113

6章　東部──ケンブリッジシャ｜エセックス｜サフォーク｜ノーフォーク　115

　27　アングルシ・アビ　116　　　28　ヘルミンガム・ホール　120
　29　ギバード庭園　125　　　　30　サンドリンガム離宮　129
　31　サマリトン・ホール　134　　32　イースト・ラストン旧牧師館庭園　139

7章　中東部──ウォリックシャ｜バッキンガムシャ｜ハートフォードシャ｜
　　　　　　　　オックスフォードシャ｜リンカンシャ｜ラトランド　147

　33　パックウッド・ハウス　148　　34　王立バラ協会バラ園　153
　35　ヒューエンデン・マナ　156
　36　ベニングトン・ロードシップ および村の個人庭5つ　159
　37　グリンソープ城　162　　　　38　ブロートン・グレンジ　168
　39　バーンズデイル庭園　173

8章　中部──シュロップシャ｜チェシャ｜スタフォードシャ　181

　40　オースティンバラ園　182　　41　ウォラトン・オールド・ホール　185
　42　トレンタム・エステート　191　43　アーリ・ホール　196

9章　北部──ノーサンバーランド　201

　44　アニク城　202　　　　　　　45　ホウイック・ホール　206
　46　ベルゼイ・ホール　209

10章　コーンウォル　213

　47　ヘリガンの失われた庭　214

ii

目 次

11 章　ウェールズ　219
　　　48　フェドウ・ハウス　220　　　49　アバグラスニ　225
　　　50　ダフリン・ファナント　229　　　51　カエ・ヒール　233
　　　52　国立ウェールズ植物園　241　　　53　ハファド　248

12 章　スコットランド　259
　　　54　インヴェリュー　260　　　55　ブランクリン庭園　265
　　　56　ドラモンド城　267　　　57　リトル・スパルタ　271

13 章　現代庭園の水脈　277
　　　58　グレイヴタイ・マナ　279　　　59　マンステッド・ウッド　292
　　　60　ブレッシンガム庭園　300

　　　あとがき　304
　　　参考資料　306

注：庭園への経路
　各庭園に記載している経路は、主に鉄道を利用した行き方の一例を「目安」として記しています。お出かけになる際は、出発する地点からの経路を再度ご確認の上、お出かけください。
　所要時間は厳密にいうことができない場合が多く、すべてはおよその時間です。最新の情報やさらに詳しい行き方は、Traveline across the UK でご確認ください。

III

1 章

1. オスタリ・パーク
2. チェルシー・フラワー・ショー
3. テムズ・バリア・パーク
4. ミドルトン・ハウス

2 章

5. 赤い家
6. グンストン・パーク
7. ペトワス・ハウス
8. レナジー庭園
9. マール・プレイス
10. グレイト・コンプ
11. ラリングストーン城

3 章

12. エグジュバリ
13. ヒントン・アンプナ
14. ロングストック水庭

4 章

15. ダーティントン・ホール
16. 王立園芸協会ローズムア庭園
17. ザ・ガーデン・ハウス
18. イースト・ランブルック・マナ
19. ハナム・コート

5 章

20. ハイグローヴ
21. アビ・ハウス
22. バツフォード樹林園
23. グレンジ・ファーム
24. セジンコート
25. ストラトフォード園芸センター
26. プレストン・ケイプス村の個人庭7つ

庭園地図

6章
- 27 アングルシ・アビ
- 28 ヘルミンガム・ホール
- 29 ギバード庭園
- 30 サンドリンガム離宮
- 31 サマリトン・ホール
- 32 イースト・ラストン旧牧師館庭園

7章
- 33 パックウッド・ハウス
- 34 王立バラ協会バラ園
- 35 ヒューエンデン・マナ
- 36 ベニングトン・ロードシップおよび村の個人庭5つ
- 37 グリンソープ城
- 38 ブロートン・グレンジ
- 39 バーンズデイル庭園

8章
- 40 オースティンバラ園
- 41 ウォラトン・オールド・ホール
- 42 トレンタム・エステート
- 43 アーリ・ホール

9章
- 44 アニク城
- 45 ホウイック・ホール
- 46 ベルゼイ・ホール

10章
- 47 ヘリガンの失われた庭

11章
- 48 フェドウ・ハウス
- 49 アバグラスニ
- 50 ダフリン・ファナント
- 51 カエ・ヒール
- 52 国立ウェールズ植物園
- 53 ハファド

12章
- 54 インヴェリュー
- 55 ブランクリン庭園
- 56 ドラモンド城
- 57 リトル・スパルタ

13章
- 58 グレイヴタイ・マナ
- 59 マンステッド・ウッド
- 60 ブレッシンガム庭園

v

はじめに

　フランスは料理の国という言い方が許されるなら、イギリスは庭園の国といってもいいであろう。イギリスの庭作りは、いまも盛んで、多くの個人庭があり、中規模、大規模の名園がある。現在、何らかの形で、公開されている庭は、約5000を数える。そこから選んで、いろいろな庭園案内書が作られ、1200庭を選ぶ本もあれば、1000、500、200、100の庭を収載する案内書もある。740の庭を紹介するウェブ・サイトもある。

　私はこれまで、イギリスの庭を庭園史や様式史という観点から紹介したことがあるが、それはアルプスの稜線を目で追うような作業なので、中腹や裾野は視界に入らない。しかし、中腹や裾野にある庭こそ数も多く、イギリス人たちが作り、作ってきた庭の実態をよく物語るものである。今回は、こうした庭を紹介したいと考えた。

　2010年、約6ヵ月、ロンドンに滞在し、そこを拠点に、ウェールズやスコットランドも含め、東西南北に足を延ばして、約90の庭を見た。感じたことは、やはりイギリスの庭の奥深さ、その厚みであった。さまざまな人がさまざまな庭を作る、多様で構想力に富んだ活動には、目を見張るものがあった。イギリス人の庭作りには、確かな勢いがあり、太い流れがある。富裕層、中流、庶民ともに、よく庭に取り組む。チェルシー・フラワー・ショーの盛況も、こうした背景があってのことだと了解される。

　イギリス現代庭園の要点は、花をいかに美しく見せるかであり、設計に工夫を凝らすところにある。見事な設計の中で一段と映える花の華麗さや優美さは格別である。このようなイギリス現代庭園を支えるのが、盛んな花卉栽培であり、イギリス人の園芸好きであることはいうまでもない。イギリス人の庭好きや花好きは、昔からで、植物の狩人たちが世界の各地に出かけ、多くの花を持ち帰った。その活動は17世紀に始まり、多くの者が歴史に名を残している。

　イタリアはルネサンス期に独創的な庭を作り、フランスは18世紀のルイ14世の時代にこれまた独創的な庭を作ったが、盛況はその時期だけに止まり、イギリ

スが17世紀以来、時代ごとに特徴のある庭を作ってきたのとは、対照的である。イタリアの庭にしろ、フランスの庭にしろ、いってみれば土木工事で立体的に作るのが特徴で、花は主役ではない。多様な噴水と大小の水面が目玉といえばいえる。この点でもイギリスの庭作りとは異なる。どの時代の庭でも花や木が多く使われ、自然との親和性が強いイギリスの庭は、日本人の趣向に応えるものではないか。一人でも多くの日本人がイギリスの庭を訪れ、日本の庭作りが新しい方向へ向かって、いっそう盛んになることを祈っている。

なお、庭園名は、あまりに長くならないために便宜的な略称とし、正確な英名は、本文中の見出しに示した。また、章別、すなわち地方の分け方も便宜的なものである。

第13章は、現代イギリス庭園の流れを描いた補章である。参考になればと思って付け加えた。

1

ロンドン
LONDON

1　オスタリ・パーク　Osterley Park and House

4月29日

銀行家の風景式庭園

　ロンドン近郊のオスタリ・パークは、現在はナショナル・トラストが所有しているが、18世紀の風景式庭園である。

　建築家アダムの手による18世紀の立派な屋敷も残されている。銀行業で財を築いたフランシス・チャイルドが、1713年、借金のかたに、この土地と屋敷を獲得して別荘にし、客のもてなしに使った。孫の二人——フランシス（同名。1763年急死）とロバート兄弟が、1761年から20数年かけて改修に乗り出し、いま残る屋敷と風景式庭園、それから、愉しみの庭である装飾庭園を作った。

　銀行家のフランシス・チャイルドは、シティ（現在は金融街）の金細工師だったが、やがて金融の分野に進出し、不動産投資で蓄財し、ロンドン市長も務めた人物である。チャイルド家は、銀行以外にも当時の東インド会社に深く関わり、巨万の富を得た。当時、ロンドン西郊は、富裕層の間で別荘地として人気があった。風向きがよく、シティの煤煙と悪臭が届かなかったからである。

　現在では、風景式庭園の約半分は切り取られてしまったが、屋敷に近い所はそのまま残されている。屋敷の前に広い芝生が広がり、適所に木立があって、右手の湖は、先へ向かって細長く伸びる。木立は、針葉樹、広葉樹、花木からなり、全体に色彩と形がよく調和する。木々をうまく配置する技術が、18世紀のイギリス風景式庭園で磨かれたことを物語る。若葉の柔らかい緑葉はニュアンスに富み、針葉樹の濃く強い緑と対照的である。右手に、全体を真っ赤に染めた花木が2本見え、風景を引き締める。そばには1本の八重桜がある。樹木が庭の周囲を囲み、静けさが漂う。

愉しみの庭——その独自性

　屋敷の裏手にある愉しみの庭 (pleasure gardens または pleasure grounds) は、屋敷に住む者が、手軽に園芸や散策をするための空間で、18世紀の中頃、風景式庭園が盛んだった頃にも簡単なものは作られた。次第に重視され、屋敷と一体と

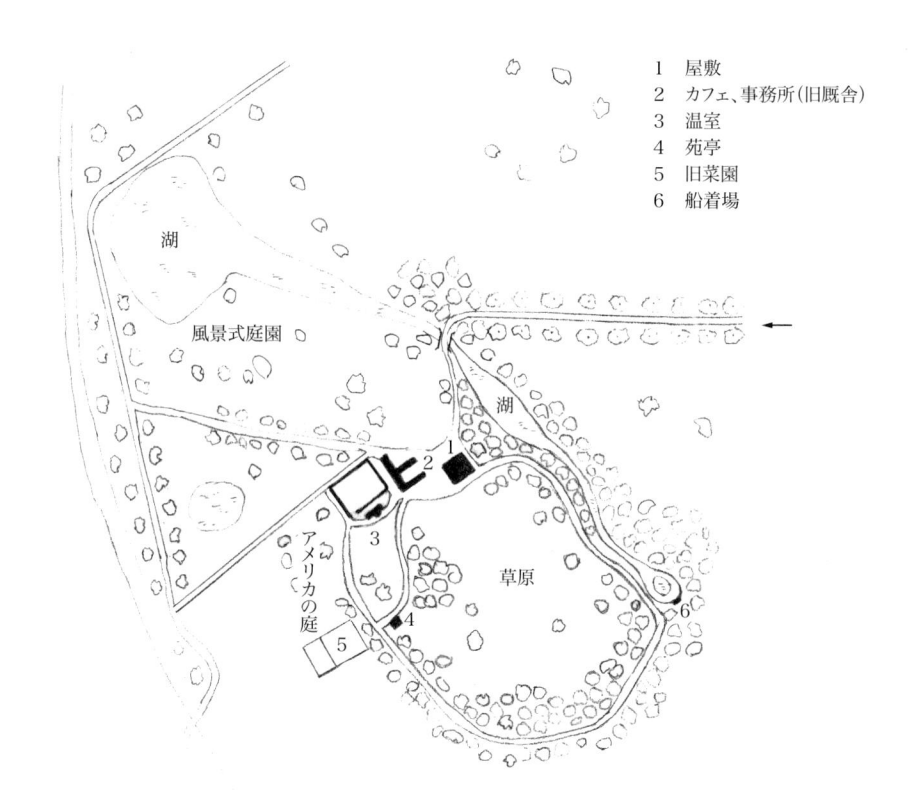

```
1  屋敷
2  カフェ、事務所(旧厩舎)
3  温室
4  苑亭
5  旧菜園
6  船着場
```

なって、屋外室 outdoor rooms のように充実していくのは 18 世紀末である。そこは接客や社交の場所にもなった。一般に、花好きの主人や夫人が花壇を作り、温室に珍種を集め、バラ園を作り、芝生地には、流行の灌木や針葉樹を植え、噴水や小池を設け、彫像を置き、苑亭を配し、好みであれば鳥屋も置く、というのが標準的な作り方だった。オスタリ・パークの愉しみの庭には、北アメリカの樹木を集めた「アメリカの庭」も作られた。

　しかし、オスタリ・パークの愉しみの庭は独特である。自然の区画がかなり広く取られている。そこは「草原」と名付けられ、18 世紀以来、土地には一度も鍬が入れられたことがなく、自然の生態系が保たれているという。いま、訪問者は周囲の順路を回っていく。「草原」といっても、周辺には木立が見え、樹形、葉の色彩、質感はさまざまだが、景観としてレベルが高い。目を引くのは、木立の間に広がるブルーベルで、あたかも青い絨毯さながらで、これが歩くにつれて次々

1―ロンドン

草原と屋敷（裏）

と現れる。

　順路のちょうど中間点に、眺望点があり、一枚の絵のように、明るい煉瓦の屋敷を遠望することができる。さらに順路に沿っていくと船乗場がある。その昔、愉しみの庭を堪能した賓客たちは、ここから小型の帆船に乗って湖に遊んだ。湖は細長い。時に、表側の広い湖へも出たであろう。表裏２つの湖は細くくびれてつながっている。もともと風景式庭園に作られる湖は、ひとつにこうした船遊びの場であった。この庭では、それを愉しみの庭にも設けたのである。賓客たちがちょうど船に乗り込む場面を描いた18世紀当時の絵画が残されている。いまにも貴婦人たちの表情や手脚が優雅に動き出し、会話のさざめきさえ聞こえてくるような絵である。

　愉しみの庭を歩む間、小鳥の鳴き声が、快く耳に響く。その鳴き声は数種は下らない。ここは、小鳥たちの天国。同様に、人間もしばし楽園にいるかのような至福に浸る所である。

　この「草原」は、表側の風景式庭園の写しといってよいであろう。小型にしてここに置いた。景観が似ている点、散策の楽しみ、また小まわりながら湖の船遊びができる点などがほぼそっくり。屋敷の裏正面にぴったり対応しているのも、

湖と屋敷正面　　　　　　　　　　　船遊びの湖

重視の現れではないか。

　屋敷の裏手に辿り着き、中央の階段を上がって、テラスから「草原」を展望すれば、目の高さも理想的で、美しく眺められる。

屋敷の部屋

　草原に臨むテラスの背後にあるのが、社交の中心の場「ロング・ギャラリー」である。長さは40m あった。なにやらヴェルサイユ宮殿の「鏡の間」のような、屋敷の2階である。2階には、食事室、朝食の間、図書室、主人の間、主人の寝室、夫人の寝室と化粧の間、子供たちの部屋、女性室（ドローイング・ルーム）があり、他に、客の寝室が10室あった。なにより国王をお泊めした超豪華な寝室がある。泊まった王の名は、ジョージ3世。王の寝室は、王が泊まる以外は使わない。無駄といえば、無駄。だが、家格の象徴。なお、ドローイング・ルームだが、ここは、女性たちが集まって、茶を飲み、トランプをし、会話し、楽器を弾き、また歌ったりしたところである。

　1階、といっても作りからすれば、半地下だが、ここは屋敷の生活を支えた裏方の階で、台所、石炭貯蔵所、ワインとビールの倉、洗濯室、家僕たちの寝室、屋敷の運営を仕切った執事と補佐役たちの部屋が置かれている。家僕たちの数は、50名ほどだったという。

18世紀、ここに屋敷を構えた銀行家チャイルド家の食を賄ったのは、菜園だが、これは、やや離れて「草原」の順路の外側にあった。いま別人の所有で、見ることはできない。かつてその維持費は、今のお金にして、100万ポンドほど。日本のお金でいえば、およそ1億5000万円である。チャイルド家は、飛び切りの金持ちだったにしても、18世紀のイギリス・ブルジョワの家政の規模のすごさが伺える。菜園では、屋敷の部屋や食卓、また宴会の時、ご夫人たちの身を飾る花が、ふんだんに育てられた。ロンドンの屋敷にも、籠に詰め、野菜や果物が届けられた。

グレシャムの別荘だった

　オスタリ・パークは、遡って16世紀には、王立取引所を設立したことで有名なグレシャムの所有地だった。グレシャムは、ロンドンの織物商だったが、貿易の先進都市オランダのアムステルダムを拠点に、貿易で活躍し、アムステルダムの取引所を範例として、イギリスの関係者を募り、ロンドンのシティに王立取引所を建立したエリザベス女王時代の人物である。エリザベス女王は、2度、ここグレシャムの別荘を訪れ、一夕の歓待を受け、お泊まりになった。

　グレシャム時代の建物が今もひとつ残され、ナショナル・トラストの事務所や売店、カフェなどが入っている。カフェでは、軽い昼食がとれ、一息つける。そこは、かつて、グレシャム家の厩舎で、馬車と馬が入った。屋敷から見て左手にあり、煉瓦作りの大きな建物である。

住所 ▶ Jersey Road, Isleworth, London TW7 4RB
経路 ▶ London Osterley 駅（地下鉄ピカデリー線）から徒歩20分。

2　チェルシー・フラワー・ショー　Chelsea Flower Show

5月27日

パビリオン——花の魔術の世界

　終日、チェルシー・フラワー・ショーの会場で過ごす。会場は、テムズ川に沿うロイヤル・ホスピタルの敷地である。大別すると、ここでは3つのことを楽しむ。パビリオンで展示される種苗園（会社）の花、30を越える庭園、それから園芸用品などの販売店である。10時頃からすでに人であふれ、見学するのはおろか、歩くのも大変といった状況になった。

　パビリオンの中では、110ほどの種苗園の展示する花と植物が、碁盤の目状に陳列され、品種改良された鮮やかな花々が妍を競う。百合、シャクヤク、ボタン、チューリップ、水仙、クレマチス、蘭、バラ、デルフィニウム。色彩と形の多様さは、目を見張るばかりの世界で、斑や模様もじつにさまざま。百合、チューリップ、クレマチスなどは、花を大型に改良したものが目立つ。日本の菊も、まったく新しい色と形が多数、作り出されていた。紅葉は、樹が小振りで細葉の野村系の品種が、まとまって展示されている。日本趣味では、他に盆栽が2ヵ所に展示されており、いずれも相当な出来映え。ヒアシンス、ルピナス、アイリスも多種多様。南国を思わせるオレンジ色や赤色のヘリコニウムも目につく。花だけでなく葉物もある。葉色は、緑、黄色、臙脂など。この頃、庭でもよく使われるグラスも見られる。広い葉を広げるホスタにも珍種がたくさんある。

　総じて目立つのはバラと蘭で、それぞれ3つの種苗園が展示を競っていた。著名なバラの育種家デイヴィッド・オースチンも、広い展示場を設置して、咲きそろうバラを見せていた。わざわざ、本拠地ウォルバーハンプトンにあるバラ園（No.40参照）まで足を運ばなくても、精髄が見られるほど多彩なバラが揃っている。

　とりわけ目を見張るのはサボテンの展示場で、100は超える球形のサボテンが花をつけ、繊細なトゲを広げて、全体で1枚の絨毯のように並んでいた。サボテンは大きいものでスイカ級、小さいものは梨やスモモ級で、大きさの違いは驚くほど。第一、花が咲き揃っているところが、驚嘆に値する。

1 ―ロンドン

自然風植栽の庭　　　　　　　　デイリー・テレグラフの庭

　非常に変わっていたのは、農作物の装飾的な展示。これは内容でいえば、畑の作物の総合展示だが、装飾性豊かにまとめた感覚がすばらしい。西洋に伝わる伝統かもしれないが、意外感に突かれて、見とれる。しばらく時間をあけてから、また見にこようと外まわりに出かける。この日は、合わせて、5度ほど、パビリオンに入った。フラワー・ショーの名のごとく、この催しの中心は花なのである。

フラワー・デザインのおもしろさ
　外まわりの時に、Flower Design という展示会場があることに気づき入った。食卓や室内、ホテルのホールや玄関、宴のテーブルに飾る花の細工物。イギリスの貴族の館では、切花をうまく取り合わせて室内や食卓を飾ってきた伝統を彷彿とさせる。いまでも、冠婚葬祭にフラワー・デザインは欠かせない。お屋敷で長らく花飾りを作ってきたのはお雇いの庭師だったが、現在はプロのデザイナーも生まれている。
　展示会場には、大小の作品が並び、色彩は暖色系から寒色系まで。花瓶に挿したものから、木組みに花をあしらったもの。さらにステンレスの柱のまわりに、螺旋状に5つの台を設けた大がかりなもの。そういえば、パビリオンにも王立園

チェルシー・フラワー・ショー

永遠の喜び

芸協会の競技会で入賞した作品が展示されていた。

　フラワー・ショー期間中に、専門家による実演とトークショーがある。掲示によれば、45分のプログラムが1日5回あり、そのつど講師が替わる。この日は、最後の2つのプログラムが残されていたので、それを見た。

　最初の実演者は、若い22歳の新鋭。英国の競技会で2連覇。代表でヨーロッパの競技会に出場するという。たえず司会者とやりとりし、観客の質問に答え、作品を整えていく。完成すると司会者は作品を高く掲げ、会場の客に見せる。演台の左右にテレビ画面があって、作業の次第やできた作品を映し出す。こんな運びで、4つの作品を仕上げてみせてくれた。いずれも、白、緑、青などが中心の寒色系のもので、比較的、単純ながら、色の調和と形の均衡はさすがだった。

　次の講師は、オーストラリアでも活躍した中堅。フラワー・デザインとは関係のない話もしながら、手も休みなく働かせて作品を仕上げていく。絵画や彫刻と異なり、躊躇したりせず、やり直も一切ない。シンプルに作りますよ、といいながら花や葉を駆使し、結局、10種以上を使って作品にする。色が合う、テクスチャーが異なる、動きが出る、などと表現しながら手を加えていくのである。花瓶の底に入れた剣山に差し込んでいく方法の外に、左の掌で次々と握り束ねてゆき、最

1―ロンドン

後は一気にひもで縛り、テープを回して固定するという手順も見せてくれた。それを花瓶に活けると完成。時間超過で5つも作ってくれた。どの作品も中堅だけに、手堅い。参加者はいつでも、聞きたいことを尋ねていい。質問は5つほど出され、その都度、講師は素直に、あるいはひとひねりして答える。トークと応答も必要な才能のうちかもしれない。

　この分野ではいま、男性のライシットや女性のクーパーが有名で、国際会議や重要式典、宴会の花飾りを担当し、雑誌で紹介され、テレビに登場する。

やはり見事な庭園がある

　さて肝心の庭園だが、どこも二重三重の人垣で、イギリス人は背が高いから、肩越しにともいかない。運良く瞬間できる隙間から、垣間見る程度。人垣の後ろにじっと立って待っていれば、やがて人は去り、いちばん前に出て、ようやく庭と対面できる。それでも右や左に視点を移して見ることはできない。庭園ごとにこんな面倒をくり返すことはできない。時間をおいて何度も回り、垣間見ることを繰り返し、一部から全体を推し量る。ときには人垣が途切れている庭に遭遇する。

　よいと思ったのは、ふたつ。ひとつは、デイリー・テレグラフの庭 The Daily Telegrapf Garden で、設計はスタージャン、後援が新聞のデイリー・テレグラフ紙という庭。奥に向かって細長い長方形の庭である。茶色の鋼鉄板を2ヵ所に立て並べ、比較的、低い植物で構成され、植物の色は淡く、寒色系で落ち着く。印象は、「洒落ている」である。庭に砂利、歩路は厚石板。厚石板はそれぞれが長く、90度でつながり、庭を縦に、また横に走る。花鉢を並べる細長い石台もあって、立体的。いちばん奥に、ひとが寛ぐテラス。そこには木陰と水のカーテンがある。すっきりした作りが、とてもよい。

　もうひとつは、都会に住む多忙な人の庭。「手間を省いた」が謳い文句で、狭い空間を立体的に使う。高い壁に植物を密着させ、底面は掘り下げ、小さな机と椅子を置く。椅子は、室内の家具のように布張り。椅子に座って対面するのはガラスの水槽。さらにその向こうに、高いガラス板を静かに流れ落ちるのが布状の水。机の横手には小さな特注の炉が作られ、棚には薪が貯蔵されている。小さな花壇やこまかな細工もある。ここで、読書、あるいはお茶やワイン、あるいは語らい。快く落ち着くことだろう。庭は、名付けて「永遠の喜び」A Joy Forever。

設計は女性で、ケイト・グールド。永遠の時間を錯覚させてくれるかもしれない。この庭も先の庭も、この点で共通している。囲われ、守られているという安心な閉鎖性、同時にその反対に、どこか広い世界や別次元の時間につながっているという果てしない開放感。これは庭園の本当の良否を分ける要ともいえ、庭の質を非凡と凡庸とにきっぱりと分ける。

　ちなみに、『チェルシー・フラワー・ショー総合案内　2010年5月25-29日 (p.38)』の説明によれば、デイリー・テレグラフの庭は、「旅行で構想を得た小石敷きの庭。南アフリカの岬のフィンボス（ヒースに似た灌木。群生地は、2004年に世界遺産に登録された）、地中海のマルタ島特有の灌木群落、カリフォルニアとメキシコのチャパラル（夏は乾燥し暑く、冬は寒く湿ったカリフォルニアの気候に対応した常緑の低木群落）、そしてチリ中央部の灌木群落の景観の記憶を呼び覚ます。植物は異国風。だが、イギリスの固有種も使われ、庭の雰囲気が和らぎ、色彩も明るい。茶色に着色した鋼鉄の衝立が庭園に並び、庭に建築性と彫刻性を与え、同時に視界を調整する。直線的な石の苑路（直角に折れ曲がっている）を歩けば、視界が変化し、庭の奥まで透かし見える。植物がまばらな小石敷きの空間でこれまでの旅を回想する。そして奥へ。瞑想にふさわしい、コルク樫の木陰と壁を伝って落ちる水音の世界に至る（要約）」。

　やや気負い過ぎた説明であろうか。作者は、地中海の乾いた風景を見ているうちに着想したと語っている。そして、維持の簡単さも考慮した、と。彼はすでに4度、ここで金賞に輝いている。ともあれ、同じく異国をテーマにした庭でも、「マレーシア旅の庭」（異国風景）や「オーストラリア平原に遊ぶ庭」（レジャー）などとは、一線を画している。

　よいと思う庭が他に3つあった。構想や名前は異なるが、共通して素朴簡明な自然を写した庭である。白樺など、疎らな木立と低い植物・花で構成され、陽光と微風を感じる。自然の風景を模した庭園として、日本の住宅でもすぐに応用できるだろう。

　最後に、もうひとつ。今年度からチェルシー・フラワー・ショーの新しい支援者になったM&G Investments（投資銀行）が出展した「M&G Gardens」は、派手ではないが、構想は示唆に富む。デイリー・テレグラフの庭と同じように長方形だが、幅広く通路に面して、奥行きが浅い。中央に木造の苑亭があり、手前に

デイリー・テレグラフの庭

は円形の小池がある。小池に沿って、左右二本、苑路が苑亭に向かう。苑路はバラのパーゴラの影の下。苑路沿いにはラヴェンダー、ツルニチニチソウ、ヨモギなど。苑亭の背後と左手に、樹木。「伝統的なイギリスの庭。歴史に耐え、変化をくぐり抜けて来た庭。これからも長く持続するはずの、そうあって欲しい庭」だという。木材は地元の森から伐採し、石材も地元で調達。樹木や植物・花はみなイギリス育ち。ショーが終われば、木材や石材は、解体されて再利用へ回され、樹木と植物・花は、寄贈される、という。

　庭の展示は 3 部門あり、金賞、銀賞で話題になるのは、一般庭園 Show Gardens と呼ばれる部門で、今年 2010 年の参加は 15 庭だった。展示部門は他に、都市型庭園 Urban Gardens 部門があり、参加は 12 庭。中庭部門 Courtyard Gardens は 9 庭。今年の一般庭園部門の金賞は、「デイリー・テレグラフの庭」、都市型庭園の部門では「永遠の喜び」だった。

店舗・環境配慮・生物多様性
　さて、最後に、賑やかに立ち並ぶ園芸用品店を見よう。シャベル、剪定ばさみ、手袋、長靴、芝刈機、散水機器。植木鉢に飾り鉢、噴水に日時計など庭園装飾品。とにかく多彩。お祭り気分を振りまくのは、なんといっても彫刻類。種類も多く大小さまざま。鳥も動物も人間も、写実的にあるいは変形されて、じつに豊富。庭用の卓や椅子も、苑亭や温室も展示されている。応接セットのような布張りの椅子やソファーはそこで使うものなのだろう。立ち並ぶ店舗には、バッグやマグ

など手頃な記念品も多く、写真や植物画、香水や化粧品も売られている。ぶらぶら見物して行くと、気持ちが華やぐ。

今年のフラワー・ショーは環境配慮型だった。食材もなるべく地産地消で、長距離輸送で発生する炭酸ガスを抑え、電力と水も節約の対象。天然資源の消費をできるだけ抑えて、持続可能性に寄与するために、プラスチックはできるだけ使わず、リサイクル可能な素材を使い、店舗にも同様の配慮を求めたという。ちなみに、「永遠の喜び」の庭では、屋根から落ちる雨水を集めて流していた。

このフラワー・ショーと直接関係はないが、国連が2011〜2020年を生物多様性の10年と位置づけ、王立園芸協会も「都市開発が進む」「野生の命が脅かされている」「庭は生物多様性に寄与する」「会員になって、野生生物の天国を創ろう」と、『総合案内』のページを割いて訴えている。

8時間ほど会場にいたが、驚きと感動は、やはり、パビリオンの花と植物。自然から生まれ、人間が育てた驚異の世界である。自然と交配の華麗すぎる神秘の世界である。

今年チェルシー・フラワー・ショーで与えられた賞は、意外に多い。庭では先述の3部門。パビリオンの花と植物では、「優れた展示」「創造的な展示」「優れた新種」の3部門。花飾りの部門では、最優秀作品と、最優秀作家、そして、もっとも優れた若手作家の3部門である。

王立園芸協会主催のフラワー・ショーは、チェルシーの他にも、ハンプトン・コート（サリー州、7月上旬）や北のタットン・パーク（チェシャ州、7月下旬）もあるし、ロンドンや地方で春や秋の展示会もある。ロンドンの小さい催しを拾うと、秋の収穫展、植物＆設計展、蘭展、植物画展、環境に優しい庭作り展などがあり、どれも興味深い。

住所 ▶ Royal Chelsea Hospital, London SW3 4SR
経路 ▶ London Sloane Square 駅（地下鉄ディストリクト線・サークル線）より徒歩10分。

3　テムズ・バリア・パーク　Thames Barrier Park

5月30日

斬新な生垣造形――音楽の律動か

　ロンドンの地下鉄網のほぼ東端といっていい場所からテムズ川沿いに東へ、ドックランズ・ライト・レイルウェイが走っている。かつて香辛料、コーヒーに紅茶、砂糖、象牙に葡萄酒など、また、穀物や木材などが陸揚げされた場所である。そこには埠頭や倉庫が並び、税関の建物もあった。また、船渠が並び、造船が行われ、航海で傷んだ船が修理された。東インド会社のドックもこの一画にあった。混み合って不便な国営のドックを避けて、有力な会社はそれぞれドックを造り、左岸に沿って15キロほど連なり、繁栄を極めた。時代が流れ、大型のコンテナ船が主流になるなど、諸因が重なり、1960年代に衰微した。現在は再開発によって工業団地と住宅に変わった。路線から眺める住宅は、イギリスの伝統的な煉瓦作りの家屋ではなく、世界共通の箱形高層の住宅で、それがどこまでも続き、テムズ川の水面も時に見える。

　ポントゥーン・ドック駅で降りると、目前に広い公園がある。これがテムズ・バリア・パークである。駅から最寄りの一画に話題の庭があり、誰しも、長く伸びる、誰も見たことがない緑の光景に一瞬、目を見張る。長さ100m、深さ5m、幅30mという規模（とりあえずの目測）で掘り下げられた所に、まっすぐ伸びていくイチイの6筋の刈込垣が併走する。生垣は、平凡ではない。それぞれが、律動しながら変化する。ここで律動とは波打つこと。生垣は所によって平面に下って花壇となり、ふたたび隆起して先へ走る。それに交じって、1本の、これも長い花壇が100m走る。併走する芝生の苑路が1本。左右に舗道がやはり併走する。壁面は左右とも、植物で覆われ、緑一色の壁。この庭園を歩くには？　入口は先方にある。そこまで行き、反転して、芝生の斜面を降りる。入口は、左右に1つずつ。花壇の花は、淡青や白など、寒色系で、緑と親和的で背丈も低い。自己主張せず脇役に徹している。主役は、あくまでも緑の生垣。

　これは、彫刻的な庭である。造形のリズムが快い。人は、音楽の旋律を思いおこすかもしれない。苑路や花壇は低く水平で、上下動しないので、通奏低音。6

本の高下する生垣は、6つの楽器が奏でる楽曲といった具合に。

　イチイの低木を造形的に刈込む、あるいはイチイの生垣を遊技的に刈込む。そこに遊び心を発揮する。このようなこれまでの造形刈込み（装飾刈込み）には、鳩、クジャク、リスの他、なんでもある。円錐形、角錐形、紡錘形もある。所々に球や立方体やクジャクを乗せた生垣もある。生垣自体に、自然な丸みを持たせ連続させるものもある。しかし、ここで目にするのは、従来のものとはまったく異なる。誰も見たことがなく、誰も作ったことがない独創性がある。

　フランスの景観造形家プロヴォとクスランの二人が、1995〜2000年にかけて制作した。二人は仕事仲間。プロヴォの作品は、シトロエン公園、ヴァンサンヌの森、ラ・デファンスなど話題を呼ぶものが多い。

　ここはもともとドックが集まっていた場所。それがなくなった代わりに緑のドック Green Dock を作る。これが二人の構想だった。すると、花壇の花はテムズ川のさざ波。あるいは水面。波打つ生垣は、世界の六つの海を渡る間、船体に記憶された波のうねりか。はたまた待ち受ける荒波か。荒れ時のテムズ川のうねりか。ともあれ行ってみたいところ。人間のとびきりの想像力、そして優れた創

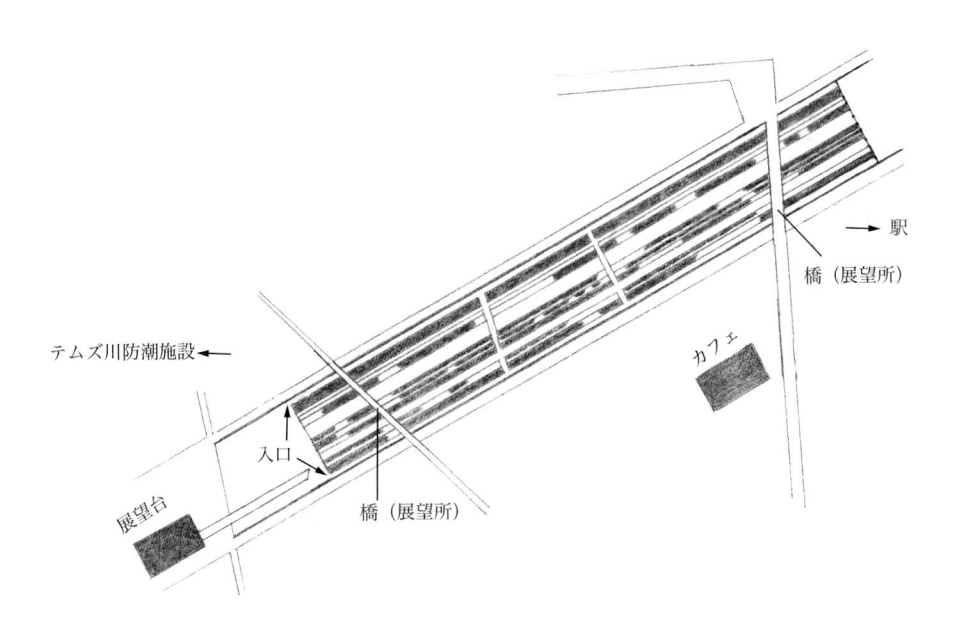

1 ─ ロンドン

造力に高揚感を覚える。

住所▶ North Woolwich Road, London E16 2HP
経路▶ London Pontoondog（DLR）駅下車。徒歩 2 分。

4　ミドルトン・ハウス　Myddelton House Gardens

5月30日

植物収集家の庭

　ミドルトンの庭は、伝説的に有名だったボウルズが作り上げた庭である。植物の収集にのめり込んで、多くの珍種を集めた。庭はボウルズ個人の植物園だった。その珍種を見るために、全国から植物に目のない男たちがここを訪れ、外国からもやって来た。ボウルズの生家は、印刷・地図製作を手がけてきた家。独学ながら植物の知識は極めつき。植物収集のために足をのばした場所のひとつが、フランスとスペイン国境にまたがるピレネー山脈で、ここをモデルに、庭の川辺に岩庭を作った。ボウルズの死後、顧みられなかった庭は、1984年以降、2つの団体の協力でかなり復元された。完全な復元に向けて、今も作業が続く。

　ここは、いわゆる植物収集家 plantsman の庭。植物をこよなく愛し、深く知り、集めた人の庭。そのような人にとって、庭は、集めた植物を植える場所。庭の作りはあまり重視されない。ここでも所狭しとさまざまな植物、花や灌木が密植されている。いまミドルトンが集めた珍種もいくらか残る。古い屋敷だから、庭の高木が風に揺れ、深い影を落とす。庭のそこここに藤棚。庭の自慢は、歴代の有名なアイリス（アヤメ科の植物）が揃っていること。ボウルズが掘った池に睡蓮

屋敷と温室　　　　　　　　　　　庭の中心部

1 ―ロンドン

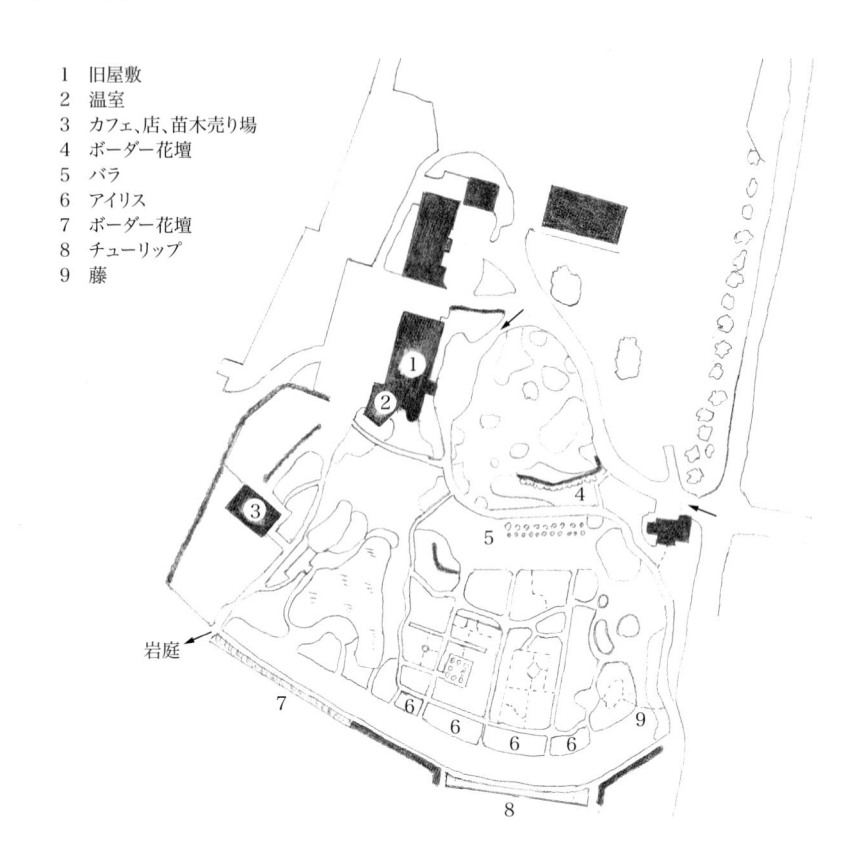

1　旧屋敷
2　温室
3　カフェ、店、苗木売り場
4　ボーダー花壇
5　バラ
6　アイリス
7　ボーダー花壇
8　チューリップ
9　藤

が浮かぶ。ヴィクトリア時代の名残りか、白塗りで繊細なデザインの立派な温室もある。

　ボウルズが生きた時代は、現代庭園がジーキルによって生み出され、ついで、ジョンストン少佐、そしてヴィタ・サックヴィル＝ウェストの手で、洗練されていった時代。つまり、新たな庭園史が刻まれていった時代だった。それには無関心で、ひたすら自分の流儀で植物と庭に浸った人物が、ボウルズ。英国の庭園史の周辺には、このような人物が少なくないように思われる。

住所▶ Bulls Cross, Enfield, London　EN2 9HG
経路▶ london Liverpool Street 駅から London Turkey Steet 駅まで27分。徒歩15分。

18

2

南東部
サリー｜ケント｜サセックス
SURREY｜KENT｜SUSSEX

5　赤い家　*Red House*

5月3日

モリスの世界

　モダン・デザインの巨匠モリスゆかりの「赤い家」は、ロンドン・ブリッジ駅から約30分、ベクスリヒース駅で下車し、歩いておよそ1キロである。
　訪問者は多い。昼過ぎに、ガイドの説明を受けて赤い家を見てまわる。2階にあるモリスの仕事部屋は、南、北、東の三方に窓があり、部屋も天井も不思議な複雑さを見せるが、親密感があって心地よい。南窓から庭にあるトンガリ屋根の井戸が見下ろせる。かつて北窓からはモリスが作った中世風の小庭が2つ見下ろせたが、いま跡形もない。東窓から果樹園が見えた。帯状の果樹園には少なくともリンゴと梨があって、5月は花盛り。モリスの仕事場は屋敷のいちばんよい場所にあったのだと思われる。
　モリスが客人をもてなした食堂は、玄関を入って右手にある。大きな長卓が中央に置かれていた。卓いっぱいにご馳走をのせ、10人は超える人々に囲まれることもあり、そうした光景を写した写真が残されている。
　赤い家の設計は、友人で仕事仲間であった建築家ウェッブが主に担当し、内装はモリス自身が整え、工期1年で完成した。建物の外観は相当複雑である。内部はさらに込み入っているが、すみずみまで細工や装飾に手を尽くし、温かみがある。中世の建物の素朴さを生かし、巧みに近代的に仕立て直したのが魅力の秘密だろうか。
　内部の装飾、たとえば壁紙などは、モリスが5年 (1860-65) 住んで手放したあと、次々と所有者になった人たちが変えてしまったこともあり、ナショナル・トラストの手に移ってからも、かならずしも復元的ではない。

現在の庭

　庭の方は全面改修といえるほど変わったが、建物と調和する。果樹園は東から西に移った。果樹園の手前にバラのパーゴラが走り、その手前、つまり建物にいちばん近いところに、ボーリング・グリーンがある。ボーリング・グリーンはモ

赤い家

トンガリ屋根がある井戸

平面ボーダー

リスの時代からここにあった。ボーリング・グリーンは規則が簡単な球転がしの遊びである。

　果樹園がなくなった東の庭には、新しく複数のボーダー花壇が作られた。形は当時の素朴な平面型。ジーキルが後に創りだし現代の主流となった傾斜型ではない。いま、若葉の淡い緑と、忘れな草の薄青色が柔和な調和を見せる。

昔の小庭と壁紙

　モリスがかつて仕事部屋から眺めた小庭は、手前が正方形、その先の庭が長方形をした整形庭園で、小枝を編んだ柵で囲われていた。一定の間隔で木杭を打

ち、横に小枝を縫うように通した目の粗い柵で、ワットルと呼ばれ、中世の庭でよく使われたものである。ワットルはいつか木組みの格子に変わったと推定される。庭に何が植えられていたか、史料もなくわからないが、昔ながらのイギリスの植物が自由に植えられていたとされる。モリスの小庭の様子を知るには、エドワード・バーン＝ジョーンズが描いた「バックギャモンをする二人」の絵も参考になる。小花が咲き乱れる中世風の小庭でバックギャモンの盤に向かい合う男女が描かれ、小庭は格子の木柵に囲まれている。ちなみにバックギャモンは、サイコロを振って15の駒を早く相手の陣地に入れることを競うゲームで、インド起源、中近東で人気のあった遊びである。

モリスは、花壇の花が描き出す模様に魅せられた。モリスの最初の壁紙は「格子の花」だが、これは格子組みの柵に這い上がる赤いバラを意匠化したもの。花と蔓の間に小鳥と蝶があしらわれている。初期の「ひなげし」も、花壇から誕生した。壁紙「ひまわり」「マリーゴールド」も同様であろう。

この赤い家は、モリス世界の出発点を強く感じさせるところで、興味深い。

なお、市政改編により、現在、赤い家はロンドンに属する。

住所▶ Red House Lane, Upton, Bexleyheath , London DA6 8JF
経路▶ London Bridge 駅から Bexleyheath 駅へ30分、徒歩10分。

6 グンストン・パーク　*Goodnestone Park Gardens*

5月6日

楽しい道行き

　ロンドン・ヴィクトリア駅からエイルシャム駅へ。車窓に見えるケント州の風景が目を楽しませる。穏やかに波打つ丘陵が特徴で、そこに、牧草畑の緑、菜種畑の黄色、淡いさまざまな緑を織り込む林、花咲くリンゴ畑などが続く。
　駅から歩く距離は、3 km 強。ふつうなら、30分で到着する。
　一般道路から私道に折れて、屋敷に近づく途中、右手に見事な風景式庭園が見える。広い芝生の斜面が樹林の帯で囲われている。その帯をなす木々の緑のニュアンスは豊かで、樹林の帯は、大胆に引っ込み、反転してせり出してくる。ここに変化の妙がある。緑一色の世界である。その中に臙脂色の若葉をつけた樹が1本。よいアクセントである。さらにもう1本、葉はオレンジ色に近い。今見ているのは、車窓の風景とは違い、洗練された芸術の風景である。18世紀の半ば、ブラウン（後出）が創出し、イギリスの貴族層を魅了した風景。イギリス全土を覆うほどたくさん作られた。グンストンの風景式庭園を設計した人物は誰か、これは伝わっていない。が、出来映えはよい。ただ、往時の風景式庭園に必ず見えた鹿や牛、あるいは羊の姿は見えない。生き物のいない静謐な風景が、5月の陽を浴びてシンとしている。
　門を入って、最初にティー・ルームがある。かつてはオレンジ舎（オレンジ温室）だった。扉も壁も天井も白色の室内。卓はゆったりと10あまり。メニューには、ハム中心のランチや野菜キッシュなど3品で、サラダは自由取り。

テラスの庭と壁囲いの庭

　いざ、庭園へ。風景式庭園を臨むテラスへ出て、行きつ戻りつ見る。そこから見る風景式庭園は、「泣きたくなるほど美しい」。ブルーノ・タウトが桂離宮を見た時、ついこういってしまったことを思い出す。テラスは、広い二段式の芝生で広い。要所に高木。親分格は、樹齢300～400年と推定されるスペイントチノキ。しかしもっとも目立つのは満開の八重桜。花の色は白。トチノキに桜、針葉樹の

2 — 南東部

結び目花壇と風景式庭園

古木などの樹下には咲き終わった水仙が風にそよいでいる。
　テラスの目玉はツゲの模様花壇。これは、たとえば、ツゲを幅も高さも約60cmに刈込んで、幾何学模様を描き、円形や楕円形、菱形など、模様の中にできる空間にラヴェンダーダーなどを入れるもの。ここでは、苑路中央のラヴェンダーとバラの交ぜ植えが目立つ。西暦2000年を迎えた記念に作った花壇だという。
　テラス全体はさりげない作りである。もともと風景式庭園に臨むテラスは、風景式庭園を眺めながら、家人が気楽に寛ぐ空間として生まれたものである。考案したのは、風景式庭園最後の巨匠レプトンだった。18世紀の末である。そこでは、園芸を楽しみ、パーゴラを配し、噴水や彫像といった飾り物も置かれた。いまここにあるのは、当時のテラスからひとつ抜け出した、現代風で明快なテラスである。
　屋敷の脇を通り抜けて、前庭に出る。テラスが特徴で、三段のテラスが円弧をなし、さながら野外劇場の姿。屋敷が舞台だとすれば、テラスは観客席といった格好である。テラスは、ゆったりと奥行きがあり、傾斜は、ゆるやか。芝生が敷

き詰められ、周辺は樹木。さて、本格的な庭が、前方にひとつ、右方にひとつ隠れている。

石段に導かれて前方に行けば、菩提樹の並木が連なっている。終点に飾壺。左手は放牧地。牛が午後の陽を浴びて休む。前方に、畑が広がる。右手にあるのは樹林園。選ばれた基準はさまざまであろうが、時代ごと、屋敷の主の好みで集められた樹木があり、いまも、新しい仲間が加わる。日本人になじみの、椿、木蓮、桜もある。

教会の古塔

菜園――驚く変身

右手にある「壁囲いの庭」walled garden が興味深い。イギリスでは、近世、近代を通して、屋敷で食べる野菜と果物、室内や食卓を飾る切花は、風を遮る高い煉瓦壁あるいは石塀に囲まれた庭で育てられた。大勢の客を招いての催しや宴会もそれで賄ったから壁囲いの庭（菜園）は重要で、規模も大きかった。自給自足の時代が終わったいま、花壇中心の庭に改修されるのが流れ。そこで秀作も誕生する。ここの壁囲いの庭も、相当な高水準。3つの庭が一直線上に連なり、装飾苑、ボーリング・グリーン風の庭、

ボーダー花壇とイチイの生垣

2 ― 南東部

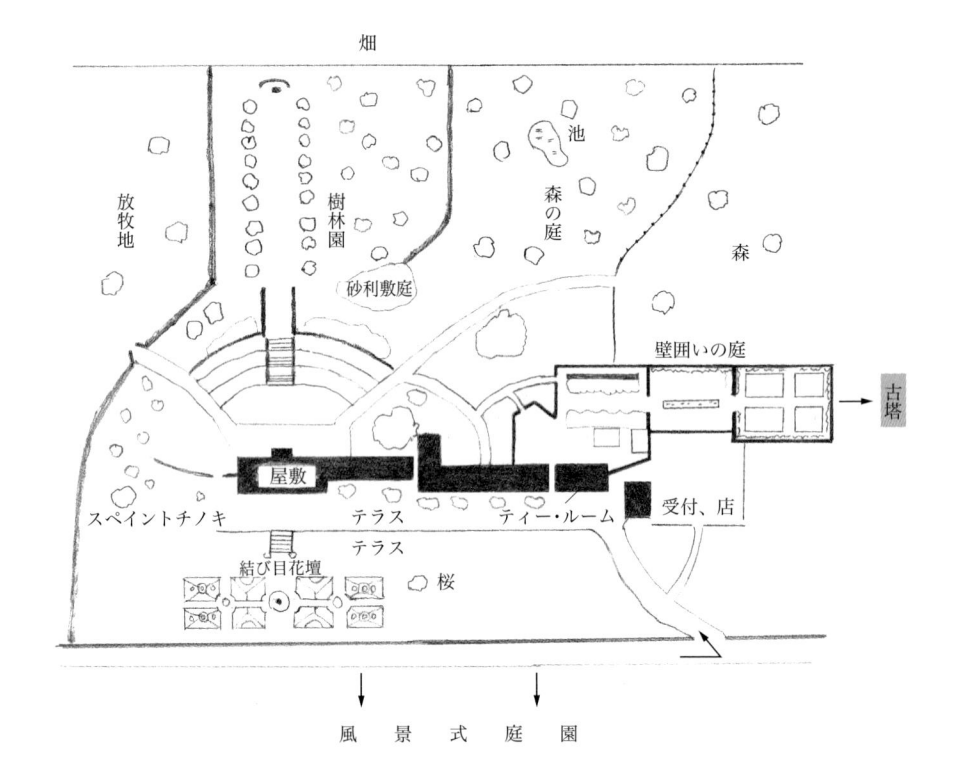

そして野菜園の順である。

　まず、野菜園といっても、4周の壁面は、花で覆われている。壁を覆うのは、バラ、ジャスミン、クレマチス。奥の壁全面を覆う古藤は見事。手の込んだボーダー花壇も備える。こんな花の世界で、畑に野菜が育つ。

　手前のボーリング・グリーン風の庭は、細長い芝生の庭。中心部分に、細長い池が切られている。壁際に、楚々たるボーダー花壇があり、作りの単純さが好ましい。

　入口にいちばん近い庭で見事なのは、ボーダー花壇である。今の季節では、植物はまだ疎らだが、幅と高さがあるようだ。そして背後に、滑らかな丸味をおび厚みのあるイチイの生垣。生垣は、一定の間隔で上に紡錘型の塔が立つように刈込まれている。この量感と装飾性は希なもの。この庭では、隅々まで細工の密度

が高い。ボーダー花壇が盛りを迎える6月、庭は頂点に達する。
　この3つ続きの庭に扉を開けて入るとき、中心線の向こうに、村の教会の古塔が見える。絵はがきになる、と誰しも思う、均斉のとれた眺めである。
　4時半、ティー・ルームに立ち寄りケーキと紅茶。生姜とシナモン味のケーキで、レモン味のコーティングがおいしい。ランチでも一緒だった女性の二人組が、同じようにお茶。

男爵家の庭として続く
　長い歴史のある男爵家の庭が、現在のように整備されたのは、ここ50年ほどのこと。長らく、荒廃していた時期があった。
　庭と屋敷の古い絵図が、ふたつ残されている。ひとつは、18世紀初頭と推定されるオランダ式の大がかりな整形庭園で、花壇や樹林などが、みな四角い区画に収められ、庭の中心部では左右対称に、辺縁部では気ままに配置されている。第一代准男爵の時代（1679-1728）のものだとされる。
　もうひとつは、18世紀の末頃、屋敷と庭を大規模に整備した第三代准男爵（1723-91）時代の庭で、当時の流行にそった典型的な風景式庭園である。屋敷の壁際から芝生が始まり、近景と中景には、律動的に配置された樹木が見え、遠景は樹林の帯に囲まれる。かくて緑一色の庭。そこに羊の群れ。放牧地も兼ねた、しかし、十分、美的鑑賞に耐える広大な庭であった。

住所 ▶ Goodnestone, Nr Wingham, Canterbury, Kent CT3 1PL
経路 ▶ London St Pancras International 駅から乗り換え二回で、Aylesham 駅へ。そこから徒歩30分。合計2時間10分。

7　ペトワス・ハウス　Petworth House

5月11日

風景式庭園の中を歩く

　ペトワス・ハウス再訪。新緑の風景式庭園を見たかった。まず、レストランで腹ごしらえ。妻は、鶏肉とジャガイモのグラタンにサラダなどを注文する。サラダは、にんじんのマッシュに何か刻んだものを混ぜた珍品。私は、簡単にサーモンのサンドイッチを注文する。

　いざ、広大な風景式庭園巡りへ出立。外縁を一周するつもり。その距離は約8キロとされる。全体は盆地型で、中心部に向かって、屋敷近くの丘から尾根が伸びている。池が2つあり、いずれもブラウンが、苦心して作ったもの。特に水漏れが難題だった。丘陵に登り見下ろしても、低い盆地から遠く眺めても、庭園はきわめて美しい。元は鹿園だった。放牧地を使うものより格が上の風景式庭園である。そしてやはり緑一色の世界。小型神殿を模した苑亭など一切ないのだから、徹底している。樹木は、オーク、栗、ブナなど。つまり、イギリスの固有種で、これもブラウンの考えに基づく。所々に、臙脂色の葉をした銅葉ブナがあり、これが風景のアクセントになる。

　食客として遇されたロマン主義の画家ターナーが、何枚もの作品にして残した有名な屋敷裏の池を迂回して、尾根へ登る。やがて、道はいったん盆地へ下るが、左手に大きな登り坂が現れる。これをあがり切ると、ちょうど屋敷からもっとも離れた地点に至る。もっとも高い位置にあり、眺めはそれだけにすばらしい。ここから庭園外の風景が目に入る。とりわけ左手の風

ターナーの描いた湖

ペトワス・ハウス

ダマ鹿

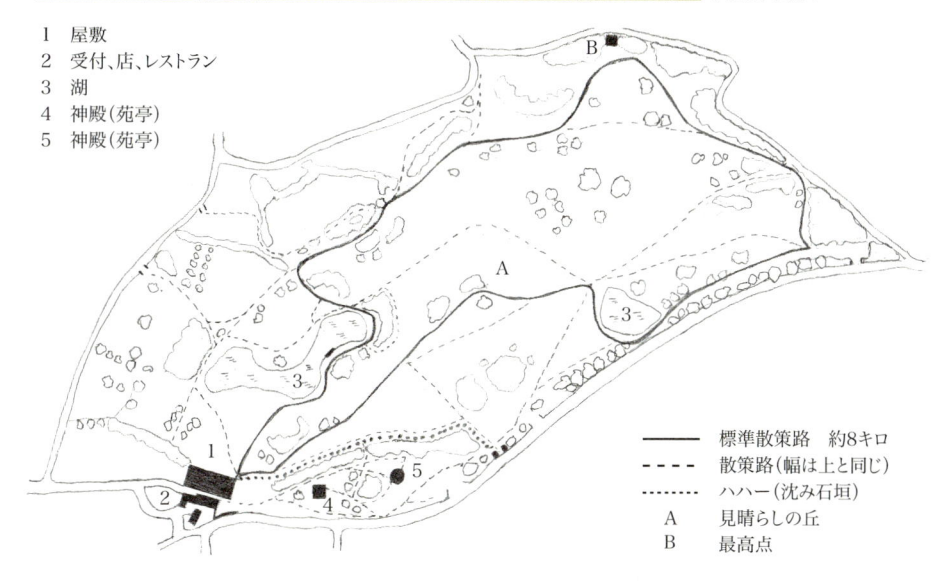

典型的な眺め

1　屋敷
2　受付、店、レストラン
3　湖
4　神殿(苑亭)
5　神殿(苑亭)

―――　標準散策路　約8キロ
- - -　散策路(幅は上と同じ)
······　ハハー(沈み石垣)
A　見晴らしの丘
B　最高点

景が色鮮やか。それは、黄色の菜種畑と緑濃い牧草地が丘陵に描く季節の色模様で、ブラウンの庭としては珍しい借景。ただ、その美しさは一過性。季節が移れば、色は衰え、変わる。ブラウンは風景式庭園が一年中、緑であるために、耕地や牧草畑は使わなかった。庭を樹木の帯で取り囲んだのは、緑の世界がいつも緑であるため。

　間近に見てみたい鹿の群れは、今いる丘から遠く、1ヵ所に集まり小さな粒状である。しばらく休んでから、丘を下り、残りの外周を歩く。ペトワス・ハウスは、歩く間、どこへ目をやっても樹木の配置がよく、一幅の絵になる。樹木を配するのも、明らかに、才。

　2つ目の池を過ぎれば、もうゴールは近い。しかしゴールインの前に、屋敷から伸びてくる丘陵に登らなくてはならない。特にその先端は、案内図に特記してある広角の眺望点である。高所から、手軽にブラウンの作った風景が堪能できる。ここからも、鹿のいる場所は遠い。屋敷へ戻る途中、尾根の左右、また振り返って背後に眺められる風景は、とりわけ、庭園美の精髄といえるもの。

　巡り歩いて思うのは、こうした庭園を造ったお殿様の遊び心。広大な土地を、生産性のない目的に当てる。そこに振るわれたブラウンの天才。ブリッジマンやケントなど、先駆者から身近に学んだとはいえ、不可思議な天与の才である。前時代までの贅を尽くした貴重な整形庭園をことごとく一掃した、という非難は浴びせられる。確かに荒技だった。しかし、確かな直感に導かれたからこそ、できた。

　ペトワス・ハウスは現在、ナショナル・トラストが所有している。天才の傑作が、ほぼ元の姿で生きていくのだと思われる。

住所 ▶ Church St, Petworth, West Sussex GU28 0AE
経路 ▶ London Victoria 駅から Pulborough 駅へ、1時間半。バスで15分。

8 レナジー庭園　*Leonardslee-Lakes & Gardens*

5月13日

花色整う渓谷の庭──鳴子に喩うべきか

　ロンドン・ヴィクトリア駅から南へ列車でおよそ1時間、ホーシャム駅で下車して、駅前からバスに乗る。最寄りのバス停で降りると、すぐに庭園の門がある。100年ほど続いた一般公開は今年限り。そのためか訪問者が異常に多い。レストランもカフェもランチの終わる2時半まで長蛇の列。平日のせいか客は、ほとんど老人である。

　この庭の見所は、19世紀の末に美しく見えるように配慮して作られた谷間の森の庭 woodland garden。樹木とシャクナゲの花を使って、谷筋に、立体的な絵を描いたともいえる。回遊し、見下ろし、見上げて眺める。色彩の調和を考えた植え方が見事成功。どこでも、構図がいい。華やかだが、落ち着きと品がある。ロウダという人物が、1889年から短期間のうちに作りあげた。

　植物の主役は、色鮮やかなシャクナゲ、ツツジ、椿、木蓮の花。いずれも19世紀ヴィクトリア時代の花形。色彩効果を高めるため、まとめ植えを採用。引き立て役は、オーク、ブナ、白樺、栗の木、針葉樹（唐松、スコットランド松）など緑の高木。背景にあって花のあでやかさを引き立てる。

　2つ目、見るべき景観は、ブルーベルの絨毯。ブルーベルは春の地表を彩る花。これが下流域の谷の斜面を埋めつくし、淡く濃く、狭まり広がり、どこまでも、という感じで続く。ブルーベルが生み出す景観は、どの庭園でも、どこか神秘的だが、レナジー庭園では夢幻的。

　樹木類は、その先、下流の広い地域に集められ、ここでは主役。3つ目の見所といってよい。今の季節に特有の柔らかな緑が、微妙に違う色調を連ねる景観の美しさを言葉で表すのは、無理であろう。おそらく10を超える色調が作り出すイギリス特有のものか。

　森の庭の見所をあげれば、基本的にこの3つで、それぞれが、芸術。急峻な斜面の多い庭なので、足腰に疲労を覚えるかもしれない。谷の底、つまり庭園の最下部には、水の流れを簡単な堰で仕切った7つの池が連なる。そこから、ふたた

2 ― 南東部

ブルーベルの斜面

び屋敷の建つ丘の上へ登って、ワラビーのいる草地を眺めながら、立派な岩庭に寄り、駐車場へ戻るのだから、老人にとって、見物は楽とはいえない。

森の庭の奥には、元からあった鹿園 deer park がある。鹿園の一部は、針葉樹苑になっている。健脚の者は、そこへ足をのばす。

製鉄所の煙と冒険的商人

以下、ガイドブックに書かれていることを書き加え、補足とする。

この地方一帯は、昔から濃い森だった。それが、16世紀、17世紀の製鉄業で一変した。鉄を豊富に含む砂岩が露天掘りにされ、木炭を燃料に、溶鉱炉で鉄が作られた。鉄は、大砲や弾丸になり、馬の蹄鉄、釘や蝶番になった。谷川を堰き止めた池から水を引いて水車を回し、砂岩を砕くハンマーを動かし、溶鉱炉に風を吹き込む鞴を動かした。作業は昼夜兼行で、煙が絶えず、あたりは悪臭に満たされた。原石、できた鉄、また燃えかすを運ぶ牛車が行き交った。森は裸にされ、地面は穴だらけになった。この地方の製鉄業は、南ウェールズに鉄の鉱床と石炭が発見されるまで続いた。

最初にこの地所を所有したのは、チャールズ２世の侍医だったサー・グリーヴ

ツツジとシャクナゲ　　　　　　　　　　　苑路を辿る

ズで、チャールズ２世（1630-85）からこの土地を賜った。死後、オールドリッジ家に売られた。製鉄業を営んだのはこの一族であろう。1801 年、土地の一部が、ボウクラークという人物に売られた。製鉄業が去った 18 世紀には、裸地に自然の木立が回復し始めた。やがて、オーク、ブナ、栗の木、松などからなる疎林が生まれた。ボウクラーク家は、そこに唐松を加えて森作りを始めた。谷の両斜面にも樹木を植えた。1852 年、土地はハバド家に売られた。屋敷はイタリア風の堂々とした建物に建て替わった。今あるお屋敷である。

　一方、西のドーセット州に、16 世紀に遡るロウダ家があった。ジャイルズ（1786-1871）なる人物が、冒険的商人として才幹を発揮し、ロシアのペテルスブルクで一財産を築いた。死後、嫡男のロバートがレナジーに近いハイ・ビーチズに地所を購入し、庭を作った。ロバートは庭作りと園芸が好きで、当時の園芸ショーでは

湖と木

2 — 南東部

1 温室、苗木販売
2 レストラン、収集品展示
3 カフェ

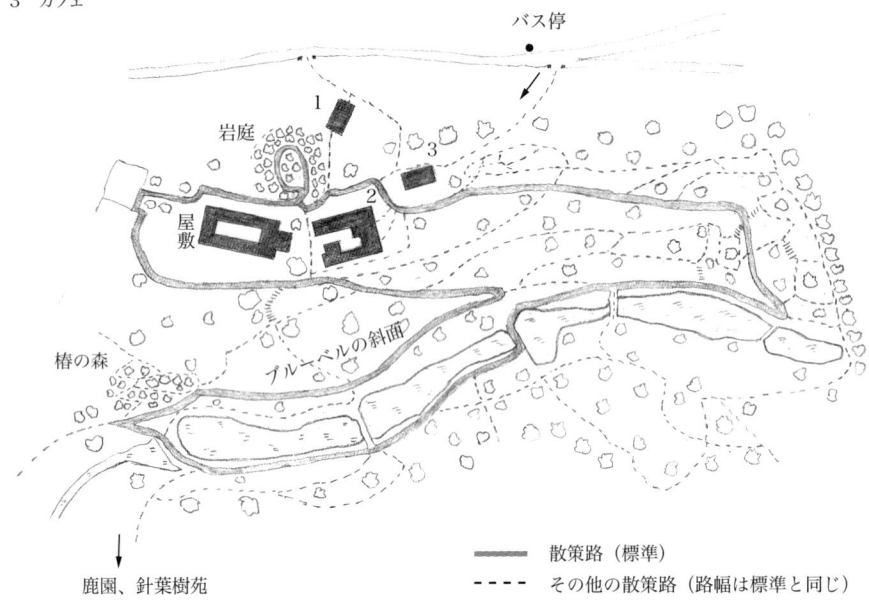

常連だった。ロバートは准男爵となり（1887）、やがて子息のエドマンド（1849-1920）が、1876年にレナジーのハバド家の娘と結婚した。二人は、当初イングランド中部のノーサンプトンシャに住んだ。エドマンドは父親譲りの園芸好きで、庭も作った。それは風変わりな庭というべきであったろう。旅行で見た外国種をたくさん集めた。特に水仙は多くの種類を集めた。サボテンの収集にも熱心だった。オーストラリア産の木性シダを芝生地に植えた。見事な岩庭も作った。エドマンドは外国の動物も多く集めた。

1889年になって、エドマンドは、妻の実家の地所レナジーを所有することになった。ここで、渓谷が美しい絵になる庭を目指し、実現させた。

エドマンドが特に好んだのは、シャクナゲと外国の針葉樹であったという。シャクナゲの交配を試み、英国の多くの庭園を彩る有名な Rhododendron loderi（ロウダのシャクナゲの意味）を作った。

北の地ノーサンプトンシャで作った庭は、レナジー庭園を作るための助走だっ

たのだろうか。レナジーの庭はそこからの飛躍。着地点はいささか異なる。動物集めは継承された。徹底ぶりは相当なもので種類は多い。列記すれば、アンティロープ（アフリカ）、アクシス鹿（インドのセイロン鹿）、ビーバー（北米）、ブッシュ・ターキー（オーストラリア）、バラシンガ（アッサムやネパールの湿地鹿）、カピバラ（南米）、テンジク鼠（南米）、カンガルー（オーストラリア）、ワライカワセミ（オーストラリア）、ムフロン（コルシカ島などに棲む野生の羊）、プレーリー・ドッグ（北米）、ワラビー（オーストラリア）など。この中で現在も残っているのがワラビーである。柵に囲まれた草原をはねる姿を見ると、客の顔がほころぶ。

　エドマンドの息子ロビンは、第一次世界大戦で若くして戦死。夫人が農園の運営を引き受けた。息子ジャイル（1914-99）に引き継がれるのは1945年。ジャイルはシャクナゲと椿に熱中。王立園芸協会の展示会の常連だった。丹精を込めて作った椿をたびたび出品して金賞を幾度も獲得した。ライヴァルがエグジュバリ庭園のライオネル男爵（3章）だった。ジャイル夫妻は園芸上の功績によって、ヴィクトリア女王名誉メダルを授与された。このメダルは、ヴィクトリア女王の在位期間の年数と同じ63個（63人）だけという希少メダルである。

　椿の森（1957-58）は、数百種の椿を集めたところで、ほとんどが日本の椿である。ジャイルは1981年に引退し、次の若い世代に農園と庭を委ねた。

住所 ▶ Lower Beeding ,Horsham, West Sussex RH13 6PP
経路 ▶ London Victoria 駅から Horsham 駅まで1時間10分。バスに乗り換え30分、Lower Beeding で下車、徒歩1分。

2 — 南東部

9　マール・プレイス　Marle Place Gardens and Gallery

5月16日

庭を愛し森を育てる人

　マール・プレイス庭園は、ケント州の田舎にある屋敷の庭。一帯はハイ・ウィールドと呼ばれ、起伏の優しい丘陵地。森もたくさんある。ケント州とイーストエセックス州を範囲とし、ロンドンの南東にあたる。屋敷は大きくないが、煉瓦作り。増築を繰り返してきたため複雑な形をし、趣がある。屋敷から南向きに、傾斜のゆるい芝生と庭が広がる。

　芝生の左右に小庭が複数ある。左手に3つ、右手に1つ。ひとつひとつ高い生垣で囲まれ、互いに見えないが、潜り門でつながっている。この先に木立があり、その先に本格的な森。庭の右端には、温室や果樹・野菜園がある。

　現在の庭は、19世紀の末に作られた庭を下敷きにしている。屋敷裏の広い芝生と、左右にあまり厳密でなく配置された小庭、先に小さな森。温室と菜園。これが当時のブルジョワの庭の典型であった。あるいは基本構成。マール・プレイス庭園には、小庭が他にもある。屋敷の左手にひとつ、その先にボーダー花壇の庭、さらにアリウムの野原。アリウムは赤紫色の葱坊主に似た花をつけ、咲きそろうと独特の景観になる。やや離れた場所に岩庭。

家人が憩う

　庭は、手入れが行き届き、すがすがしい。細かな工夫が細部や隠れた部分に及ぶ。変化に富む着想が随所に見られる。持ち主の愛情が感じられる庭である。驚くのが、色彩の豊かさ。個々に美しく、取り合わせが美しい。庭の色彩は、周囲の風景とは異なり、庭を別世界

にする。夏には夏の色、秋には秋の色。季節ごとに庭の彩りが変化する。小鳥のさえずりが絶えず、自然の音楽かと思う。

　屋敷に接して藤棚があり、テラスには大きな卓と椅子。家族が憩う場所である。そこから眺める芝生には、淡いオレンジ色のこんもりしたカエデが立つ。斜面を下って、今度は大きな黒緑のレバノン杉。芝生地の左手に藤棚が見える。

クリケット・ローンとゲイジーボウ

　さて、我々が見て回るのは、周辺部である。まず、芝生地の左手にある３つの小庭。テラス状に造られ、階段でつながる。最上段の庭は、クリケット・ローンの名である。1835年の苑亭がそれを見下ろす。これは、ゲイジーボウ gazebo と呼ばれ、オランダ生まれ。壁で囲まれた（吹き抜けでない）苑亭である。ここでは煉瓦作りの円形で、かわいいトンガリ屋根を乗せている。扉は木製で、窓はステンドグラス。さながらお伽の国のもの。クリケット・ローンはイチイの高い生垣に囲まれている。開口部が、次の庭の入り口。左右は大きなクジャクのトーピアリ（造形刈込み）で飾られる。二段目の小庭は、中央に青い小プール。周辺に花と樹木。形、色彩とも簡明。さっぱりしている。

　三段目が1890年に作られた沈床苑。以前の沈床苑を生かし、装飾性を高めた庭である。花壇やテラス、飾壺、糸杉、低い石垣などが、中央の浅い池を取り囲

沈床苑（香りの庭）

2 — 南東部

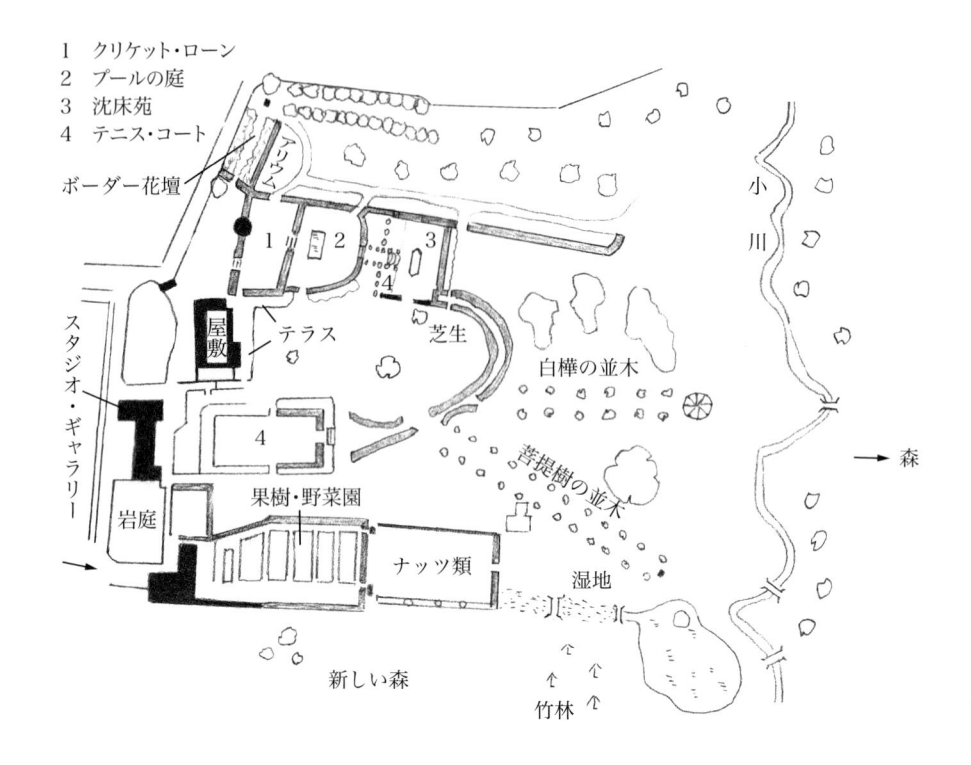

1 クリケット・ローン
2 プールの庭
3 沈床苑
4 テニス・コート

ボーダー花壇
アツム
スタジオ・ギャラリー
屋敷
テラス
芝生
白樺の並木
小川
菩提樹の並木
→ 森
岩庭
果樹・野菜園
ナッツ類
湿地
新しい森
竹林

む。石垣のデザインは、柱から柱に、ゆるく綱を張ったように波打つしゃれたデザインになっている。この沈床苑はいま「香りの庭」という。香り高い花々や香草があたりを支配する。

　芝生面を挟んで、反対側にひとつある庭は、テニス・コートと呼ばれる。20世紀前後の時期、お金持ちがテニスやクリケットを庭で楽しんだ名残りである。いまは転身して、色鮮やかな芝生の庭。周囲は生垣。所々に花と木。出口にはモザイク・タイルの階段。白、黄色、青、赤など、その鮮やかな色彩に、意表を突かれる。

　芝生面やこうした小庭のある庭域の先方は、高木の集まる木陰。その中をまっすぐ走るのが、白樺の並木。斜めに走るのが菩提樹の並木。その先が、8ヘクタールの森になる。第二次大戦後、1949年から、7000本の木が植林されて生まれた森である。植えられたのは主に、ヨーロッパの自生種。森の縁には、流れや池もある。ここは、自然の生態系の場所、という構想。2009年度には、ケント州

の野生動物保護財団から、金賞をもらった。子供を対象に自然教育も盛ん。森は、まだ、若い。植林は、継続されていく。

　さて、岩庭。訪問者が、入園して最初に見るのが、これ。岩庭は、19世紀の後半に生まれたもので、着想はミニ・アルプスだったから、高山植物を植えるのが基本だった。オックスフォード大学の植物園にあるのが、その典型である。しかし、その後、自由に作られるようになり、岩の構成、花の選択は、各自、好みによった。従って、岩庭と称するものは、行って見て、初めて、これか、と頷くものになった。滝や流れを備えたものもある。ここの岩庭は、石を集めて小山にし、小滝と流れを作り、小振りの多数の花と灌木を植えている。シャクナゲや木蓮、カエデもある。ほんとうにたくさん植え込んである。岩庭の魅力は何か？　これは岩と植物の取り合わせだという。岩は植物を生かす。そこに妙味がある、とも。工夫のしがいがあるのだ、ともいう。

往時の製鉄

　マール・プレイスの庭は、19世紀の末に1度、整備されてから、荒廃。1949年、新しい所有者の手で庭の再興が始まった。森も、そのときからの計画である。所有者のことは、あまり語られていないが、芸術家と記されており、庭のあちこちに、そっと、現代的な彫刻が置かれている。針金や古い鉄で造形した動物や鳥といったもの。屋敷の近くに小さな画廊が開かれている。

　屋敷は1619年に建てられた。建てたのは当時、この地方で盛んであった製鉄で財をなした人物とされる。その後、18世紀の初めに増築。19世紀の末にまた増築。このときに今の庭の基本が整えられた。そして最後の増築が20世紀の初頭。

　以下、レナジー庭園で書いたことに似た話だが、補足的に記す。

　この地方では、ローマ時代から製鉄が行われていた。盛んになったのは16世紀に入ってから。17世紀も盛んであった。粘土 marle や砂岩 sandstone を溶かして、鉄を取りだした。近隣の村にも多くの溶鉱炉が作られた。燃料は、森の木。オークとシデが伐採され、木炭に変えられて溶鉱炉で用いられた。自然の森は、消えるほど、伐採された。鉄は、大砲、銃弾、馬の蹄鉄、釘などになった。1600年、ある鉄匠は契約を結んで、大砲と銃弾を王の軍隊に納付することになったとされる。すると、王党派と議会派が争った史上有名な清教徒革命でも、当地産鉄

の大砲が火を噴き、当地産鉄の弾丸が、マスコット銃から発射されて飛び交ったことが想像される。

財を庭に変える

　この庭は、Great British Gardens to visit というウェブ・サイトで取り上げられている。740 の庭を簡潔に紹介したサイトだから、取り上げられれば、イギリスの 740 のいい庭のひとつ、といった意味合いになる。庭 100 選のガイドブックには入っていない。

　マール・プレイス庭園は、中規模の庭である。庭の維持のために、19 世紀の末には八人の庭師がいたという。おそらく現在も複数の庭師に支えられているであろう。中規模の庭とはいえ、作るにも、改修するにも、維持するにも財力が必要。イギリスの庭で特に感じることのひとつは、個人の財力の大きさ、また懐の深さ。そして財を庭に変えるという行為。財を庭に変えるのは、歴史的に培われたイギリス人の心性なのかもしれない。

　イギリスで、人々を庭作りに走らせたものは一通りではない。文化、社会、ときに政治。時には、「専政国ルイ 14 世のフランスに対抗する、自由の国イギリス独自の庭」といった熱気を帯びた思想。こうしたものが、動機になった。もちろん庭作りという、他にかえがたい楽しみもイギリス人を捕らえて離さなかった。

住所 ▶ Brenchley, Tonbridge, Kent TN12 7HS
経路 ▶ London Bridge 駅から Paddock Wood 駅へ 1 時間。タクシー 10 分。

10 グレイト・コンプ　*Great Comp Garden*

7月13日

植物と庭を愛したキャメロン氏

　ロンドンのヴィクトリア駅から列車で約45分、ボロウ・グリーン・アンド・ルータムという駅へ行き、そこから3キロほど歩いた。

　グレイト・コンプは、1270年頃から土地の記録が残っており、富農、郷紳あたりの身分の者が、入れ替わって持ち主となり、17、18世紀には、約7100エーカー（約2900ヘクタール）の広さがあった。20世紀に入る頃に分割されて中産階級の者が住むようになり、新時代の屋敷と庭が作られた。しかし、1957年、建設省に勤めていたキャメロンという人物が購入したとき、庭は荒廃していた。キャメロン氏はロンドンに通勤しながら妻のジョイスと庭作りを始め、大小また公私の、多くの庭をみて参考にしながら、植物収集の庭としての性格を持つ庭を構想した。1970年に退官した後は、それまで庭から掘り出しておいた石を使って、廃墟、塔、庭園装飾物、テラスなどを作り、一方で、生垣と壁で囲った三続きのイタリア庭園を新たに設けた。

　現在は、6.5エーカー（2.6ヘクタール）の広さで、庭は屋敷の三方を取りまく形で作られている。「小庭群＋森」からなる典型的な中産階級の庭で、約2500種の花と木がそこで見られる。

　植物愛好者の庭だが、美しい組合わせにも配慮され、ボーダー花壇も数種類作られている。屋敷裏に整形庭園。続いて不整形の芝生地の広い庭。縁にあるのは、曲線型のボーダー花壇。長いヒースの帯も、この芝生地を飾っている。この芝生地では、とりわけ灌木と樹の組合わせが優れ、種類の異なる繊細で美麗な針葉樹が、あたかも屏風といった格好で立ち並ぶところもある。屋敷側から見ると、整形庭園を越え、庭の端、森まで届く、長い通景が見事である。芝生の庭は、グレイト・コンプの主庭といってもよい。

　もうひとつの見所は、隣のイタリア庭園だろうか。南国イタリアを思わせる彫刻や花鉢、小池や噴水、小橋などがある。イタリアの庭を代表する花アカンサスもある。ただ、植栽のほとんどはイギリス産。3つ連続する庭は、背丈を超える

2 — 南東部

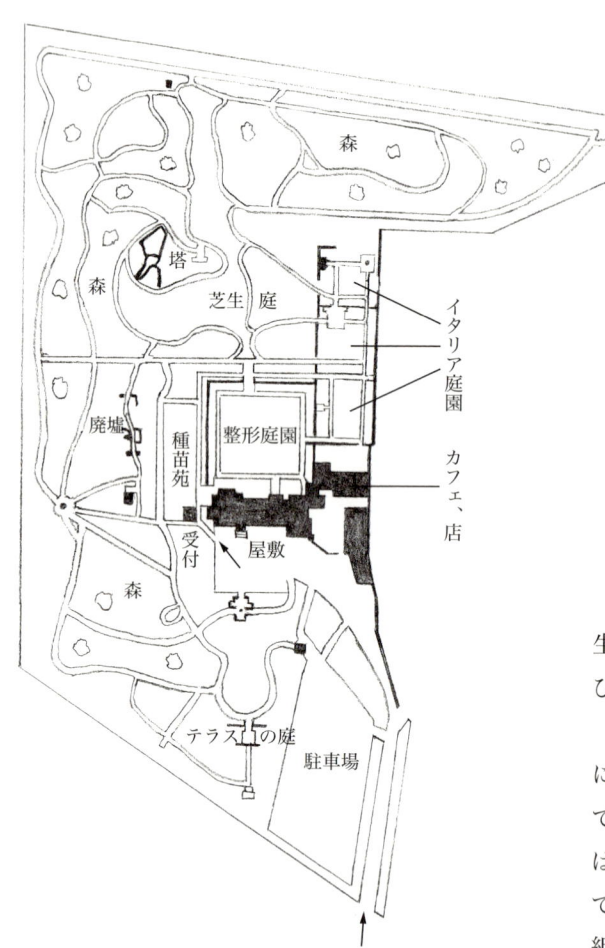

（地図中の文字：森／森／塔／芝生庭／森／廃墟／種苗苑／整形庭園／イタリア庭園／カフェ、店／受付／屋敷／森／テラスの庭／駐車場）

生垣で区切られているので、ひとつずつ順に見ていく。

　3つ目の見所は、屋敷前に広がるゆるい芝生の斜面で、上部のテラスから臨めば、花と植物の展開が一望できる。この庭では植栽の組合わせが冴える。色と形の組合わせは絶妙である。

園芸種のススキが巨大なウニのような平玉になって、3つ、要所に配置され、その巧みな配置から全体の構成美が生まれる。不規則美である。この点、日本庭園と似ている。形も不整形である。

　森は、屋敷と庭を外から包む。細長く回って延び、外界を遮断する。森のなかには散策路があり、5月ならばシャクナゲとツツジの盛りを眼にすることができる。針葉樹が多いが、ここは、花の森で、灌木にも草花にも色彩があって、地表も色彩で埋まるように作られている。いま、地表を覆うのは、ピンクのフウロソ

グレイト・コンプ

芝生庭

ウである。

　高齢に達したキャメロン氏は、庭が次世代にも残ることを願って、1982年、トラストを設立し、経営と管理を委ねた。キャメロンは「多くのすばらしい庭が、本人の亡くなる前に滅びてしまう例をたくさん見てきた」という。

上：テラスの庭　下：森

住所 ▶ Comp Lane, Platt, Borough Green, Sevenoaks, Kent TN15 8QS
経路 ▶ London Victoria 駅から Borough Green & Wrotham 駅へ45分。徒歩で30分。

11　ラリングストーン城　Lullingstone Castle

9月18日

「世界の庭」

　ラリングストーン城はケント州にあり、ロンドン・ヴィクトリア駅から40分、駅から歩いて6分で着く。列車は30分に1本。

　庭園は、「世界の庭」World Garden と名乗っている。ここは、世界各地を原生地とする1万種の植物を見る庭である。多くは、ダイクが世界各地から種子を持ち帰って育てた。2003年から準備され、2005年に一般公開された。作った趣旨を、ダイクは次のようにいう。

　現在イギリスの庭でよく見かける植物と花のうち、イギリスの固有種は20%にすぎない。80%は外国から移入されたものである。その背後には多くの植物の狩人たちの活躍がある。植物の狩人は未知の地に分け入り、危険に遭遇し、困難と戦って、植物を持ち帰った。それをいま顧みて、功績の大きさを称えたい。同時に、庭で見られる植物と花の原生地がどこかも改めて確認したい。これが「世界の庭」を作った目的である。

　その本人も、現代の若き植物の狩人。やはり、命を落とす危険にさらされた体験を持つ。

　ここでは原生地別に、10ほど不整形の島花壇が作られ、客はそれを尋ね歩く。イギリスに始まり、時計まわりなら、およそ、アジア、オーストラリア、ニュージーランド、アフリカ、中南米、北米、ヨーロッパの順になる。開設の趣旨に照らし、それぞれ、島花壇の植物と花をいくらか挙げてみよう。

　イギリスの固有種には、南イングランドのナギイカダ（エニシダ）、ウェールズのラッパ水仙がある。スコットランドでは、松（スコットランド・カレドニア松）。ヨーロッパの花壇には、ラヴェンダー、セージ、ローズマリー。かつてローマ人が、フランスやイギリスに広げた。

　地中海地域では、オリーヴ、チューリップ（トルコやイラン）、イチジク、レダマ、キスツス、チャボトウシュロ。アジアの島花壇には、藤、ジャスミン、クレマチス、シュロ、タケ、バナナ。日本はひとつの島花壇で、代表は、ハウチワカエデ、ハ

ラリングストーン城

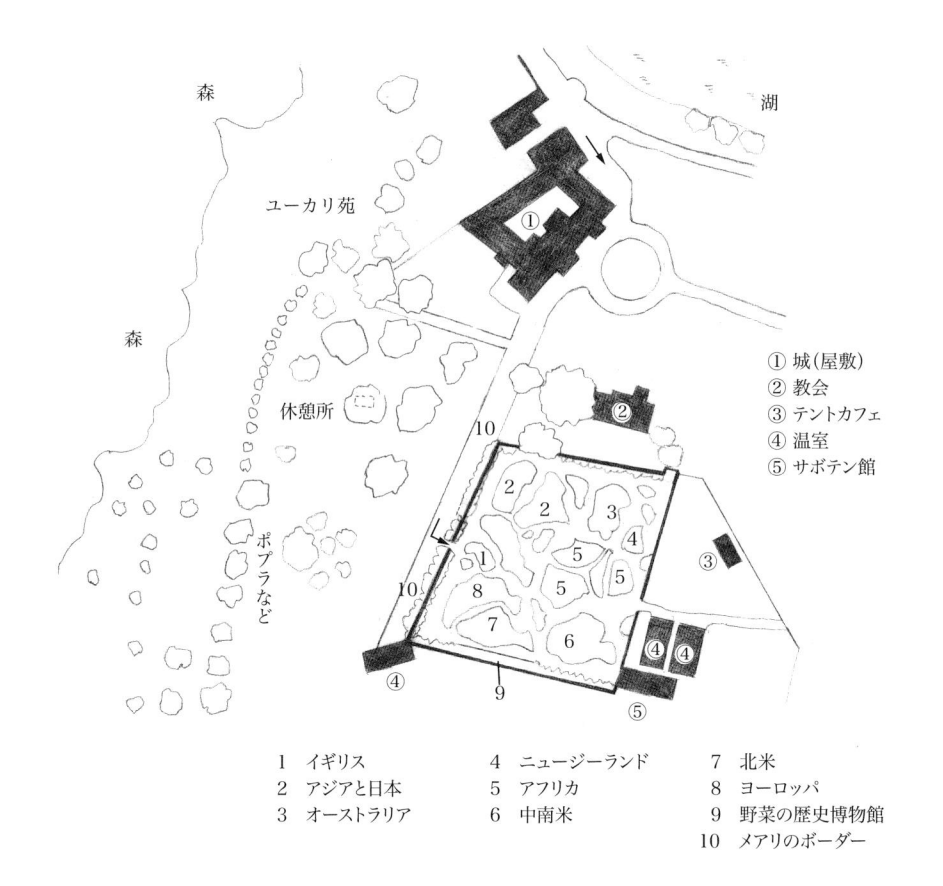

① 城(屋敷)
② 教会
③ テントカフェ
④ 温室
⑤ サボテン館

1　イギリス
2　アジアと日本
3　オーストラリア
4　ニュージーランド
5　アフリカ
6　中南米
7　北米
8　ヨーロッパ
9　野菜の歴史博物館
10　メアリのボーダー

ナマス。他に、ビワ、タケニグサ、アオキ。

　オーストラリアの代表は、ユーカリとアカシア。それとウォレミマツ。恐竜ディノサウルスと同時期の古い種類で、オーストラリア南東部の渓谷にわずかに残っているのが発見された。2億年前からあった松である。見つかったのは、化石が先だった。ニュージーランドとタスマニア島（オーストラリアの州）では、ヘーベ、トベラ、オレアリア、クリアンツス。イギリスと気候が似ているので、これらの植物はイギリスで良く育つ。南アフリカは、植物・花の豊かさでは、世界でも有数の地。装飾的な花が多い。つまり、花の色が鮮やかで、姿形が珍しい。代表は、アガパンツス（紫君子蘭）、極楽鳥花、プロテア（ヤマモガシ）、モントブレチア、アマリリス、シャグマユリ。

2 ― 南東部

南アフリカの庭

　アルジェリアやモロッコなど北アフリカでは、ギンヨウエニシダ、アトラス杉。カナリー諸島は、トムが収集に力を入れたところで、独立した島花壇になっている。ここの代表は、エキウム（ムラサキ）、エオニウム（ベンケイソウ）、ユーフォルビア（トウダイグサ）、カナリーヤシ、イソプレクシス（ゴマノハグサ）、龍血樹。カナリー諸島は、1497年、コロンブスが、旧世界から新世界へ敷居をまたいだところ。航海は、新世界の植物を知る突破口になった。
　中南米ではアガヴェ（竜舌蘭）、サボテン、フクシア、ダリア、イチビ（アオイ科）、パイナップル、モンキー・パズル。北米では、カエデ、木蓮、カリフォルニア・ポピー、エンレイソウ、ユッカ、スグリ、セコイアオスギ（ウェリントニア）、ルピナス。

植物の狩人

　庭を見終わったら、門のところで振り返って、ふたつのことを考えて欲しい、とダイクはいう。世界各地の植物・花がなければ、イギリスの庭は、どんなに寂しいことか。また、世界から植物・花を持ち帰った勇気ある植物の狩人たちのこと。その代表は、トラデスカント、バンクス、マッソン、ダグラス、ロブ、フォレスト。その他、数多くの人たちも忘れてはならない。

南アメリカの庭

　トムが代表として掲げる六人の植物の狩人は、それぞれ関係の深い花壇で、説明板によって紹介されている。トラデスカント（父）はチャールズ１世に仕えた庭師。オランダ、フランス、ロシア、それからアルジェリアの植物と花を持ち帰った。同名の息子もチャールズ１世に仕えた庭師で、地中海とアメリカ大陸に足を伸ばした。バンクスは、クックの探査航海に同行。1768年から３年にわたって、南アメリカ、オーストラリア、アジアを巡航し、植物を集めた。同志と園芸協会を創立、キュー植物園の園長を務めた。バンクスが南アフリカに派遣したのがマッソンである。ダグラスは、北アメリカの太平洋沿岸に伸びる山脈の、松やモミなど針葉樹をイギリスに移入。なかでも、ダグラス・モミは人気を集めた。北アメリカへ行く途中、立ち寄ったハワイで野牛を捕らえる罠に落ち、野牛の角にかかって落命。ハワイの野牛とは、妙に聞こえるかもしれないが、元は、太平洋に乗り出したアメリカの捕鯨船が、ハワイを食糧の補給地にするために持ち込んだ牛が、野生化したもの。よく増え、カウボーイはこれを捕らえ、家畜化を図った。牛は獰猛なロング・ホーン種だった。ロブは、有名な種苗商ヴィーチから派遣されて、ブラジルやチリの植物を持ち帰った。フォレストは20世紀、中国の雲南に７回行って、植物を集めた。その収集は３万2000種に及び、特にシャクナゲが多かった。

野菜の歴史博物館

　壁沿いの一画で、南北アメリカを原産地とするもっとも基本的な作物が紹介されている。ジャガイモ、トマト、それから、アメリカ・インディアンが3姉妹と呼んでいつも一緒に栽培していたトウモロコシ、蔓豆、カボチャ。それに加えてチリ・ペッパー（唐辛子）。それぞれ複数の品種が集められている。説明板によって歴史や特徴などがわかる。この一画を「野菜の歴史博物館」といい、新しい企画である。イギリス食文化への影響を知ってもらいたいので、作ってみた、という。ちなみに、チリ・ペッパーは数千種もあり、ハバネロ、カイエンヌ、タバスコなどが代表的。ピーマンも仲間。アメリカ・インディアンのいう3姉妹は、トウモロコシが蔓豆の支柱となり、空気中の窒素を取り込んで、養分として提供し、カボチャは葉を広げて、水分の蒸発を抑え、かつ雑草の発生を抑える、という仲良しである。

　トマトは、アステカ人が栽培をしていたことで知られる（現メキシコ）。征服者のスペイン人が本国へ持ち帰り、1540年代に栽培が始められた。スペインとイタリアでは食用になったが、イギリスでは、「臭い」といって19世紀まで、敬遠された。緑のトマトや、トマトの根や葉には、毒があるからご用心。胃腸や神経に障害を及ぼす。元凶はソラニン、ということも書かれている。

　「世界の庭」には、イギリスの庭の植物と花の世界が凝縮されている。その原風景か。そして、植物と花でつながるイギリスと世界。それを可能にしたのは、植物の狩人たち。考え、学び、見るユニークな庭である。

植物好きの遺伝子

　「世界の庭」を見終えても、まだ見るべきものがある。外壁に沿って作られた「メアリのボーダー」である。名の由来は、トムに植物の世界を開いてくれた祖母の名。灌木類の多いあっさりしたボーダーだが、実にシックである。中程に、憩いの空間がある。ツルバラのパーゴラがあり、ベンチに休んで傍らにシダを眺める。このあたりが特に秀抜。

　その前に広がるのは芝生地。オークの木陰に卓や椅子。そこに座れば、風に鳴るポプラの葉音が聞こえ、風に翻る葉のきらめきが見える。葉音は安らぎを伝えて快く、きらめきは、動いて微細。その向こうに、ユーカリ苑。ユーカリは、そ

の種900以上あり、樹形は千差万別。その多様なユーカリの一部がここに集められている。

「世界の庭」を作ったダイクは、パナマとコロンビアの国境地帯で蘭の採集をしているとき、コロンビア・ゲリラに捕えられて人質となり、命を脅かされながら9ヵ月を過ごし、ようやく開放される、という経験の持ち主で、その間の体験を本に書きベスト・セラーになったことで知られる。「世界の庭」の構想は、ゲリラに捕らわれている間に、苦境を忘れるために夢見たものだという。2000年、24歳のことであった。

よちよち歩きの頃から植物好きで、小学校に上がる前から自分の庭を持ち、小学校時代は、放課後、庭作りに熱中。ジェフ・ハミルトンのBBC番組「庭師たちの世界」を見て育った。ハンプシャにあるスパーショルト・カレッジに進み、樹木外科学と林学を学んだ後、樹医・庭園設計家として世にでた。それから、世界の植物を見て歩く旅に出る。1997年、フランス、スペイン、ポルトガルの植物を尋ねて、1500マイル、マウンテン・バイクで旅をした。同年秋、王立園芸協会やケント州庭園財団などから助成金の交付を受け、タスマニア島の木性植物とスマトラ島の蘭の研究へ出かけた。思いは募り、野生の蘭を見るために、中南米へ。メキシコで偶然知り合った冒険家ウィンダーに誘われ、パナマとコロンビア国境のもっとも危険なダリエン地帯へ。誰も見たことがない蘭を見たいとの一念だった。危険は、現実になった。

ラリングストーンには、中世から城と土地があった。18世紀、もっとも盛んな時には、800ヘクタール。広い鹿園もあった。いま縮小されて、48ヘクタール。先々代は維持費を賄うために、屋敷をフラットやアパートメントにして貸した。環境はよく、大きな湖があり、そこから川が流れ出る。一帯には、穏やかに起伏するケントの農牧の風景が広がっている。

住所▶ Eynsford, Kent DA4 0JA
経路▶ London Victoria 駅から Eynsford 駅へ40分。徒歩6分。

3

南部
ハンプシャ
HAMPSHIRE

12　エグジュバリ　Exbury Gardens

5月10日

ロスチャイルド家——あでやかな花盛り

　エグジュバリ庭園は、イギリス・ロスチャイルド家の三代目当主ライオネル男爵が一代で作りあげた、いわゆる森の庭である。シャクナゲ、ツツジ、木蓮、椿が広い森に植えられている。ライオネルが特に熱中したのが、ツツジとシャクナゲだった。ライオネルは、シャクナゲを集めるだけでなく多くの交配種を作り出し、それが今も庭に残る。シャクナゲの世界をおよそ知るにはいい庭であろう。

　ライオネルは銀行家だが、園芸に打ち込んだ。第一次世界大戦が終わった1919年から、第二次世界大戦中のさなかに亡くなるまで（1942）、財力、情熱、能力を注ぎ込んだ。家系でみれば、ドイツのフランクフルトで起業した第一代マイア・シェル・ロスチャイルド（1753-1849）から数えて五代目にあたる。現在は孫たちが庭園事業を引き継ぎ、さらなる発展を目指す。

　ライオネルの仕事ぶりは徹底していたようで、庭の隅々まで灌漑できるように、給水塔を建て地下に全長 35km に及ぶ配水管を巡らせた。特に夏は水遣りが必要だった。シャクナゲの交配種作りでも徹底ぶりはすごく、無数の試みから1210種を成功と認定、さらに厳選して 452 種に名前をつけ、王立園芸協会の承認を得て登録した。このすさまじいばかりの努力の目的は、花付きをよくすること、色彩を改良すること、花の咲いている期間を長くすること、それから、耐寒性を増すこと、であった。

　庭園の見頃は、シャクナゲ、ツツジ、木蓮など咲く 5 月、それから、カエデ、ハナミズキ、ツツジなどが紅葉する秋。

　庭は、およそ 3 つの区域に分けられ、いくつか池と滝があり、岩庭があり、水仙の野原、ビューリ川の眺めもあって変化に富む。しかし、いまはどこを歩いても、シャクナゲとツツジの、赤、ピンク、白、黄、クリーム、薄紫や薄い青色で派手に彩られ、目が痛いほど。ホームページやガイドブックは華麗。観光客が、自家用車と大型バスが次々とやって来る。

　この庭に高木が多いのは、花々の背景として必要だからである。日陰も提供す

エグジュバリ

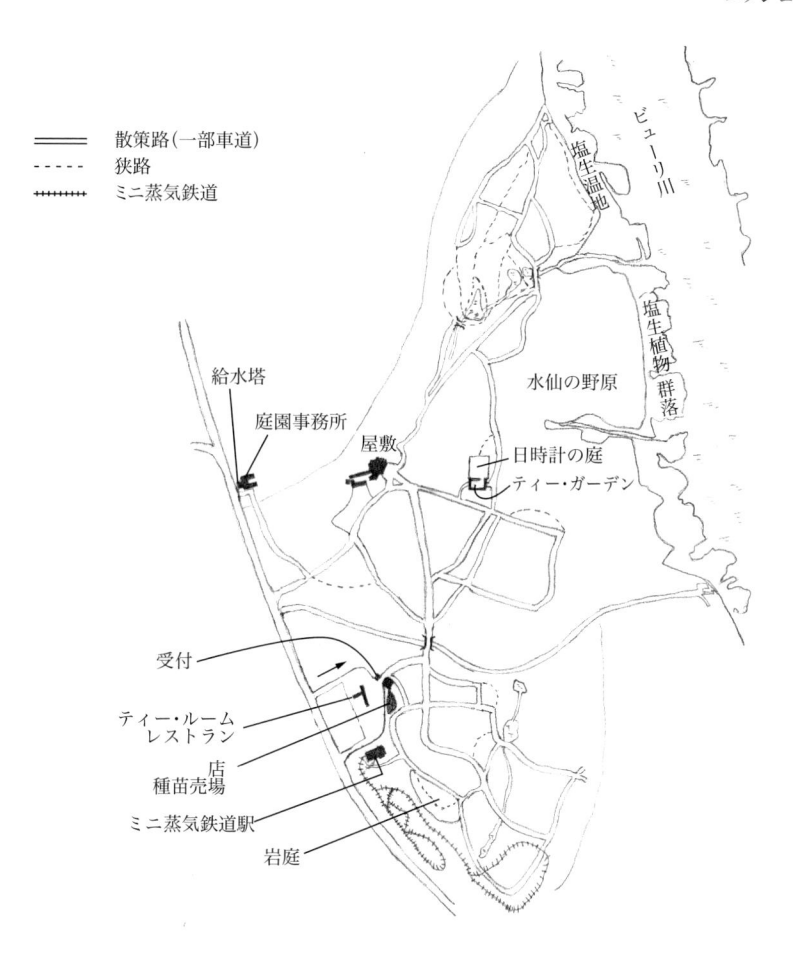

```
═══  散策路(一部車道)
----  狭路
++++  ミニ蒸気鉄道
```

[地図：給水塔、庭園事務所、屋敷、日時計の庭、ティー・ガーデン、水仙の野原、塩生湿地、塩生植物群落、ビューリ川、受付、ティー・ルーム レストラン、店 種苗売場、ミニ蒸気鉄道駅、岩庭]

る。見て歩くには、木陰の路。かなり広くて100ヘクタール（1km四方相当）もあるのだから。それから、樹木も収集の賜物で、これ自体、たいへん貴重な遺産。つまり、ここでは樹木も見所である。

ちなみに、ロスチャイルド家の本邸はロンドン西郊のガナズバリにある。

住所▶ Exbury, Southampton, Hampshire SO45 1AZ
経路▶ London Waterloo 駅から Brockenhurst 駅へ1時間45分。タクシー（20分）かバス（1時間）。

3—南部

上：ツツジ　右：シャクナゲ

ツツジとシャクナゲ

13 ヒントン・アンプナ　*Hinton Ampner*

5月17日

風景の芸術──風景式庭園を仕立て直す

　ロンドンからピーターズフィールドへ列車で行き、そこから約30分バスに乗って、ヒントン・アンプナの門前へ。ラルフ・ダットンが、1935年頃から1985年(死去)頃まで、古くから引き継がれてきた屋敷と地所に手を加え、静かな調和と均整に満ちた屋敷と庭を作り、独身であったことから、ナショナル・トラストに遺贈。現在、ナショナル・トラストが管理している。ダットンは第八代シャーボン男爵の身分だった。地所の広さは667ヘクタール。

　ピーターズフィールド駅からバスで30分ほど走る田舎の風景がきれいである。草地の斜面に散在する樹木、丘の風景を締めくくる樹林の帯。典型的な風景がどこまでも続く。ときおり、草地に羊や牛の群れ。ケント州も美しいが、ハンプシャ州も美しい。この美景を見るだけでも、この庭園に行く価値がある、と思えるほど。ヒントン・アンプナは、こうした風景の美しい結晶であるともいえる。

整形庭園と屋敷側面

55

3―南部

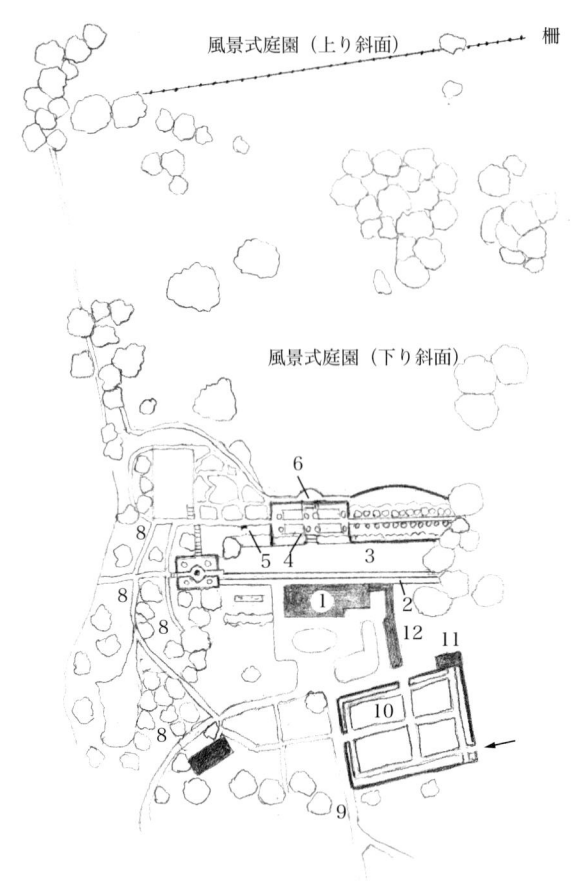

```
風景式庭園（上り斜面）                柵

         風景式庭園（下り斜面）

                                1  屋敷
                                2  敷石のテラス
                                3  芝生のテラス
                                4  沈床苑、長い散策路のテラス
                                5  神殿（苑亭）
                                6  展望のテラス
                                7  整形庭園(イチイの庭)
                                8  百花苑
                                9  通景線(例)
                                10 菜園
                                11 受付、店
                                12 ティー・ルーム
```

　屋敷の裏手に風景式庭園がある。まず、草地がゆるい斜面を下り、次にゆっくりと長い傾斜を登っていき、稜線がやがて空に接して庭の広がりを閉じる。
　樹木の置き方に特徴がある。手法の要点をいえば、まず、樹を大きな群れや幅のある帯状にまとめる。次に、手前からほぼ互い違いに配置する。視線を左右へ誘導し、奥へ導く。この手法によって、変化に富む風景が生まれる。名人芸である。18世紀に作られた風景式庭園の空間とは、明確に異なって、斬新。18世紀の風景式庭園は、それまで壁に囲われてせせこましかった整形庭園を廃し、一転、広く伸びやかな外の世界に視界を開くものだった。樹木は1本、また小さな群となって、その中に点々と配された。それは、視界を遮るためのものではなく、一望さ

ヒントン・アンプナ

長い散策路　　　　　　　　　　　風景式庭園（正面）

れる風景に視覚的なリズムを与えるもの。それに対して、ヒントン・アンプナでは、樹群や樹帯は多用され、庭の美観を構成する。

　樹木の色合いは、全体として多様で変化に富み、調和的かつ呼応的。いま空が晴れてだけに５月の樹木は、ひときわ柔和に輝き、上品な生気に包まれる。明るい世界なのに、そしていま見ている現実なのに、どこか夢幻的。風景は夢に近づく。

　樹群の色は、季節の移りにそって楽しむことが意図されていた。若葉、新緑から、紅葉や黄葉へ。ダットンが植えた樹は、菩提樹、西洋トチノキ、ヨーロッパ栗、ノルウェイカエデ、トルコ樫だった。ノルウェイカエデは、秋、黄色く輝き、トルコ樫は姿が優美で葉が繊細。

　樹群は、一群一種である。樹群は、上がり斜面の中腹あたり、つまり中景に多い。このあたりが樹群を用いた造型の核心部といえる。手前の下り斜面では、右手に多い。そして、遠く、稜線にはブナの帯を回した、という。樹群を例になく大きくしたのは、濃く深い陰影を楽しむためだった、とダットンはいう。

　緑の風景を造型する、緑の美を引き出す、緑一色の世界を楽しむ。これらのことは、かつて18世紀のイギリス貴族の教養だった。文化だった、といってもよい。これが現代に新しい形で蘇ったのである。

　風景の中には羊の姿がある。手前の下り斜面では鳴き声も賑やかである。向こうの上がり斜面の風景は静まりかえっている。18世紀の典型的な風景式庭園に見られた湖は、ここにはない。湖を作るにも、水の流れがなかった。かえってそれ

3──南部

がよかったのだと思われる。

　この風景の中を歩くことはできる。ただ、およそ100メートルあまり、斜面を降りたところまで。金網で遮られ、向こうの広大な斜面を登ることはできない。左右にも金網があり、歩ける範囲は限られている。散策する庭ではない。この点でも18世紀の風景式庭園と異なる。18世紀の風景式庭園は、回遊して楽しみ、湖で船遊びをするところだった。釣りをして、絵を描き、読書をし、苑亭で喫茶を楽しむ。所によっては、鹿を追い、猟鳥を撃つ狩りの場になった。家人や客人が余暇に利用する空間だった。ヒントン・アンプナの庭は、眺める風景式庭園。眺めるのは、風景の芸術である。

　このように風景式庭園を変身させたラルフ・ダットンは、屋敷の3階にある寝室から、朝に夕に眺めたであろう。寝室は屋敷の中央にあり、庭は正面。床ごと半円形に張り出した出窓がこしらえてあり、正面と左右、広角度で眺められた。

　18世紀の風景式庭園を現代風に仕立て直す。20世紀になって、あえてこの試みに挑戦をした者は、他に誰がいるだろうか。ダットンはこれに挑んだ。庭園は、work of art、あるいは fine art と呼ばれる。芸術のひとつなのである。それは、風景式庭園でも同じこと。ヒントン・アンプナの庭は、明確にこのことを、改めて、物語る。

整形庭園──静謐と均整の至福

　庭は芸術ということは、テラス式の整形庭園ついてもいえる。細長い芝生を二段に重ね、上段は芝生の庭。ボーダー花壇が縁にあるが、そこでダットンが目指したのは芝生の静けさである。下段は「長い散策路」の名。芝生が180m延びる。右手半分には、細長く刈込まれたイチイが2列、視線を彫像に導く。一方、左手半分は対照的に装飾的。歩いてゆけば、左右に芝生をくり抜いた細長い花壇と、三角錐が笠をかぶった風情のトーピアリが交代する。上段のテラスを支える斜面は幅広く、そこはボーダー花壇風。ダットンが特に工夫したのが中心部。そこだけ幅を広げて沈床苑を作り、花とトーピアリで飾った。沈床苑から石段を下りれば、半円の見晴らし台にでる。そこから風景式庭園を眺めるのである。

　テラスの庭は、造形でも色彩でも、抑制が効き、派手な対照はみられず、静かな均整に満たされている。人はゆっくりと歩いて、美しい静かさに浸る。

ダットンは美術を愛し収集した。中国の陶磁器も集めた。屋敷内の調度品や装飾は、とても品がよい。おそらく、屋敷も、ダットンの趣味に出る芸術品と呼べるであろう。

百花苑・菜園、そして庭園史の面影

屋敷の側面には、百花苑のような庭がある。地形のままに多くの花、灌木が集められている。土壌は、白亜層の砕けた小石が混ざり、所によっては粘土だから、花や植物を育てるには苦心がいるという。しかし、そのことを感じさせないように地表の花には隙間がない。ゆるく湾曲する苑路を辿って、見ていく。あえて型をいうなら、およそ20世紀になって出現した植物好きたちの庭。いわゆるplantsmanの庭である。

ヒントン・アンプナ全体を庭園史の観点からみれば、まず、風景式庭園は、18世紀のブラウンの庭の洗練。テラスの庭は、次のレプトンが屋敷と風景式庭園のあいだに導入したテラスの庭の洗練。そのテラスの庭では、16世紀のイタリアのイチイの刈込みの庭、また、ヴィクトリア時代の花壇が、洗練されて再現されている。百花苑は先述どおり、20世紀の植物マニアの庭。それから、二、三ヵ所にさりげなく設けられた通景線。これは17世紀のフランス幾何学式庭園で生まれた並木式のもの。こうして拾い出してみると、ヒントン・アンプナの庭が、ヨーロッパの庭作りの伝統を含んだ庭であることがわかる。庭は伝統と革新に生きる。この庭は、このことも物語る。

住所 ▶ Hinton Ampner, Bramdean, Alresford, Hampshire SO24 0LA
経路 ▶ London Waterloo駅からPetersfield駅へ1時間30分。バスで30分。バス停は門前。

14　ロングストック水庭　Longstock Water Park Garden

6月20日

水辺に植物が繁茂する——イギリスの秘境

　この水庭は庭園評論家テイラーさんが推薦する英国庭園百選のうちに入る。イングランドの南部ハンプシャ州にある。ロンドン・ウォータールー駅から列車でアンドウヴァ駅、そこからタクシーで5マイルを行く。道中の風景は緑一色で、ときに生垣をかすめ、ときに並木の木陰を走る。開園は2〜5時で、見物できるのは、3時間。少し短い。

　これは第二次大戦後に作られた新しい庭で、ジョン・S・ルーイスという実業家が作った。1946年、ここに住むことになって、庭作りの構想を練り、6年の歳月をかけて完成させた。庭師頭のソーンダズが施工を総監督し、植物の方面ではジョーンズ が尽力した。

　細長い池に16の小島を作り、橋で結んで回遊する。全体は高木で囲われ、閉ざされた別世界。池の背後に小さな森という構成である。池辺に藁葺きの苑亭がひとつある。

　庭に足を踏み入れれば、すぐ独自性とすばらしさが感じられる。ゆっくり巡り、ときに立ち止まり、細部を確かめる庭である。植物や花、作り、あるいは眺めを確かめる。回りながら、立ち止まって360度見渡すと、どの方角でも美しい絵に

ロングストック水庭

　なる。そこには必ず、遠景、中景、近景があり、さらに、6〜8景に分かれるほど重層的。色合いも変化に富む。所々で黄色や赤が映えて鮮やか。
　16の島は大小、形も異なるが、みな平らで、池面から20cmほどなのは共通。16の島は相互に橋でつながっているのではない。池の岸から渡り、ひとつ見て、岸に戻る。岸から2つ目に渡り、見て、また岸に戻る。基本はこの繰り返しである。1度に、2つ、ときに3つ、見ることができる所もある。1ヵ所だけ、こちらの岸から向こうの岸へ、島伝いに渡ることができる。橋は、厚板。湖面には水蓮。所々に、こうほね。池の中には鯉。水面には鴨が浮く。
　島には、みな芝生が敷いてある。ある島では中央に樹木が配置され、ある島では植物群。ある島には何もない。肝心なのは島を縁どる植物の帯で、少ない所では7〜8種、多いところでは15〜16種の植物がリレー式につながり、円環をなす。草丈は人の腰あたりで、やや高低があり、つながりあってゆるい波を打つ。ホスタ（ギボウシ）や蕗の王様のような植物グンネラ、またグラスなど緑の植物が多く、アイリス、桜草、九輪草などが間に入り、明るい色あいを添える。帯の幅は50cm〜2mほど。どの島でも、植物の構成は異なるが、調和が見られ、取り合わせが巧い。
　植物のほとんどが、改良種だと思われる。背丈の高さ、茎の長さ、葉の大きさなど、普通では見かけない大型が多く、異様なあるいは亜熱帯風。たとえば、桜草なども、茎が長く、細い先端に花をつけている。アイリスも同様。
　島は、細長い池の半分にまとめてある。残る半分は広い池面である。そこは、

3──南部

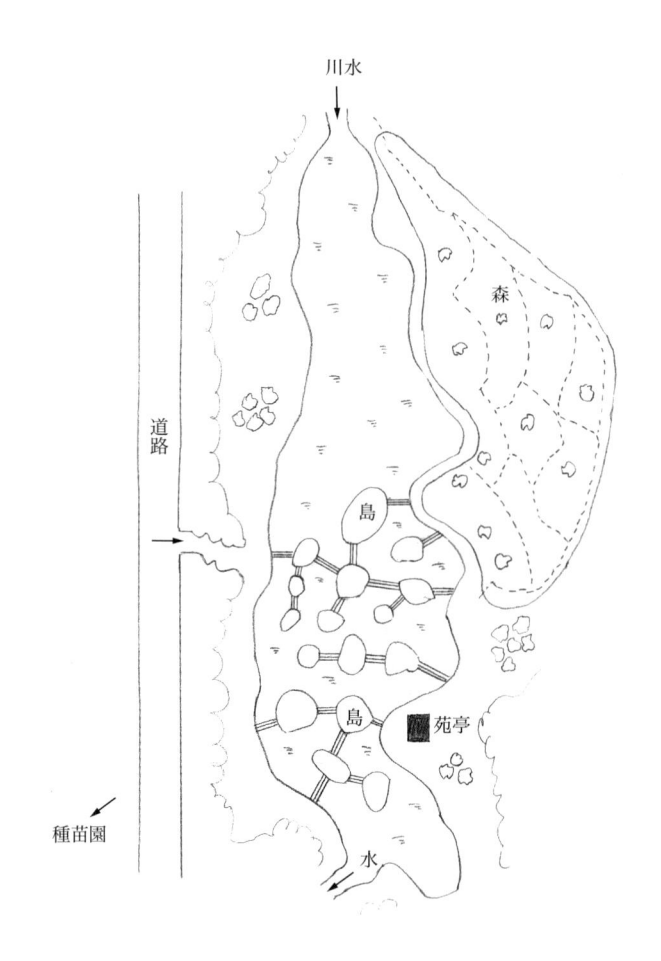

[図：川水、道路、森、島、苑亭、種苗園、水の位置関係を示した庭園の見取り図]

さながらモネの睡蓮の池。ただ、花はまだ咲いていない。睡蓮の池の背後に小森があり、メタセコイアや樹齢300年のオークなどもある。シャクナゲと椿もあって、散策路が通っている。

　庭に身をおけば、イギリスの秘境という言葉がおのず浮かぶ。類例のない独特の植物が繁茂する秘境である。一般に公開されるのは、第1日曜と第3日曜の2回だけ。あとは庭師たちがせっせと手入れをする。したがって植物がみな元気。呼吸が聞こえると思うほど。植物の生気は濃厚。それでいて、亜熱帯の感じはあまりしない。

　近くを流れるテスト川から水を引き、またテスト川へ戻す。歴代の所有者たち

が、掘った砂利穴が池に転じた。そこに16の島を設けて、庭へ。考えてみれば、イギリスには平地を流れる川や運河は多い。けれども、ロングストックのような水の庭は、誰も思いつかなかった。希有な庭である。

　近くの種苗園の方は、無休。ここには90mのボーダー花壇と、クレマチスの覆うトンネル路がある。ティー・ルームもある。そこで売られているのは樹木、灌木、多年草、ハーブ、高山植物など。高品質で珍種が中心である。水生植物も揃っているという。

スーパーと百貨店の新風

　スーパーのウエイトローズや、ジョン・ルーイス百貨店は、首都のロンドンでも、地方都市でもよく見かける。高品質と健康安全というイメージがある。これを作った人物が、ロングストックに水庭を作ったルーイスである。

　スーパーや百貨店を経営する会社の名は、John Lewis Partnership といい、従業員全体が経営に参加し、利益の配分も受ける仕組みになっている。ルーイスは、従業員を仕事仲間ととらえ、開放的で透明公正な関係を築くこと、利益を分かち合うことを原則として、独特の体制を作った。ルーイスは会社を従業員合同体に遺贈した。いまも、同様の体制が続く。従業員の数は6万8000人（2008）。関係業者もすべてパートナーで、商品の仕入れ先は、すべて「信頼でき、尊敬できる相手」だと謳っている。

住所▶ Longstock, Stockbridge, Hampshire SO20 6JF
経路▶ London Waterloo 駅から Andover 駅まで1時間30分。タクシーで12分。

4

南西部
デヴォン｜サマセット
DEVON｜SOMERSET

15　ダーティングトン・ホール　*Dartington Hall*

8月8日

谷間を造形する

　ダーティングトン・ホールは、篤志家が第一次世界大戦の後、地域振興の拠点として構想し、活動を展開してきたところである。そこに立派な庭が作られた。

　ダーティングトン・ホールは、三方が丘、北側に谷が開ける地形である。屋敷の裏に谷を利用した珍しい庭がある。それは庭というより、土地の造形。まず、対岸。そこでは、谷の底から上る斜面が五段のテラスに作られている。テラスの平面も法面も芝生で、途中に2本の高木、最上段にヘンリ・ムアの彫刻がひとつ。トチノキの高木が1列に並び、庭を締めくくる。背後は森である。

　谷の底は、長方形の芝生。翻って、手前の斜面を見れば、まず、対岸のテラスと同じ芝生のテラスが二段。上段のテラスには12本、紡錘形のイチイが並び、キリストの弟子12使徒と称される。その上方に、今度は垂直の擁壁とテラス。これも二段ある。それぞれテラスにはボーダー花壇が作られ、そこから出たクレマチスなどが擁壁を登る。ボーダー花壇は、青白主調の寒色系で、出色の出来映え。残る最上段は、屋敷に続く裏庭で、さっぱりした整形庭園がある。

森の庭と日本庭園

　谷間の庭が、ダーディングトン・ホールの庭の中心である。まわりの丘陵に森の庭が広がる。屋敷から見て左手、谷がさらに開けていく方角には、野原の庭。草原に樹が点々。流れが一本。こうした庭を巡り歩けば、所々に絵のような展望が開ける。庭外に、高い丘陵の風景が遠望される。それはダーティングトン・ホールの放牧地と耕作地、また遠くの森。庭と周辺の景観も含め、全体に、急な高低と野趣に富む点は、イギリスの庭では多くない。

　日本庭園が、ひっそり目立たない場所に作られている。これは、見事な枯山水庭で、これまでイギリスで見た中では、もっとも真正。外国人でもわかっている人には、ちゃんと作れる。作ったのは、イギリス人のブースという人で、1991年。解説板の文も、含蓄に富み、簡潔。微妙で繊細な表現である。

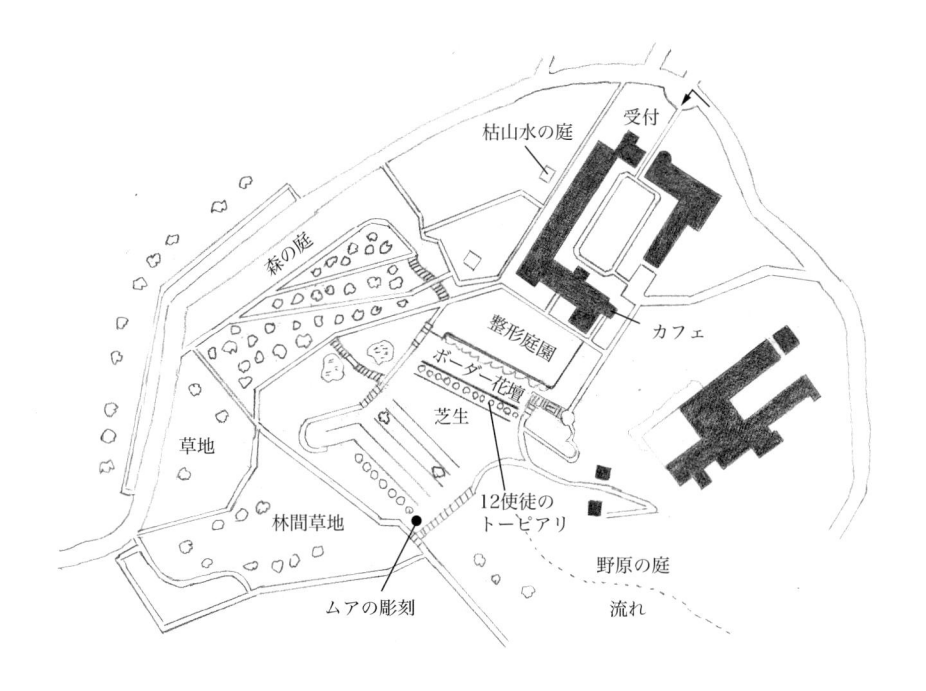

[図: ダーティングトン・ホール庭園地図。ラベル: 受付、枯山水の庭、森の庭、整形庭園、カフェ、ボーダー花壇、草地、芝生、林間草地、12使徒のトーピアリ、ムアの彫刻、野原の庭、流れ]

　谷の庭の設計は、ケインが担当した。チェルシー・フラワー・ショーで、金賞8回、銀賞3回という実績を誇った。庭園雑誌で活躍した後、庭作りの世界へ入った。ダーティングトン・ホールの庭作りは1945年から。他方、背後と左右に広がる森の庭は、アメリカ人の女性造園家ファランドが担当した。

社会事業活動──3本柱で
(1) 持続可能な事業──地域に根ざして
　　社会事業家夫妻といったのは、エルムハースト夫妻。ダーテイングトン・ホールは現在、夫妻の遺志を継いで、財団によって運営されている。
　　トラストの理念の中核は、持続可能な社会の実現である。地域社会に根ざし、そこから始める。たとえば、グレイフィールド木材工場では、地元で木材を作り、地域の市場へ出す。炭酸ガスの排出や廃棄物はゼロ。工場から出る木くずから作ったバイオマス燃料も市場へ出している。騒音は最低に抑え、住宅地の近くでも操業が可能とか。モデル事業の提案である。

4 ―南西部

12 使徒　　　　　　　　　　　　　　五段のテラス

　それから農園学校。基本は、自然に従い季節の野菜・果物・花を栽培する、肥沃な土壌を維持する、機械化せず馬を使う、地域に出荷する（地産地消）など。有機栽培である。すでに多様な技術を開発し、学習コースで教える。新農業で地域の雇用創出を図る。イギリスの農業全体は、まだ農薬への依存度が高い。輸入農産物への依存度も高い。輸入農産物は、多大のエネルギーを消費し、農薬を多用し、廃棄物が多い。

　持続可能性を求める活動の知的中核が、シューマッハ・カレッジである。そこでは、農業を初め、自然環境、経済、社会、生き方、暮らし方まで、総合的な持続可能性を探求する。個人だけでなく、政府・行政官庁、NGOなどの関係者にも門戸を開く。特徴は、問題を、政治、経済、文化、環境などさまざまな関連のなかに置いて考えることにある。近くのプリマス大学と提携し、短期・長期のコースを用意。おもしろいのは、バイオ・ミミクリーだろうか。自然の知恵を学んで生かそうとする学問や技術のこと。自然の仕組みに学んで、循環型経済を構築する。ノミや蜘蛛、トンボ、鳥、その他、生物の優れた能力を参考に技術や製品を作る。自然モデル型である。シューマッハ・カレッジは、1991年に開かれ、すでに20数年の実績を持つ。

(2) 社会の弱者支援

　財団は、子供や女性の保護と支援、またアルツハイマー病患者の支援をし、

最上段

　50年の実績を持つ。社会的弱者に健常者と同じ「豊かな生活」を享受させたい。それが人間の公平さに適うことだ、との立場に立つ。調査研究を行い関係方面に訴える。また、独自の施設を作り、催しを行う。

(3) *芸術と音楽──教育と催し*

　財団の3つ目の活動分野が、芸術と音楽。1年を通して、イベントや学習コースが開かれる。演奏会、劇の上演、舞踏、映画、詩の朗読など、催しは多彩。パフォーマンスという分野もある。ホームページには、来演する芸術家・音楽家、劇団や楽団の名前が、目白押し。他方、学習や教育も盛ん。音楽は8～18歳までの英才教育で、器楽演奏と声楽のあらゆる分野で行われる。夏の5週間は夏季スクールで賑わう。この期間、毎日、音楽会がある。訪れた日、屋敷前や屋敷横の広い芝生は、老若多様な人で賑わっていた。楽器を抱えた人たちも目に付いた。

　版画制作や製本技術なども教えている。

住所▶ Dartington, Totnes, Devon TQ9 6EL
経路▶ London Paddington 駅から Totnes 駅まで3時間半。タクシーで12分。

16 王立園芸協会ローズムア庭園　RHS Garden Rosemoor

8月10日

庭作りのアイデアを提供

　デヴォン州のエクセターで泊まったB&Bのすぐ前のバス停から、約2時間バスに乗り、門前のバス停で降りる。行きは雨降りで、見物の前半も雨。午後遅くようやく雨が上がり、ときどき陽が差す。

　帰りは、門前17時21分のバス。バスはおおむね丘の背を走るので、左右にデヴォン州の田舎の風景がよく見える。放牧地の緑が広がり、木立に生垣 hedgerows が加わった風景が展開する。ときに、いくつも丘が重なって遠くに及ぶ。デヴォン州の風景も、ケント州に劣らない。

　ローズムア庭園が開園されたのは、1990年である。以来、人気は高い。中心部にあるのは整形庭園と自然風庭園の6つで、それぞれが高いイチイの生垣で囲われ、相互に見えないが、全体は長方形の敷地に収まり、苑路沿いに、150m の見事なダブル・ボーダーがある。6つの庭を巡れば、さあ、私も庭を作ろう、と刺激されるであろう。「庭作りを提案する」がここの基本構想だからである。

　その構想を端的に表す庭が、「見本の庭」で、3つの小庭が見られる。三人の造園家の設計による。1つ目は植物中心の緑の庭。2つ目はテラスに明るい人工石を用い、花と緑をあしらった現代的な庭。3つ目は青色の石を敷いた苑路を2本、平行させて骨格として、一方に植物と花とパーゴラ、他方に3つの装飾物を置く涼しげな庭。自然石の頂点の小穴から出る水が、静かに石の肌を流れ下る。小さいが洒落た装飾物である。3つの庭は、イギリスでもっとも人口の多い階層に向けたものだと思われる。

　中心部にある6つの庭でいちばん印象に残るのは、赤・黄・橙の花でまとめられた「夏花壇」である。色彩はもちろん、植物の質感、特徴的な姿形がよく生かされている。全体はじつに鮮やかである。鮮紅色に輝く花はロベリア Loberia cardinalis 'Bee's Flame' である。橙色はクニフォフィア Kniphofia uvaria 'Nobilis'、黄色の穂をなびかせているのはソリダゴ Solidago golden mosa、すこし交じる紫はモナルダ Monarda 'Prarienacht' である。

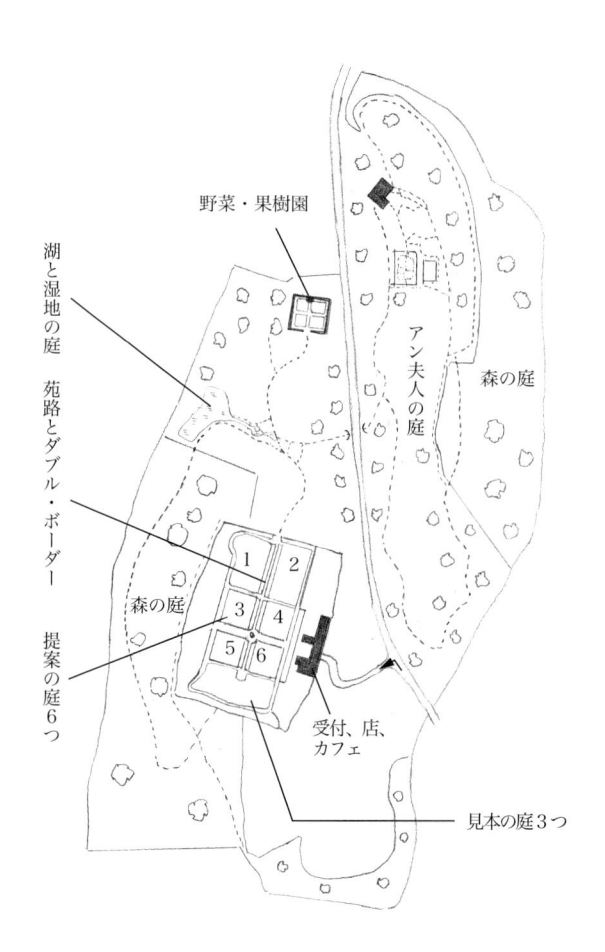

ローズムアでは、名札はすべてラテン語（学名）に統一されている。こうすれば、名前と植物がきちんと対応し、通称を使う場合の誤解や混同が避けられる。イギリスの庭師たちは、学名をすらすらと口にする。

この「夏花壇」と対照的なのが、「葉と植物マニアの庭」。花は使わない。植物の葉や茎の緑、質感や形を取り合わせる。1年中、楽しめる点では「夏花壇」と対照的である。

ほかにイギリスでなじみの深い「コティジ・ガーデン」「菜園」「バラ庭」が作られており、新しいヒントを提供する。

ここから離れて少し歩いくと、「湖と湿地の庭」がある。植物は生き生きと育ち、水は澄んでいる。さらに行くと本格的な野菜・果樹園がある。多くの野菜が育ち、興味深い。果樹では、圧倒的にリンゴが多い。「森の庭」もあるが、その前に行くところがある。

アン夫人の庭

バスも走る道路の下を潜って行くと、「アン夫人の庭」がある。アン夫人が集め

4―南西部

夏花壇

花を使わない庭

見本の庭（一例）

た植物と花で作られた小庭が4つほどあり、樹木を植えた広い樹林園がある。小庭は、見やすくて品がある。個性も感じられる。

アン夫人は、ロール卿の子孫。ロール卿は、地元の土地所有者で、事業家でもあった人物。夫人の父が、1923年にローズムアの土地と家を購入した。目的は、3月から5月にかけて家族で楽しむ魚釣りの小屋を建てることだった。近くのトリッジ川では、よく鮭が釣れた頃である。1931年に父が亡くなり、残された母とアン夫人はローズムアに住んだ。いったん離れたが、第二次大戦後に夫と子供と戻り、終の棲家となった。

子供から麻疹をう

つされ、保養のためにスペインに滞在した。そこで植物収集家・造園家のイングラムと知り合った。イングラムから、植物収集と庭作りのおもしろさを教えられ、夫人の植物収集と庭作りが 1959 年から始まった。

　以後、南アメリカ、ニュージーランド、パプアニューギニア、アメリカ、そして日本などに出かけ、集めた 4000 種の植物を庭と樹林園に植えた。

　手ほどきをしてくれたイングラムのあだ名は、桜。日本の桜の魅力にとりつかれて収集し、交配種を作り出した。桜はいま、イギリスの街路樹でよく目にする。個人の庭先にもあり、意外な広がりがある。イギリスばかりでなく、ヨーロッパの桜も元を辿れば、ほとんどがイングラムに行き着くといわれる。イングラムの集めた桜はアン夫人に贈られ、屋敷近くの「桜の庭」に今もある。

　アン夫人は、1988 年に、庭と地所を王立園芸協会に寄附した。屋敷とまわりの庭（3.2 ヘクタール）と放牧地だった土地（13 ヘクタール）である。先ほど見た庭は、寄贈された土地に王立園芸協会が作ったものである。ローズムアは、粘土質で雨が多いので、雨が降るとすぐぬかるみになり、庭作りは大変な作業だったという。それでも、2 年で完成させ、開園にこぎ着けた。アン夫人の庭は、そのまま保存された。

　したがって、ローズムアでは、一方で、現代の園芸活動を反映し、庭作りへ誘う庭、もう一方で、一世代前の落ち着いた個人の庭、この対照的な 2 つの庭を見ることができる。

住所 ▶ Little Torrington, Devon EX38 8PH
経路 ▶ London Paddington 駅から Exeter St Davids 駅まで、3 時間。St Davids 駅そばのバス停からバスで 30 分。徒歩 1 分。

17　ザ・ガーデン・ハウス　The Garden House

8月12日

旧庭

　ここは、いわゆる植物マニアの庭。植物好きが、苦心して集め、工夫を凝らして育てた植物と花が揃っている。それらを庭の形にまとめて展示して楽しむのがこのタイプの庭である。庭の構成が無頓着な庭もあれば、比較的、センスのよい庭もある。ここでは、創意に満ちた庭が作られている。

　この地に中世、バックランド修道院があり、その修道院長の館にあった塔と厨房の遺跡が残されていた。庭はその遺跡を利用して、古い時代を演出。急峻な斜面を利用したので、テラスの庭となった。

　一段目と二段目は、苑路の左右に植物が並ぶ細いテラスで、ここにはシャクナゲなどがある。三段目は幅広く、中心部に青々とした芝生をおいて周辺に植物と花。ここから塔の2階に入り、中世の空気に触れながら螺旋階段をあがって頂上で現代へ戻り、庭を展望する。下段の庭と、庭向こうの斜面の森、そして空が眺められる。振り返れば、丘の上に立つ屋敷が見え、全体の状況が把握できる。この塔の階段を降りて行けば、最下段の庭にでる。全斜面を受け止めて、もっとも大きい。中心をボーダー花壇が横断し、その周辺に、ま

田舎家の庭と遠景

ザ・ガーデン・ハウス

テラスの庭（最下段）　　　　　　　　　南アフリカの庭

た花と植物を配するという構成の庭である。

　最下段の庭は、広いので、ゆっくりした気持ちで見て回ることができる。厨房の遺跡も立っている。相当に大きな独立家屋で、屋根は麦藁葺きである。その横手に小さな沈床園があって、小池もある。木製の立派なベンチが置いてあるので、そこに座り、斜面の庭を見上げることができる。眺めれば、改めて植物の密植ぶりに驚くであろう。精選された植物が、庭と擁壁に満ちる。庭はあたかも、植物と花による細密画の世界。植物を愛した者が精魂を込めて作ったことに思いを馳せる。その人は、フォーティスキュー。妻と二人で作った。ちょうど第二次世界大戦が終わった1945年から。フォーティスキューが亡くなったのは1981年。庭の存続と発展を願い、生前の1961年に財団を作った。死後、屋敷と庭は、財団が継承した。

新庭

　ガーデン・ハウスの庭は、これだけではない。ここを見終われば、訪問者は、西側にある6エーカーの庭に足を運ぶ。ゆるい斜面の放牧地だったところが、比較的開けっぴろげな、苑路で辿る6つの庭に生まれ変わった。庭を区切るのはこの苑路である。

　初めの「南アフリカ庭」がもっとも斬新かもしれない。ラッパ型に茎を広げる

75

4―南西部

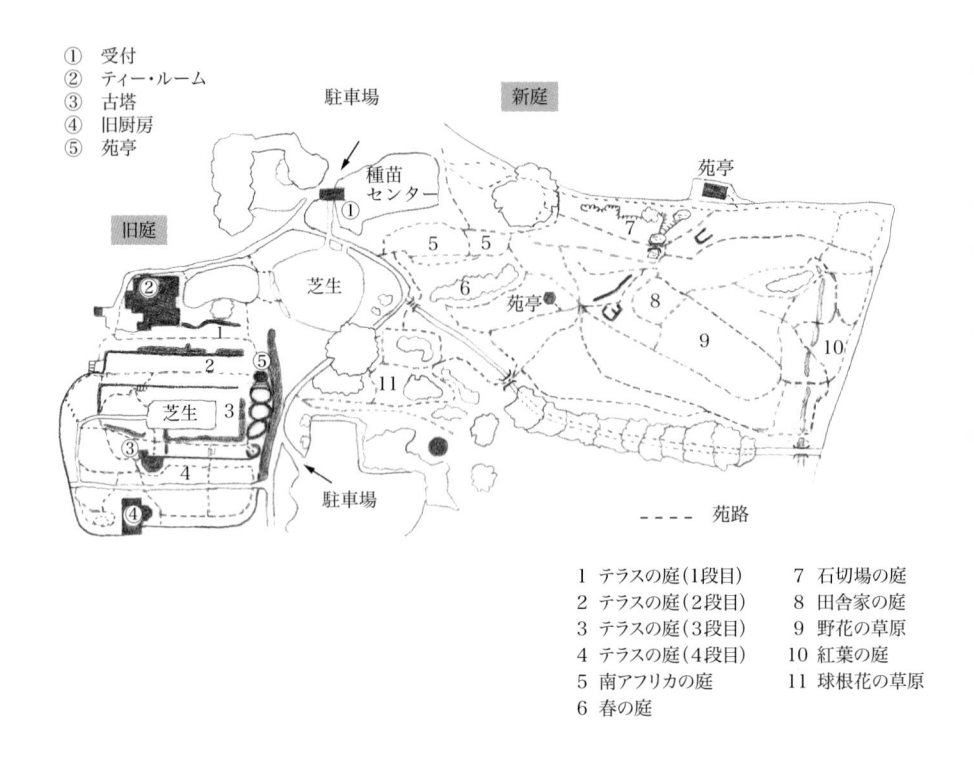

① 受付
② ティー・ルーム
③ 古塔
④ 旧厨房
⑤ 苑亭

旧庭
新庭
駐車場
種苗センター
芝生
苑亭

---- 苑路

1 テラスの庭（1段目）　　7 石切場の庭
2 テラスの庭（2段目）　　8 田舎家の庭
3 テラスの庭（3段目）　　9 野花の草原
4 テラスの庭（4段目）　10 紅葉の庭
5 南アフリカの庭　　　　11 球根花の草原
6 春の庭

　大きな草株が点々と立ち、その間に赤いケシ。草株の色は、いま枯れ草色。黄色の花も点々。ここの主役は、南アフリカの多年草。南アフリカは、多様な植物と花が見られる植物の宝庫。「南アフリカの庭」では、すべてが、自然にそこに芽生え育ったように見える。自然に見えること、これが最大の工夫だったという。
　「田舎家の庭」の花々も「野花の草原」の草と花も、同じ植え方で、あたかも自然な、といった趣きで咲き競い、風に揺れる。
　このような植え方は、6エーカーの新しい庭作りを任された庭師頭ワイリが考え出したものだという。ワイリはよく旅に出て、自然の中の植物を見て回った。本人は、著作で、自分の植え方を「新自然主義」（2004）と呼んでいる。Newとは、ヴィクトリア時代のあまりにも人工的な植え方を批判して、自然な植え方を提唱した元祖 ロビンソン（後出）の流れを汲み、1コマさらに進めたものという意味合いであろう。確かにワイリの庭は花がいっぱいで、鮮やか、あるいは賑やか。それに比べれば、ロビンソン流はいかにも自然で素朴だった。

ワイリのこうした植え方には、もうひとつの特徴がある。花は風が運んできたように無造作にばらまかれているのではない。やはり1種ごとに小群にまとめ、色合いを吟味して組み合わされている。現代庭園の祖ジーキル（後出）のボーダー花壇の植え方を踏襲する。

　ワイリは、この他に「石切場の庭」「長い散策路」「紅葉の庭」「球根花の草原」なども作った。妻のロスも庭作りに協力。2003年にワイリが去り、後任にビショップが来た。すでに専門書『スノードロップ』（2001）を著しており、ガーデン・ハウスの球根類と森の花が格段に充実したという。このように庭が進化していくことは、庭を作ったフォーティスキューの願いであった、という。

　この庭は、イギリス国内のみならず、海外でも評価は高い。地元でも自慢のようで、バスの運転手は相好を崩して褒め、「ノーブル」だといった。格調高し、であろうか。

　花の多い庭だから、ガイドブックの表紙をはじめ、ページを繰れば、庭の写真は、どれも目が覚めるように美しい。花盛り時の最上の写真だからである。しかし、花は、順に咲いて行く。写真のように花が一度に見られる訳ではない。しかし、すべての花が咲きそろう究極の姿を見てみたいもの、と叶わぬことを考える。夢多き庭、というべきか。

住所▶ Buckland Monachorum, Yelverton, Devon PL20 7LQ.
経路▶ London Paddington 駅から Plymouth 駅へ、4時間。バスで Yelverton まで40分。乗り換えて、30分。バス停は門前。

18　イースト・ランブルック・マナ　East Lambrook Manor Gardens

9月9日

往年の星マージェリ・フィッシュの庭

　ロンドンのウォータールー駅からクルカーン駅へ。そこからタクシーに乗る。駅からちょっと遠く、3000円ほど。場所は、サマセット州。

　この庭は、現代イギリスのコティジ・ガーデンの典型とされる。中産階級の者が、庭師を雇わず、一人で作って維持できる手頃な広さのコティジ・ガーデン。その範例。長い間、イギリスの田舎で見られた伝統的なコティジ・ガーデンに比べて、いくらか広く、いくらか洗練されている。

　この庭は、植物と花の取り合わせに進化をもたらし、一時代を画したとされる。作ったのは、マージェエリ・フィッシュという女性だった。現代庭園の祖ガートルード・ジーキルが花の組合わせの基礎を築いたとすれば、マージェリがしたことは、新しい展開。洗練させ、幅広い可能性を拓いてみせた。以後、花と植物の組合わせでは、多くの人がマージェリを基礎にし、現代の庭作りは、その点でなんらかの影響下にあるいわれる。

　マージェリ・フィッシュは、当時、女性としては珍しいキャリア・ウーマンで、ロンドン・フリート街の新聞業界で、編集長や創刊者などの秘書として生きた。田舎に引っ込んでの庭作りは、第二の人生だった。転機は、第二次世界大戦の予兆が濃くなり、ロンドンは危険という空気が漂い始めたことだった。デイリー・メール紙の編集長だった夫は、1937年、イースト・ランブルック村に屋敷と土地を購入し、マージェリと移り住んだ。マージェリの庭作りは1938年から始まり、

マージェリ・フィッシュ

1　テラスの庭
2　銀の庭（高山植物の庭）
3　白の庭
4　芝生庭（旧果樹園）
5　小谷の庭
6　細流と土手の庭
7　森の庭
8　日時計の庭
9　岩庭
10　樹林園
11　果樹園

- - - - - 　小川

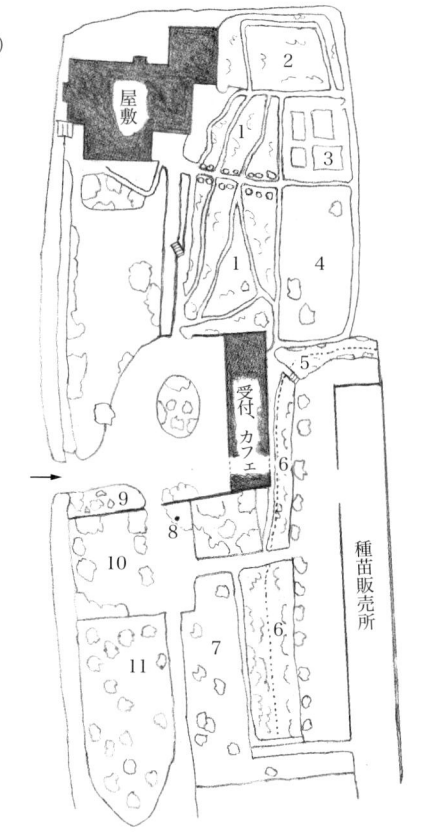

1969年の死まで、およそ30年続けられた。全くの素人だったが、隠れていた天賦の才が輝き出した。

　イースト・ランブルックは、マージェリが庭を作り、新種を育て、著書と論文を書き、情報発信をする拠点になった。著書では、『夫と私は庭を作った』にマージェリの庭作りの基本が盛り込まれており、『コティジ・ガーデンの花』は、特に1960年代、バイブルとして読まれ、広く深い影響を与えたという。平明な書き方は、わかりやすく、気取りがない。マージェリ自身がひとつひとつの花によく親しみ、よく知っていることがわかり、読者は信頼できると感じたであろう。これほどの人物も、最近、2008年のBBCラジオの特集では、「忘れられた庭師」

というタイトルで放送される状況にある。

　夫は先に亡くなった。1969年、マージェリが亡くなると、屋敷と庭は甥の手に渡り、それから二、三人の手を経て、2008年から、現在の所有者ワークマイスタ夫妻のものになった。屋敷と庭は、ほぼ元どおりの姿で維持され、1992年にイギリス遺産機構 English Heritage から一級の認定を受けた。元の麦芽製造所に開かれたカフェの評価も高い。飲み物と軽食がとれる。横道を挟んで、向かいには17世紀からのおいしい村のパブもある。

マージェリの魔術──庭作りの要点

　庭は、屋敷のまわりに作られており、時計まわりに見て行く。どの庭にも、整形性はなく、生垣も回さないので、開放的。

　まず、「テラスの庭」がある。ゆるい傾斜地に編み目状の苑路が設けられ、7つの花壇に区切られている。花壇はいずれも土留めの石で支えられている。それゆえにテラスと呼んだ。この花壇こそ、花と植物の組合わせの実験場だったところである。植物と花は、色彩と触感（素材の手触り感、素材特有の表面特性だが、眼で感じられるもの）に基づいて、取り合わせられ、そこにマージェリの天賦の才が発揮された。背丈も考慮された。植え方ではジーキル流に小群で連続させる植え方を採用したが、花壇の形はジーキル流のボーダー花壇のような細長い帯状ではない。花壇は不揃いで、それぞれが不整形。その集合といった体裁の庭である。花壇をひとつずつ単独に作ればよい、というものではなかった。見る者は網目の苑路を自由に辿るので、あらゆる方角から庭を眺める。どの地点からも四方八方へ連続する色彩計画といったものが必要になる。こうして作られた色模様は、斜面全体でひとまとまり。さながら、マージェリによる苦心の綴れ織りだった。まだ誰もしたことがない難行の極みだった、と本人は語る。結果は画期的なものだった。

　マージェリは、花の選択について2つのことをいっている。ひとつは花壇の色彩のこと。色彩は、柔らかで淡いのが、私の好み。パステル調といっても良い。桃色、ラヴェンダー色（薄紫）、淡青色、ライラック色（赤みを帯びた紫）の花、それにたくさんのクリーム色と白色の花。アクセントに、紺色の塊と、深紅色の大きな塊を置く。そして、スミレ色の花を一筆、あちこちに散らす。オレンジ色、黄

色を入れるのは難しいが、黄色は必要。淡い色合いのものがよい。白の隣に置くのが一番。

　もうひとつ、花壇は、一年中花が咲いているのが理想。できれば、初春から初冬まで。その点では、キャットミント、ゼラニウム、エリゲロン、ペンステモン、西洋ノコギリ草などが、最適。

　この２つのことは、現在のイギリスのボーダー花壇の基本になっているように思われる。今はあちこちで瀟洒で上品な、ときに夢みるようなボーダー花壇に出会う。これはマージェリが、パステル調の花壇といった系統のものである。銀葉が基調なら、極上。また、現在、鮮烈な夏のボーダーも作られるが、一方で、できるだけ季節を通して長く楽しむことを目指したボーダーもよく作られ、こちらが主流である。

　イースト・ランブルックでは、春先から花が咲きはじめ、夏と初秋の頃が頂点だといわれる。我々が訪れた９月９日では遅すぎて、花々はもう下り坂。マージェリの魔術はいずこに、といった感じだった。なお、この庭には、高さを出す工夫もされた。マージェリは、辺縁に数本の低木を置き、中心部には、紡錘形のイチイを２列置いて、庭を縦断させた。

　ただ、ここでいささか残念なことを語らなくてはならない。現在の庭は、マージェリが残した庭そのものではない。2000年、作られてからすでに50年あまり経ち、庭木は寿命を迎え、花壇は雑草に侵されていた。忠実な復元か、それとも志を継いだ再生か。時の所有者だったウィリアムと庭師頭ステイナは、マージェリの植栽記録を調べ、再度使う花を決め、新たに加える花を選び、７つの花壇を４年かけて一新、再生させた。マージェリは、いつも新しいことに挑戦した人だったから、その精神を継いだのだという。止まったままの博物館より、生きて変わる記念碑にしたいという選択だった。もうマージェリの花壇は誰も見ることができない。

巡り行けば花と庭

　次にアルプス高山植物をまとめた一画へ行く。Ｕターンして、白色の庭。シシングハースト庭園の「白色の庭」が有名になった後も、しばらくマージェリは他人の勧めに従わず、晩年、やっと腰を上げたという。花の絶妙な取り合わせこそ

テラスの庭

　我が信条、との思いから、踏み出せなかったのか。この先に、ボーリング・グリーンのような芝生地がある。元は果樹園だった。
　次に、土手と小谷の庭がある。丘から浸み出すように、2つの小さな湧き水が、互いに直角に流れてきて、屋敷の裏で、合流するという元々の地形を生かして作られた。一方の流れは、短く深めで、石を配し、橋を架け、水源付近に藤棚を置く。水源の周囲には、グンネラなど背の高い水生植物が見える。もう一方の流れは、穏やかで、土手の傾斜もゆるく、高さも半分くらい。流れは長目で、春先のスノードロップの世界。珍種が多いという。土手は、また、クリスマス・ローズの群生地。これも春の花。評判のゼラニウムもここで見られる。球根類も花を咲かせる。ただ、小谷はマージェリが幅を広げ石を置いたら、不思議なことに、湧水が消え、時折、湿る程度になり、状態は今も変わらないという。
　この流れを渡ると、「森の庭」。木は菌類で全滅したので、いま苗木を植えている。ここはクリスマス・ローズの森にするという。ただ、超ミニである。ここから先の樹林園、果樹園もミニ。
　すこしゆっくり見たいのは、苗の売場。比較的広く、陳列は整然、手入れが良

テラスの庭

い。マージェリは、当初、気前よく花を人にあげていた。やがて売るようになった。自分が庭に植えている花、栽培種として独自に作った花などを台に並べた。栽培変種として確立させたものでは、ランブルック・ゴールド（トウダイグサ科。多年草で小さい黄色の花をたくさん咲かせる）、ランブルック・モーブ（ハナシノブ科。紫の花をたくさん咲かせる多年草）、ランブルック・シルバー（キク科。シダに似た銀色の葉を鑑賞する多年草）などがある。これらマージェリ・ブランドともいえる花は、テラスの花壇にも使われている。

住所▶ South Petherton, Somerset TA13 5HH
経路▶ London Waterloo 駅から Crewkerne 駅まで2時間半。タクシーで25分。

19　ハナム・コート Hanham Court Gardens

9月27日

元修道院の門を潜ると庭

　しゃれた良い庭である。ほのかな抒情性に包まれている。古く中世に由来する屋敷と小教会も庭園と一体になって活きている。

　13世紀の修道院だった建物の門を入ると、前庭があり、前方と左手に整形庭園がある。前庭は、芝生にテラコッタの花鉢（明るい茶色の素焼き）をいくつか配したもので、屋敷や附属教会の壁面を覆う藤の花が見える。

　前庭の先に芝生地が延び、そこを歩くと、右下の苑路に沿ってボーダー花壇が見える。ボーダー花壇は、いま、ヴァーベナ、ダリア、菊の花が残るだけだが、花々は小ぶりで優しく、全体に、軽快で、洗練が感じられる。ボーダー花壇の一端からの眺めもよく、屋敷の短い階段と屋敷の壁、それにイチイの植え込みが見え、シックな銀緑色に心が休まる。反対側を眺めれば、木製の門が見え、この眺めもよい。両端とも眺めのよいボーダー花壇は、そうあるものではない。

前方の庭

　さて、芝生を先端まで行くと、高い擁壁の上に出る。かつて放牧地だった広々とした丘陵と斜面が眺められる。

　芝生地の片側には灌木が並び、その間を抜けると整形庭園に出る。ツゲの生垣によって細かに仕切られた花壇が並び、百合、シャクヤク、バラなどが、密植されている。すでに花の季節は終わり、ダリアがすこし咲き、残りのバラが1、2輪、風に揺れる。先端と中央付近に展望所がある。中央付近から、浅い谷と急斜面が見える。そこは、果樹園で、稜線の付近に夏の苑亭が建っている。

左手の庭

　左手の庭には、4つの庭がある。仕切りは曖昧で、生垣や樹列を使って区切り、苑路でつなぐ。ゆるい構成である。

　庭のひとつは、香草・薬草からなる小庭で、仕切りは衝立の様なイチイの大壁

ハナム・コート

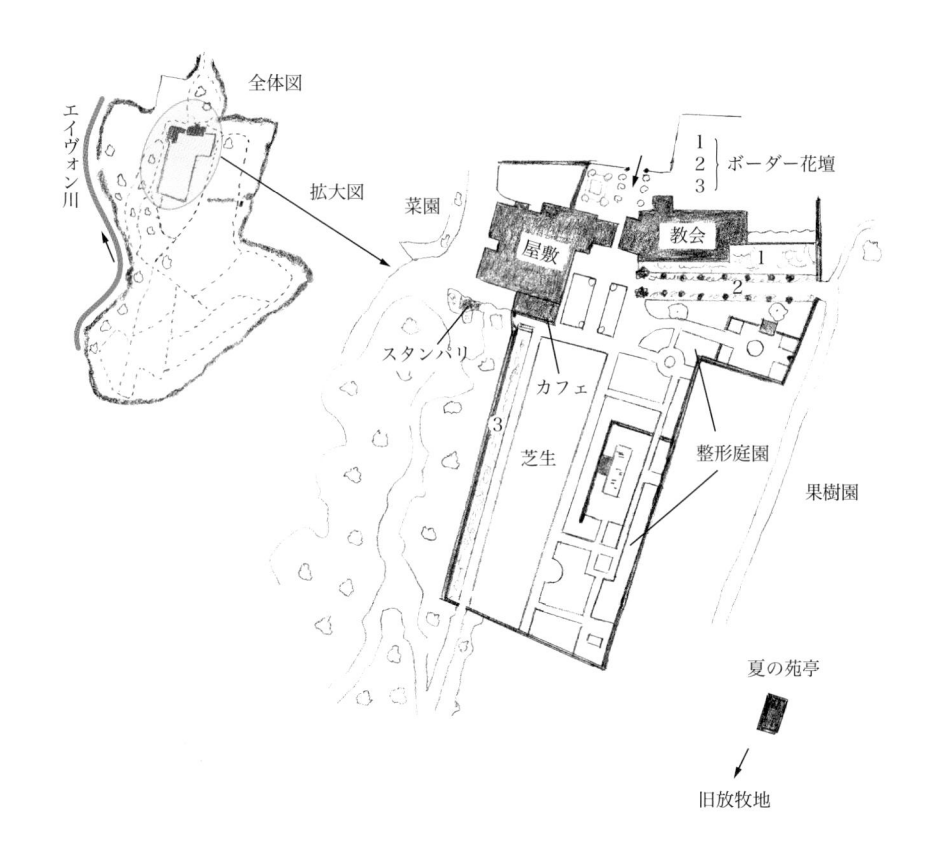

である。もうひとつも香りの庭で、こちらの作りは手が込んでいる。比較的小さな正方形で、まわりをツゲの低い生垣が回る。苑路は十字形。中心に円形の花壇、四方に正方形の花壇。あわせて5つの花壇があり、それぞれに香草・薬草が混植されている。目立つのは紫のヘリオトロープである。ここでは軽妙な遊び心が感じられる。木製の欄干を回し、手摺りの上に木製のオベリスクを並べる。十字の苑路を縁どるツゲの生垣の上面に、厚い1枚板をかぶせる。ツゲの古木を使って樹上小屋を設置。庭へ入る入口には、木製の立派な門構え。こんな遊びで、ここは柔和な木の空間になる。それと対照的に、石壁（正方形の1辺のみ）に3つの牛の顔が並ぶ。口から水を下の石桶に落としている。庭にはこうして、石の装飾と水が追加される。この小庭でも、植物と花の取り合わせはよく調和し、眺めは快い。

4─南西部

古教会の壁とボーダー花壇

イチイの庭

　3つ目は、開放的な庭で、イチイの円柱が並び、さらに低めに丸く刈り整えられたイチイが、左右対称に配置されている。いま目立つのは、その間に置かれた多くの淡いオレンジ色の花。春、目につくのは、ジャーマン・アイリスの群れであろう。テラコッタの大鉢も置かれ、雰囲気が明るい。

　最後は、ボーダー花壇。これは、果樹園に抜ける門に向かう苑路の左右に作られ、長めである。ここでもイチイの円柱が並び、その足元に、ナスターチウム。ナスターチウムは柔和な緑葉を連ね、淡い朱色と黄色の小花が点々と美しい。一部のナスターチウムは、イチイに這い上がり、剛直な緑を柔和に装う。ナスターチウムは魔法の花。庭景が次元の異なる世界に変わる。

　このボーダー花壇の一方の背後に、屋敷付きの小教会の壁と窓が見える。その手前の帯状の空間を使って、別種の、背の高いボーダー花壇がある。花盛りなら、バラやデルフィニウムなどの鮮やかな色で埋まる。

夢のような庭

　ハナム・コートの庭は、「イギリスでもっとも夢のような庭」といわれる。夢幻的な庭といったほうがよいのか。古い館と修道院の雰囲気に包まれ、庭の構成も良いが、何より花と植物の使い方が軽く淡く、洗練されているからであろう。使

ナスターチウムのあるボーダー

われている花の名前は、案内書にたくさん記されている。しかし、名前を並べて行っても、その美しさは見た者でないとわからないであろう。庭には花と葉の香りが漂う。

バナーマン夫妻の才

　この庭は、1995年ここに移り住んだバナーマン夫妻が作ってきた。夫妻は、1994年にチェルシー・フラワー・ショーで金賞を獲得した。出展したのは「修道院廃墟の庭」だった。職業は庭園設計。ハナム・コートの庭は、顧客に見てもらって顧客の夢を膨らませる、といった目的もある。その一方で本人らの好みに従って労力を惜しまず作る個人庭という側面もある。あれこれと構想を試してみる実験の場でもある。だから私的にも職業的にも、変わり続ける庭ともいえ、いま紹介した姿も、数年後には変わっているだろう。

　ちなみに、夫妻が依頼を受けた庭には、「9月11日テロ・イギリス追悼苑」（ニューヨーク、マンハッタン）、アランデル城の「収集家伯爵の庭」、18世紀の首相ウォルポール家歴代のホートン・ホールの新庭（クリスティーズ2008年度最優秀庭園賞）などがある。チャールズ皇太子のハイグローヴの庭では、森の庭にスタンパリを作った。噴水や門などを皇太子と共作した。

スタンパリとは、主に枯れた木の根を並べ、シダを配するのが典型で、19世紀のヴィクトリア時代に流行った。日本庭園の石組みなら、石を組合わせるが、それが枯木の根といった感じのものである。並べたり土手風に盛り上げることが多いが、積み上げて小丘にしたり、垣根状にしたりと形はさまざまである。木の根の他に、枯れた幹や枝を交えることもある。一種の怪奇趣味かもしれない。綺麗にいえばロマン主義である。

スタンパリから放牧地へ

ハナム・コートの庭でも、スタンパリが作られている。穴の空いた石灰石を交えて積み上げ、上に段々滝を落とす。スタンパリは果樹園と反対側の谷筋の頭にあり、そこから流れに沿う苑路を下りて行けば、池が2つあり、ヤシやシダ類があり、木蓮の木も並んでいる。

この終端からパークランド（放牧地）の散策に出かけることができる。芝刈り機を走らせ、草を刈った跡が、その散策路。谷から丘に上がり、周辺の風景をみる。右手にエイヴォン川と船が姿を現す。船の数は、ずいぶん多い。運河の旅をする平たい船の他に、高い帆柱を立てた中規模の船もある。海に出ていく船であろう。エイヴォン川対岸の丘陵に、農牧の風景が遠望される。パークランドの散策路を巡れば、気分一新となる。

ハナム・コートには庭のあちこちにそっと木製の彫刻が置かれている。木製の彫刻は柔らかで、庭によく合う。残念だが、現在は慈善公開のみに変わった。

住所 ▶ Ferry Road, Hanham Abbots, Bristol, South Glocestershire BS15 3NT
経路 ▶ London Paddington 駅から Bristol Temple Meads 駅まで2時間半。バス30分、徒歩8分。

5

コッツウォルド地方
COTSWOLDS

6月2日〜6月6日

　コッツウォルドの庭園を巡るツアーに出かける。「フローラ庭園ツアー」といい、バーバラ・ソマヴィルというケンブリッジ大学の先生が、個人的にするもの。専門ではないが、庭好きで、よく見に行く。その楽しみを皆と分かち合いたい、と庭園ツアーを始めた。スライド・トークも3回予定されている。いい庭が選ばれているほかに、慈善公開制度で公開される庭を7つ見ることになっている。4泊5日で、一人950ポンド（14万円）ほど。結構高いが、汽車、バス、あるいはタクシーを使う庭園巡りでは、決して行けない庭にも行くことができる。

　ロンドンからバンバリへ行き、駅でバーバラさんと会う。結構お歳の女性だが、ざっくばらんな人で、気軽に話せる感じがした。車で、ノーフォークからの二人連れとやって来た。そのふたり、マリオン（アメリカ人）とブレンダ（イギリス人）に紹介された。車に五人乗って、宿泊・拠点になるテトバリのオールド・ストックス・ホテルに向かう。例年、参加者はもっと多いが、今年はこの五人で回る。

　ハイライトの庭を選んで紹介したい。

20　ハイグローヴ　Highgrove

6月2日

チャールズ皇太子の志と好み

　チャールズ皇太子が、庭らしい庭も樹木もなかった地所に、ゼロから作った庭で、さまざまな趣向の小庭の組合わせからなる。ひとつずつ構想を立て、順に作っていった。伝統的な姿を残す壁囲いの菜園もある。小さいが、樹林園もある。南半球の珍奇な密林風の庭、その他、10種類以上の庭がある。整形か非整形か、といえば、両方がある。ずっと非公開だったが、つい近年、一般公開された。ネットで予約受付をする。有機造園、環境への配慮、持続可能性など、未来志向を100%貫く点で、非常に発信性がある。出来もよく、おそらくイギリスの庭百選に入るであろう。

　農園の経営も方針は、同じである。有機農業に切り替え、手本のひとつとなった。パンやビスケット、チーズ、ジャムなどを売る直販店が、近くの町テトバリとバースに開かれている。バッグや食器などの記念品も売っており、知っている日本人も多いはずである。

　ハイグローヴは、コッツウォルドの西端にある。州はグロースターシャで、皇太子は1980年に屋敷と地所を購入し、本拠として家族と住むようになった。皇太子の所有する地所は各地に散在し、合計で5万6000ヘクタールあり、かつての大貴族に比べても、2、3倍はある。ほとんどは賃貸に出しているが、ハイグローヴは自ら経営し、ホーム・ファームと呼ばれる。

　チャールズ皇太子は、庭作りでも農園経営でもずぶの素人だった。庭作りでは、構想に合わせて、ふさわしい人物に助言を仰ぎ、順に、作業を進めた。農園でも有機農業を成功させた近くの農園を訪ね、さらに専門家の意見を聞き、4年ほどかけてひとつの模範に仕上げた。きちんとした黒字経営で、皇太子だからの道楽ではない。収益のほとんどは、皇太子が関係する慈善団体に回される。

タイムの路とテラスの庭と菜園

　10を越える小庭には、それぞれ皇太子の好みが強く反映され、それぞれが独特

ハイグローヴ

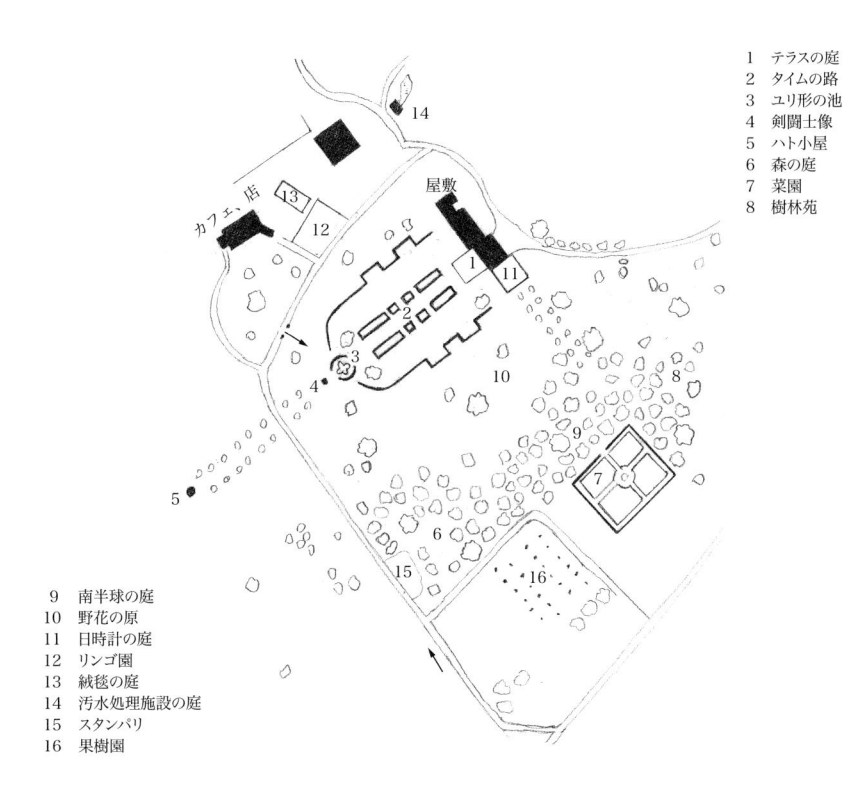

1　テラスの庭
2　タイムの路
3　ユリ形の池
4　剣闘士像
5　ハト小屋
6　森の庭
7　菜園
8　樹林苑

9　南半球の庭
10　野花の原
11　日時計の庭
12　リンゴ園
13　絨毯の庭
14　汚水処理施設の庭
15　スタンパリ
16　果樹園

である。ここでは、気に入った順で、いくつか見ることにしたい。

　整形性があって、すっきりとし、それでいて豪奢に見え、不思議に魅力的なのが「タイムの路」である。屋敷の裏からまっすぐ延びる。敷石と煉瓦を敷き詰め、左右にタイム。植え方は自然で広がったり狭まったり。所々で、タイムが敷石の隙間から顔を覗かせる。左右は芝生地でそこにも飾りがある。まず黄金イチイのトーピアリ。左右に10ほど並んでいる。形はおおむねウニ型。巻き貝型も交じる。特徴は、表面に施された細密な細工。あたかも工芸品のよう。外側には、シデの木のスタンダード仕立てが並ぶ。スタンダード仕立てとは、喩えれば、竿立ちの灯籠のような仕立て方である。スタンダード仕立てのシデが長方形に並べられて、ひとつの単位をなし、それが5つ並ぶ。タイムの路の先にあるのが、百合形の池。高さ50cmほどの花弁が水平に十字に開き、先端から水の透明なカーテンを垂ら

す。専門家に依頼したものだが、水の彫刻として秀逸。この先に、古代ローマの剣闘士の立像が置かれている。イタリアの名門ボルゲーゼ家が所蔵する古代ローマ彫刻の複製で、役割は、目止め（アイ・キャッチャー）。このあたりまで左右は広い芝生地。芝生地はイチイの生垣に囲まれている。その生垣は単純でなく装飾的。中世の砦のような凹凸があり、柱が立ち、三角形が連続し、一転して花綱のように垂れ下がるという変化をみせる。左右から続いてきた生垣は剣闘士の立像に近づき、挟むようにして終わる。タイム路の傍らには、憩うベンチが置かれ、芝生地の奥まった所には苑亭が置かれ、憩の空間になっている。ちなみにタイムはすべて皇太子が植えた。それが1991年。単色でなく、紫、淡紫、黄色、黄緑。花をつけていない緑葉の広がりも見え、色彩を豊かにしている。

　剣闘士の立像の先には、菩提樹の並木路があって、終端にハト小屋が置かれている。こうして、屋敷裏からの手の込んだ通景が完成する。

　タイムの路は正確にいうと、屋敷裏からすぐ始まるのではない。屋敷裏には、まず、「テラスの庭」がある。これも皇太子が好む庭で、敷石を敷き詰め、中央に小池を置き、テラコッタの花壺に花。テラスの花は敷石の間から出て、旺盛に茂り、咲く。ここは、一種の花の庭で、花盛りは7月。

　テラスの庭は、皇太子が作った最初の小庭で、相談相手は、ソールズベリ侯爵夫人だった。夫人は、2、3の屋敷に住んだ。そこで庭を作った。ロンドンに近い由緒あるハットフィールド屋敷に住んだ時、有機造園を基礎にして、現代風に改修した実績もある。夫人は、相談した皇太子に設計も示してくれた。テラスの庭に、整形性はなく、気ままな構成である。

　皇太子が力を入れたのが、「菜園」である。野菜と果樹が育てられる。イギリスの菜園は、おおむね幾何学的設計で、ここでも、整然としている。皇太子は、苑路の縁、壁際や壁面、中央の池まわりなど、余地あるところすべてに花を植えた。パーゴラも花の場所。初めから有機栽培を目指していたから、花の中には、害虫の天敵を誘う品種もある。害虫とはアブラムシ、芋虫、ナメクジなどのこと。小鳥も手伝ってくれる。健康な野菜は抵抗力が強い。土壌は総入れ替えだった。担当するのは、地元グロースターシャで、農薬や化学肥料、殺虫剤が普及する以前、父親から有機農業を学んでいたブラウン。菜園とはいえ、庭の性格も持ち合わせ、そこで憩うこともできる。採れる野菜と果物は、皇太子一家の食卓や客宴を飾る。

ハイグローヴ

百合形の池

野花の原

　皇太子はイギリスの野花の復活も望んだ。イギリスのおよそ約90種の野花は、現代農業の浸透で減る一方。野花の楽園であった草原は、第二次大戦後、急速に推し進められた現代農業の犠牲になって、残るのは、わずか5％。皇太子は種子を求め、播いて、野花の原を作った。花の密度は高く、春は桜草、ラッパズイセン、カマッシア、夏はキンポウゲ、ヒナギク、百合、アリウムが咲く。最近はチューリップ数千本を一斉に咲かせる。

　まず相談したのは、ソールズベリ侯爵夫人だった。すると夫人はロスチャイルド夫人を紹介してくれた。ミリアム・ロスチャイルドといい、大財閥ロスチャイルド家の人物。野生の動植物の保護活動家で、それも筋金入り。銀行家だった父もイギリスの自然保護の父といわれる。娘は著作や論文で訴え、実践してきた。

自分の庭では、園芸種をやめ、96種の野花を植えた。野花の種子を保存する活動も展開。野花の復権運動を評価され、王立園芸協会から金賞をもらった。皇太子に紹介された当時は83歳。でも、元気一杯だった。雑誌に生物多様性の重要性を論ずる論文を執筆。皇太子は野花の一覧をもらい、植え方の指南を仰いだ。こうして生まれたのが、「野花の原」という小庭。あまり広くはないが、皇太子の魂が込められている。屋敷への接近路の左右も野花が彩り、特に赤いケシは鮮烈である。

森の庭

　「森の庭」は、2002年に改修して誕生した個性溢れる庭である。皇太子の好みが強く反映され、普通とは異なる。古代神殿あり、偉人たちの神殿あり、麦わら葺きの小屋があって、木柱の上に乗る高床式。神殿は石造りに見せてあるが、それは、木材に細工を施したもの。小池の中に四角い作り物。廃物となった石柱を寝せて積み上げ、その上に多孔質の石灰石を積み上げ、その上に、蕗のお化けのような巨大で青々としたグンネラを冠せる。池には鶴の彫刻。
　風変わりなものはまだある。スタンパリとホスタの組合わせ。ここのスタンパリ（枯れた古根）はひとつひとつが巨大で、重さ1トンを超えるものがある。庭のオークの古根を使った。ホスタは皇太子の好きな植物で、ここに集められた種類の多さは、イギリス一。スタンパリ仕立は、シダが流行したヴィクトリア時代の定番だった。皇太子は、シダをホスタに置き換えた。
　この小庭に樹木はあるが、少なくて、森の庭だとわからない。そのためか、木彫の森の妖精をひとつ置いて、暗示する。ロマン主義の香る森の庭である。
　皇太子は、近年小さなリンゴ園を作った。希少種を集め、保存するのが目的。またお屋敷の床のトルコ風絨毯の模様を写した庭を、二人の協力者と一緒に作った。「絨毯の庭」と呼ばれ、白いタイルが異国的。タイルを八角型に敷き、その上に八角型の台座を築き、その上に白い水盤を乗せる。この中心部が鮮やか。それを南国風の植栽が取り囲む。オレンジの鉢植えも置かれている。2001年、チェルシー・フラワー・ショーに出展し銀賞を得た。会場からここへ、解体して移設した。

最後は汚水処理施設の庭

　ハイグローヴの庭には、ほかに、初期にソールズベリ侯爵夫人が屋敷横に設計したバラの庭（現在は改修されて、日時計の庭と呼ばれる）、樹林園、南半球の庭、コティジ・ガーデンなどがある。コティジ・ガーデンを作る時は、近くのバーンズリ・ハウスのヴィアリ夫人に電話をかけて来てもらった。ヴィアリ夫人は、大学で経済学を修めたあと、独学で庭園の世界に進出。イギリスの16、17世紀の古庭園をよく研究して設計に生かした。園芸知識も豊かで、花や色彩の取り合わせの感覚も優れていた。たくさんの著書やテレビ出演、講演などで広く活躍し、イギリス人の庭作りに多くのヒントを与えた。バーンズリ・ハウスの庭は、独特の秀作だが、一見、誰にでも作れそうな親しみのある庭である。ヴィアリ夫人は、森の庭に植える植物の助言もしている。

　最後にもうひとつ。あえて訳せば、「汚水処理施設の庭」がある。この仕組みは独自に開発したものではないが、改良して、完成させた。皇太子肝煎りの施設で、屋敷とレストラン、牛舎や羊舎、厩などから出る汚水を浄化して池に貯め、そこから川へ流す。池を設けるのは、岸辺に植物を植え、池と岸辺に、昆虫や小鳥を呼ぼうという意図からである。

　施設では、まず汚水を木屑の槽で濾過し、固形物を取り、次に芦の槽へ。芦の槽の床は、下から、石、砂利、砂の3層。ここで硝酸塩、リン酸塩、アンモニアなどを除去。最後に柳の小林へ流して、残りの化学物質を根から吸収させる。非常に高性能だという。この施設の眼目は、芦の槽に上から汚水を注ぐことにある。そうすると空気も一緒に注がれ、芦の根が腐らない。最初の木屑の槽に溜まる固形汚物は、取り出して、堆肥場に積み上げ、腐らせて肥料にする。

有機農業

　ハイグローヴで行われている有機農業は、皇太子の強い希望で実現した。初め、近くで有機農業に成功した農園を3つ訪ね、次に、チームを作って検討した。1985年に切り替えに着手。およそ4年をかけて実現した。小麦、大麦、オート麦などを栽培している。化学肥料、殺虫剤、殺菌剤、除草剤は使わない。使うのは、堆肥と緑肥。緑肥は、畑に鋤込まれるクローヴァーとマメ科植物など。健康な土壌の中はミミズや微生物が一杯。腐植土と天然の栄養素を作ってくれる。7

年の輪作方式を守るので、土壌から特定の栄養が失われず、順に丈夫な作物が育つ。雑草は春先に鋤で根を搔き切る。成長が遅れ、育っても小麦に覆われる。小麦の栄養をあまり奪わない。雑草は小麦の間で花をつけ、蜂や蝶が集まり、小鳥が昆虫を食べにくる。害虫は、昆虫や鳥など、天敵が助けてくれる。健康な土壌で育つ小麦は、抵抗力が強い。

　肉牛、乳牛、羊も、化学物質無縁の育て方。病気は、おもにホメオパシー療法で直す。病気と同じ症状を起こす毒をよく薄めて飲ませる。

　イギリスでは、まだ有機農業家は少数派。国による補償や支援もまだ制度化されていない。黒字経営にする鍵は直販店。あるいは特定のスーパーとの契約。それから価格の上積み。有機産物は20〜100%の価格上積みが可能とのことである。

住所▶ Tetbury, Glocestershire GL8 8HP
経路▶ London Paddington 駅から Kemble 駅まで1時間半。バスで Tetbury まで25分。
　　　Tetbury からタクシーで5分。

21　アビ・ハウス　Abbey House Gardens

6月3日

整形庭園とハーブ苑と森

　整形庭園とハーブ苑、それに森の庭が見られる中規模の庭だが、色彩が豊かで、変化と驚きに富む。1994年に引っ越してきたポラード夫妻が荒れ放題だった庭を整備した。

　まず屋敷の前に、整形庭園が3つある。3つともイチイの生垣に囲われ、内部の色彩は鮮やかである。

　整形庭園のひとつは、結び目花壇の庭である。多彩な花が凝ったツゲ模様の中にあしらわれている。ツゲ模様の形は、円形に十字架を重ねる、いわゆるケルト十字架である。細部の細工は実に細かい。庭の中心部にはボーダー花壇が走り、花々が咲きこぼれる。全体はきわめて華麗。2つ目は芝生の庭で、芝生が艶やか。花は脇役である。3つ目の庭は細長い。緑の壁に挟まれ、緑の芝生を歩く。緑の廊下のような作りで、花も帯状に走る。

　3つの庭を見終わると、苑亭、池、ボーダー花壇が一直線上に並ぶ場所に出る。作りは良く、そこを越えると、大きなハーブ苑にでる。豪快なハーブ苑である。

ケルト十字架結び目花壇（一部）　　　　　　　　　ハーブ苑（一部）

5―コッツウォルド地方

修道院
廃墟

石棺

屋敷

1 整形庭園
　● 修道尼僧の礼拝堂の庭
　● 芝生の庭
　● ケルト十字架結び目花壇
2 ボーダー花壇
3 バラ花壇
4 ハーブ苑
5 キングサリのパーゴラ
6 生簀
7 イングルバーン川
8 養魚池
9 築山と苑亭
10 滝
11 沢渡石
12 修道院長の眺望点

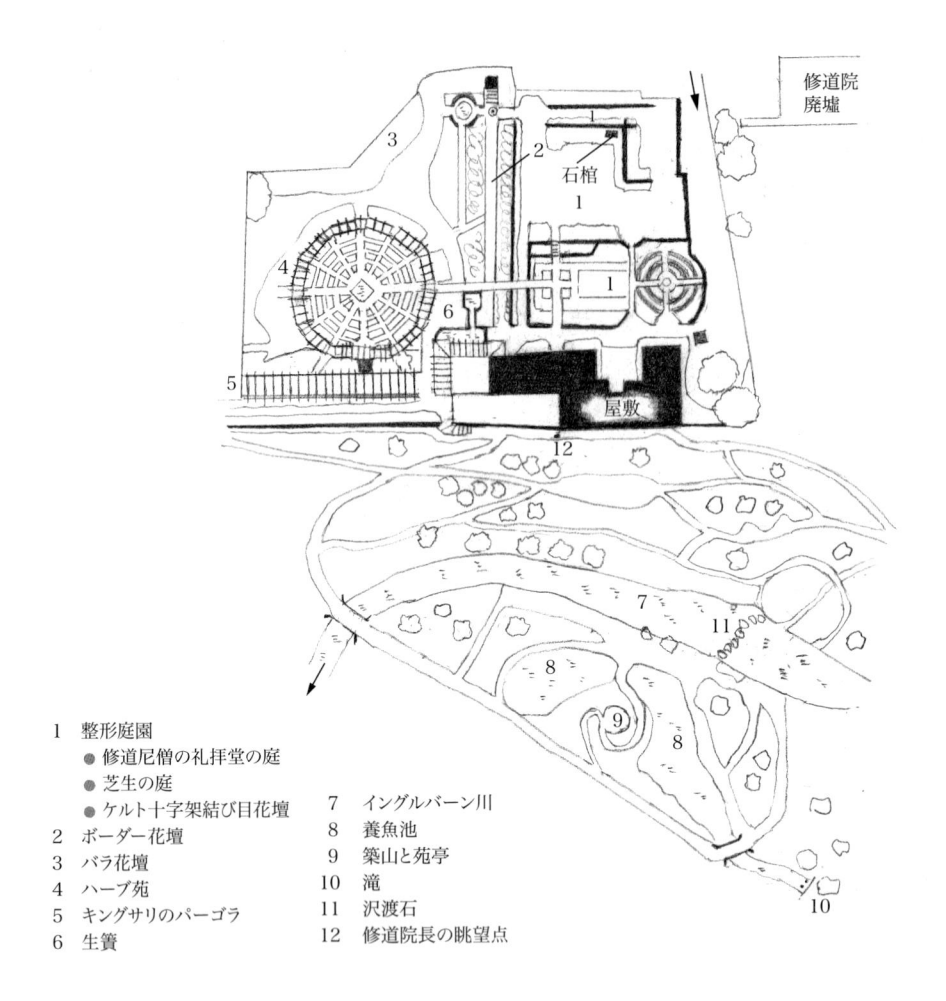

　大きな円を12に分割するという設計がふつうでない。花壇も異様な高さで、50cmを越える。堅固な木枠にはめられている。ハーブは奔放に育ち、1200種に及ぶ。周囲のパーゴラもゆったりというより、巨大というに近い。高さも幅も並のものではない。パーゴラを使って、ブドウ、リンゴ、ナシなどが栽培されている。
　ハーブ苑の背後は不整形の芝生地で、樹や花が見られる。最大の見所は虹色のバラ花壇であろう。奥の縁に沿って7色のバラが連続する。他の花も交ざり、チューリップも咲く。色彩は溢れんばかり。ポラード夫妻は、バラのボーダーと呼んで

いる。

　アビ・ハウスの庭では、幾何学的な整形庭園から、自然風のハーブ苑へ、そこから森の庭に続くように考えられている。ハーブ苑と森の庭と間に、キングサリのパーゴラがあり、その大振りな作り方にも驚かされる。

　森の庭は、屋敷の裏手から急激に深く落ち込む谷にある。流れに沿って苑路があり、橋を渡り、2つの池を巡り、花と樹、彫刻を見てまわる。日本風の作りも随所に見られ、築山と苑亭、滝と流れ、沢渡石などが認められる。竹もある。ただ、これらは散在しているため、日本庭園に似ているとは思わせない。森の庭では、季節の花が順に咲き、珍しい樹木も見られるが、自然の生態を最優先するという原則で作られており、イギリス固有の動植物の保護が主目的だという。ケント州野生生物トラストから、2009年度の金賞をもらった。

　アビ・ハウスの庭は、庭としての造型美を備え、春から夏、そして秋へ、季節の彩りが連続する。ポラード夫妻がそう作ったのである。

修道院の遺香

　庭には17世紀から残る屋敷があり、庭も周辺地も含め、もとは古いベネディクト修道院のもので、ここでは、修道僧たちの日常が繰り広げられていた。所在はウィルト州のマールズベリという丘の町で、やがてエイヴォン川に合流するイングルバーン川が二手に分かれて、町を包むように流れる。地味は豊かであった。

　修道院が建てられたのは、古く675年で、史上、カンタベリーとウィンチェスターに次ぐ第3の大修道院であった。豪腕を振るったヘンリー8世の修道院解散令で、存続864年の幕を降ろした（1539）。庭は、こうした歴史の記憶を紡ぐように作られている。

　廃止された修道院の建物と土地の多くを買い取ったのは、富裕な服地屋だった人物で、以後、屋敷と庭は富裕階級の手を渡った。いま残る屋敷は、そのような17世紀の持主が、修道院長の住まいの跡に建てたものである。

　13世紀に、時の修道院長が新しい住まいを建てた。当時、修道院への行き来に使った石の門があり、1つ目の整形庭園と2つ目の整形庭園を仕切る生垣の中に再現されている。また、発掘された石棺が、2つ目の整形庭園の隅に置かれている。これは亡くなった修道僧を入れ、肉体が自然に朽ちると、骨を取り出し、新しい

森の庭

遺体を納める、という順序で、順繰りに使ったものとされる。3つ目の整形庭園は、「修道尼僧の礼拝堂」という名がつけられている。この礼拝堂は、13世紀、住まいを新築した修道院長が設けたものだった。その壁を模したイチイの生垣に挟まれているのが、この細長い整形庭園である。

　この庭で、修道院につながるものは、まだある。まず、屋敷近くの「生簀の池」がある。修道僧たちが金曜日に食べる魚を一時入れて置いたところで、料理する魚を、谷にある養魚池から、厨房に近いこの池に運んでおいた。

　屋敷の裏手から、その谷を一望するところは、「修道院長の眺望点」と名付けられている。その場所には、いま13世紀の修道院長の住まいの一部が残されている。谷底には、修道院時代の養魚池が2つある。先述したイングルバーン川がこの谷底を流れており、そこから水を引いて作ったのが、この養魚池だった。

　間接的に修道院につながる物も、いくつか作られている。たとえば、屋敷に近い1番目の整形庭園のなかにあるケルト十字架の形をした花壇である。7世紀、この地にケルトの僧が宗教学校を建てた。このことを偲ぶ。また、この整形花壇で使われている植物は、いずれも古く、15世紀と16世紀のものだという。ただし、

縁どりに使われているツゲは、違う。ツゲがイギリスの庭に現れるのは、17世紀である。ツゲの導入は、1601年から1605年の間とされる。

「修道尼僧の礼拝堂」から、ボーダー花壇（メイン）へ抜ける煉瓦作りのゴシックの門も、修道院を連想させる。13世紀ともなれば、イギリス、フランス、ドイツなど北ヨーロッパの修道院はゴシック様式と決まっていた。ハーブ苑の風変わりな花壇は、9世紀、園芸好きの修道僧ストラボの詩が伝えるものを元にしている。その頃、修道院では果樹の栽培が盛んであった。果樹は、修道院の中庭にも壁の外側の果樹園にもあった。ここアビ・ハウスの変わったハーブ苑を取り囲むパーゴラの背後には、リンゴ、ナシ、西洋カリン、マルメロ、ブドウなどが、余分な枝葉を払った、スタンダード仕立てで並んでいる。その数は180本だという。

一万種の花が彩る

　土地の歴史を連想させる作りの他に、庭は、先述したように、花色の華麗さが特徴である。植物の種類は1万種で、小さな植物園より、その数は多いという。最初集めたバラは2000種で、屋敷そばの花壇と2つ目の整形庭園「芝生の庭」に多いが、3つ目の「修道尼僧の礼拝堂の庭」にも見られる。整形庭園の区画とハーブ苑をつなぐ芝生地の縁にもある。そこにあるのは先に触れた、バラを主体にした虹色のボーダー花壇である。ハーブ苑を囲むパーゴラの柱には、クレマチスと一緒にバラが登る、という具合。ハーブ苑には1200種のハーブの色彩。そこから森へ行くために潜るキングサリのトンネルも花の色彩に酔いそうになるところで、黄色一色の中を歩いていく。下植えの花も豪華である。スノードロップ、プリムローズ、チューリップに加えて、クリスマス・ローズにアリウムがある。

　庭作りには、10年ほどかかったという。ポラード夫妻は、ここに移って来るまで、近くのボックス村で、ヘイゼルバリ・マナを経営していた。マールズベリの奉仕活動をきっかけにここへ引っ越し、庭作りを始めた。まったくの素人だった。奉仕の精神に溢れ、地元の芸術支援もしている。

住所 ▶ Malmesbury, Wiltshire SN16 9AS
経路 ▶ London Paddington駅よりChippenham駅へ1時間15分。バスでMalmesburyへ35分。

22　バツフォード樹林園　*Batsford Arboretum*

6月4日

樹林美の庭

　名の通り、樹林を集めた庭で、樹林だけで美しい景観ができることを納得させてくれる中規模、といっても 22 ヘクタールある庭である。丘の斜面に作られているのも利点で、所々に芝生の通景線が通り、一息入れる感じで、展望が開ける。日本風の苑亭がひとつあり、仏陀や獅子など東洋風の彫刻も置かれている。流れに朱塗りの橋が架かっている。

　樹木収集が盛んであったヴィクトリア時代に、第一代男爵リースデイルが作ったもので、構想は、東洋の旅から得たといわれる。中国や日本では、庭の木が自然な植え方をされていると考え、相続した庭を全面改修して、「自然の景観」wild landscape に変貌させた。1916 年、そのリースデイルが亡くなった時、相続税支払いのため庭は売却された。購入したのは、第一代男爵ダルヴァートンで、妻のヴィクトリアが同じ趣向に沿って熱心に取り組み、樹木を増やした。ダルヴァートンの財は父親のタバコ産業から生まれたものだった。1956 年に第二代男爵ダルヴァートンが相続し、第二次大戦の間に荒れた庭を復興、さらに充実させ、国際的に評価される庭に仕上げた。1984 年には、樹林園の将来を保証するため、バツフォード基金（財団法人）に所有と管理を委ねた。

　したがってここは、樹木の庭を愛した人たちが三世代にわたって作った庭。また、タバコ産業の財が注がれた庭。いかにもイギリスさがある。

　樹木の中で、特に多く集められているのは、木蓮、マツ、日本のカエデ、桜、それに竹。ハンカチノキや銅葉ブナも多い。今みな歳月重ね、高木となり、マツには特に威厳がある。

　多くの人が訪れる。駐車場に続くピクニック・エリアでは、持参した弁当を広げる家族もいれば、本を読む人もいて、気軽に利用できる雰囲気がある。苗木も買えるし、園芸用品や庭に置く彫像なども買える店舗は、大きい。

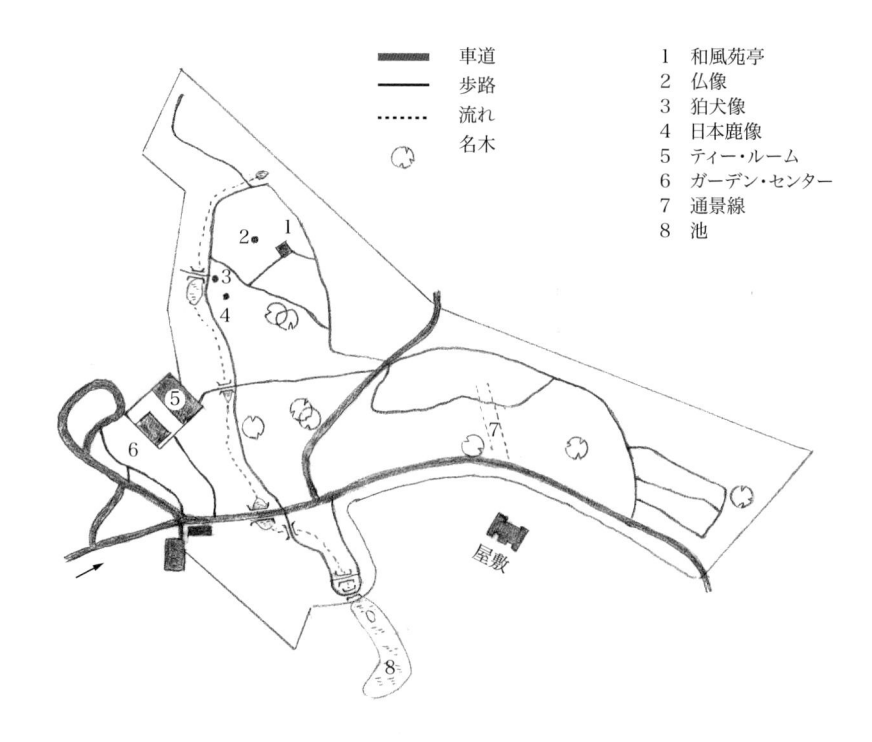

```
                            車道
                            歩路
                    ･･････  流れ
                      ◯    名木

        1  和風苑亭
        2  仏像
        3  狛犬像
        4  日本鹿像
        5  ティー・ルーム
        6  ガーデン・センター
        7  通景線
        8  池
```

季節の彩り

　庭園パンフには、四季それぞれに楽しめる花がたくさん載っている。人はやはり庭に花を求めてくることが多い。それへの対応か。

　夏の季節（6月、7月、8月）には、野生の花がたくさん咲く。自生のラン、ひなげし、狐の手袋。低木では、アメリカキササゲにミズキ。バラ。

　秋（10月、11月）は、木々の葉が、赤色、金色、橙色に染まる。特に、日本カエデ、ナナカマド、それに、桜と桂の紅葉が美しい。

　冬と早春（12月、1月、2月）では、12月にサルココカ、1月に、スノードロップ、トリカブト、マンサク、早咲き水仙。2月もスノードロップとクリスマス・ローズ、シクラメン。

　春（3月、4月）は、3月に、クリスマス・ローズ、シクラメン、吉野桜、柊南天、桜草、木蓮。4月は、クリスマス・ローズ。そして、全園にわたって桜と木蓮の花。このとき地面には、アネモネ、ブルーベル、スミレの絨毯ができるという。樹間

にリュウキンカ、水辺にはザゼンソウ。

　初夏（5月）には、ハンカチノキやアメリカアサガラがいずれも白い花をつける。カエデは若葉となり、シダは緑の葉（葉状体）を開く。野生ヒアシンスが咲き、野ニラとアリウムが、樹間の空き地を彩る。

　来園者の入場料は、地域の慈善施設や学校に寄附される。2000ヘクタールの広さを持つ地所の方は、いまもダルヴァートン家の手にある。

住所 ▶ Batsford Park, Moreton-in-Marsh, Gloucestershire GL56 9AB

経路 ▶ London Paddington 駅より Moreton-in-Marsh 駅へ。タクシーで3分。

23　グレンジ・ファーム　*Grange Farm Garden*

6月4日

珠玉の庭が消えてゆく

　個人庭で限定公開かと思われる。ツアーの特権でここに寄ることができた。センスは秀抜。主な庭は2面。ひとつは芝生の庭で、周囲にボーダー花壇が巡る。もうひとつは流れの庭。小川が斜めに庭を横切り、草地に、花と灌木、樹木を配した自然風のもの。2つの庭には、素朴だが軽快な抽象彫刻が、隠れるように、現れるように置かれている。屋敷の脇に、ミニ版ボーリング・グリーンがある。作りは沈床苑で縁に花もあり、目に鮮やか。

左上：芝生の庭と放牧地
左下：流れの庭
右上：ボーダー花壇（芝生の庭）と屋敷

105

5—コッツウォルド地方

1　芝生の庭
2　流れの庭
3　ボーリング・グリーン
－－－　小川

屋敷

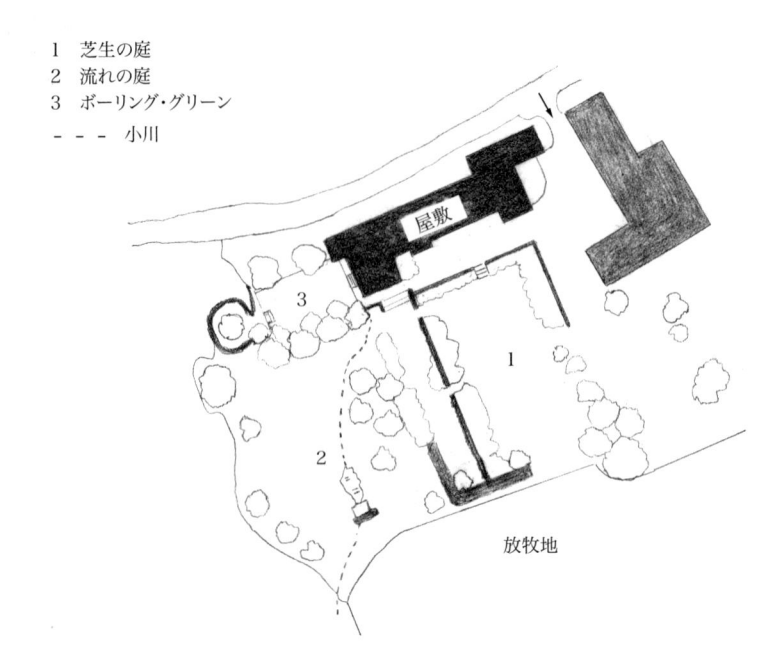

放牧地

　作った女性は、すでに高齢。来年、引っ越すという。この宝石のような庭も、一代で消える運命なのだろうか。庭園の美しさと儚さといった宿命のようなものを感じさせる。庭の外に眺められるのは、のどかな放牧地。

住所▶ Evenlode, near Moreton-in-Marsh, Gloucestershire GL56 0NT
経路▶ London Paddington 駅から Moreton-in-Marsh 駅へ 2 時間。そこからタクシーで 10 分。

24 セジンコート　Sezincote House

6月4日

水の庭を見下ろすインドの神殿と牛

　いま見る屋敷と庭は、19世紀の初め、それまでの庭を改修して作られ、今も、ほぼ、その姿を残している。この庭の魅力は、インド風の独特な世界である。

　門を入ると、橋がある。橋は「水の庭」をまたぎ、左右に庭を見下ろす。訪問者は橋を渡ってから庭に下りる。上流部が見所であろう。流れに沿った植栽が旺盛に茂り、巨大な蕗のようなグンネラなど、葉の大きな植物が生き生きとしている。アジサイ、プリムラ、ホスタ、百合、アイリスなど、どれも勢いがある。他にも草花や灌木があり、彩りが増える。一方、芝生地を飾る、ブナ、オーク、レバノンスギやヤナギも姿がよい。日本のカエデが趣を添える。

　変わった特徴は、インドの香りが漂う点にある。流れの最上部にヒンドゥー教の太陽神スーリヤを祀った神殿がある。スーリヤは『リグ・ヴェーダ』（紀元前1200-900年に書かれたヒンドゥー教賛歌集）では「スーリヤは、すべての生き物を知っている。スーリヤが現れると、星座も夜も立ち去る。火のように燃える光は、遠くから見える。空を渡り、人間の上に輝き、すべてを輝かせる。広大な天空を渡り、永遠に昼と夜を刻む。スーリヤは7頭の鹿毛色の馬に引かれた1輪馬車に乗る。我々は夜の闇から出て、神の中の神、太陽神へと向かう。太陽神は今日も昇り、私の心の憂さと体の病を追い払う。スーリヤは、すべてを支配する力で、私の敵を降伏させる」（要約）と謳われている。この神を背に乗せて歩いたのが雄牛で、神殿の門番も務めた。その雄牛が、いま神殿の左右に座っている。

　雄牛は、「水の庭」と交差する橋の欄干にも座っている。左右あわせて2頭。ここから「水の庭」を見下ろす。ここに置かれたのは、施主のコカレルが望んだからである。

　「水の庭」を設計したダニエルは画家だった。10年ほどインドに滞在し、インドの建築と風景を、油絵、水彩画、銅版画で描いた。建築にも詳しかった。施主のコカレルは、若い頃インドに渡り、長兄ジョンとともに東インド会社の軍隊で活躍し、帰国した兄が買い取ったセジンコートの屋敷と地所を相続した（1798）。

5―コッツウォルド地方

屋敷・ムガール風庭園・ティールーム（旧温室）

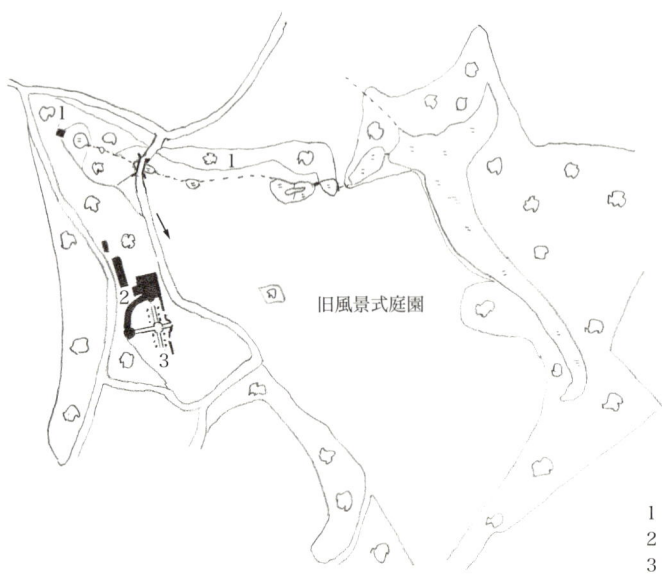

旧風景式庭園

1　神殿、水の庭
2　屋敷、ティー・ルーム（旧温室）
3　ムガール風庭園

ここで、インドというのは、ムガール帝国時代のインドである。イスラムの皇帝と藩王たちがヒンドゥーの民を支配し、そこにイギリスが押し入り、支配地を広げた時代のインドである。

兄ジョンは、東インド会社の軍隊で大佐になって、南インド制圧の戦争に参加し、主計総監（兵站や装備の総合責任者）として活躍した。この間に貯めた財産で、第三代ギルドフォード伯爵からセジンコートを買い取った。兄のジョンはいわゆるインド成金であった。

ムガール風庭園

水の庭

レプトンの風景式庭園とテラスの庭

「水の庭」から先に進めば、右手に屋敷、左手に旧風景式庭園が目に入る。下方の左隅に、湖の一部が見える。湖を隠す木立は、右の丘に延び、さらに延びて、屋敷を囲み、背後に至る。木立に囲われ、屋敷と庭は外界から遮断され、別世界になる。

セジンコートの風景式庭園は、この様式の最後の巨匠レプトンの案を基にしたものと考えられる。セジンコートで最後に見るのは、屋敷の隣の整形庭園だが、

元はレプトンの設計だったと思われる。構想を描いたスケッチが残されている。レプトンの風景式庭園の構想図は残されなかった。完成した庭の全体を描いた絵は一枚ある。今なら記念写真であろうが、当時は、画家に頼んで絵にしてもらった。風景式庭園とテラスの庭が一体で描かれている。テラスの庭はムガール色とは無縁。そこがムガール色に染まるのは、第二次大戦後である。一方、風景式庭園の方はほぼそのまま残された。

葱坊主のドームを持つ屋敷――ムガールのインド

いま見るセジンコートの屋敷は、イギリスでは珍しいであろう。ムガール帝国のインドの建築を模した2階建ての建物で、なにより屋根の中心に聳える葱坊主のドームと屋根の角に立つ尖塔は、ムガール帝国の大王アクバル（1556-1605年支配）が亡き王妃の霊廟として建てたタージ・マハルの姿によく似ている。

屋敷の設計と建築を担当したのは、当時、建築家として名のあったサミュエル・ピープスだったが、弟にあたる画家ダニエルの協力も大きかった。建築にはハスの形など、ヒンドゥー特有のモチーフも使われている。イスラムとヒンドゥーの融和を願ったアクバル大王の建築にも、両要素が見られる。

屋敷につながる温室も作られた。これは、ゆるく長い円弧をなす立派な建物で、屋敷の角に始まり、テラスの庭の縁に沿って延び、苑亭で終わる。温室は、白く、軽快である。苑亭の屋根の飾りに、玉葱型のドームと尖塔が用いられ、屋敷と韻を合わせる。屋敷建築の工事は1805年に始まり、1807年に完了した。

クラインウォート夫人による庭の改修

セジンコートの地所と屋敷は、1884年にダグデイル家に売られ、1944年にクラインウォート家が購入。現在は孫夫妻が住み、管理・運営をしている。

もとの屋敷と温室はこの間、補修されながら現在に残り、19世紀当初の姿を伝えている。温室は、いま植物で飾られた洒落たティー・ルームとなり、白い窓枠が軽快に並んでいるのは、当時と変わりない。

庭の方は一新された。第二次大戦の間にイギリスの庭のほとんどがそうであったように、ここでも荒廃した。戦後、クラインウォート夫人が復興に乗り出し、庭の全体にわたって樹木と植栽を再整備した。さらに、テラスの庭をムガールの

庭に作り替えた。十字水路で4つ割りにし、中心に噴水を置く。14世紀、イスラム世界で霊廟や墓所がしきりに作られるようになり、そこにこの型の庭が作られた。それは信者が死後いくとされる天国の姿を象り、中心の泉から四方の水路に、それぞれ清水、乳、ワイン、蜂蜜が潺々と流れるとクルアンに繰り返し描かれた天国の姿である。こうした天国の庭は、やがて16世紀に、広く宮殿や屋敷でも作られるようになった。

クラインウォート夫人はインドに出かけ、1964年に戻ってからこの庭を改修したという。改修は成功だったといえるであろう。「水の庭」を含め、屋敷と庭全体が、ムガールのインド風という趣味に統一されたのだから。セジンコート全体が、ムガールのインド世界に変わる。橋の欄干の上にいる雄牛が、その入り口になった。

クラインウォート夫人の再整備には、著名な園芸家 グラハム・S・トマスが手を貸した。グラハムは特にバラに詳しく、収集と普及に功績があり、バラに関する著作がいくつかある。植物全般の知識も広く、園芸の表彰メダルは生涯で63個もらった。40年にわたって、ナショナル・トラストの庭園顧問を務め、庭園の本も書いた。セジンコートの庭が美しいのは、この人物と無関係でないように思われる。

住所 ▶ Moreton-in-Marsh, Gloucestershire GL56 9AW
経路 ▶ London Paddington 駅から Moreton-in-Marsh 駅へ2時間。タクシーで3分。

25　ストラトフォード園芸センター　Stratford Garden Centre

6月5日

　この園芸センターに寄ったのは、偶然である。ツアーで使っているミニバンの運転手の好意で、家に招かれ、「女房が準備する時間稼ぎに10分」というので立ち寄った。品物の陳列は整然として、チリひとつない店内のイギリスらしからぬ様子に驚く。園芸センターだが、まず衣類、その他、日用品の売場とカフェが併設されているスーパーのような建物があり、その先、青空の下にガーデン・センターが広がっていた。苗木、種、鉢植え植物、さらに花鉢、彫刻、置物、噴水などの園芸の用具や品物が豊富に並んでいる。イギリスには、ガーデン・センターが多い。ここはひとつの典型なのだろうか。

　お呼ばれのお茶とスナックの次第は、まず、裏庭でお茶。それから庭を一巡。L字で広いが、ほとんどが芝生。ついでラウンジで、奥さんが用意したスナック。テーブルの上に手の込んだ軽食が、10種以上並んでいたのでびっくりした。茶もワインも出る。みんながほぼ全品、皿を空にした後、バーバラさんのスライドと話。題名は、よいデザイン。デザインといっても、花の取り合わせの話だったから、分野のほんの一部。良い例を庭で撮ったスライドで順に見せてくれた。バーバラさんは、簡単なスライドの映写装置を車に積んでいる。

住所 ▶ Campden Road, Clifford Chambers, Stratford-upon-Avon, Warwickshire CV37 8LW
経路 ▶ Stratford-upon-Avon からタクシー8分。

26 プレストン・ケイプス村の個人庭7つ　Preston Capes

6月6日

素人の超一級庭

　晴れ。この日のハイライトは、慈善公開制度によって公開される7つの庭巡り。個人の庭を年に1度か2度ほど公開し、入場料は慈善団体に寄附されるというもの。

　抜群だ、とみんなの意見が一致した庭は、斜面の庭で、下方に放牧地や森の景観に恵まれた庭。コッツウォルドと似た地形で、指折りといえる眺め。これを借景とする。庭も構成がよい。庭は、基本的に芝生地。そこに、庭を構成するものが巧みに配される。灌木類をうまく使っているのが特徴。形、色、質感の異なる灌木の組合わせが数種類あって、いずれも庭の要所に置かれる。灌木群は、どれも見とれるほどの出来映え。古木が数本。よいアクセントになる。池もある。小さな池だが、見るほどに形が優れている。家の立つテラスを支える擁壁にはベニシタン。季節を追って、まず極小の赤い花、ついで赤い実をつける灌木で、擁壁のほとんどを覆う。その真ん中に、庭と行き来する石段。家の壁には、バラとクレマチスが這い上がる

左右下：A邸、右上：B邸

ので、家と庭に一体感がある。ドライ・ガーデンも見事。砂利敷きで、石を置き、乾燥地の植物を植える。菜園もあり、温室もある。

　この村では、今年、7つの庭を公開し、ひとつを拠点にして、そこに臨時の駐車場、ティー・ルーム、トイレを設置するという体制を整えていた。第2駐車場も用意。臨時のティー・ルームでは、村の女性たちが手作りのランチと飲み物を出すのである。かなりの人出があり、7つの庭を巡る人々の流れが出現して、村はしばらく賑やかな雰囲気に包まれた。

　なお、プレストン・ケイプス村は、コッツウォルドに接するノーサンプトンシャにあるが、ツアーの続きなので、ここで扱った。

住所▶ Preston Capes, Daventry, Northamptonshire NN11
経路▶ London Paddington 駅から Reading 乗り換えで、Banbury 駅へ1時間20分。Banbury 駅からタクシーで30分。

6

東部
ケンブリッジシャ|エセックス
サフォーク|ノーフォーク

CAMBRIDGESHIRE|ESSEX|SUFFOLK|NORFOLK

27　アングルシ・アビ　Anglesey Abbey Gardens

6月12日

樹林の庭──厳粛で静かに広大

　この庭は、アメリカの石油王の孫にあたるハトルストン・ブロートン（第一代フェアヘイヴン卿）という大富豪が、1930年から1966年（死去）まで、36年にわたって1人で作りあげた個性的な庭である。歴代3人の庭師頭と親友にも助けられたが、施主の個性が反映された庭であることに変わりない。

　土地は、元々、修道院が所有していた。16世紀にヘンリ8世によって解散、没収された後は、小さな屋敷と小さな放牧地、広い沼地といった様で、風の吹き渡る土地だった。フェアヘイヴン卿が、こんな土地を買ったのは、近くに良いウズラの狩猟場がいくつかあり、イギリス競馬3冠のひとつ2000ギニーが行われる有名なニュー・マーケットの競馬場も近く、そこには種馬を預ける厩舎もあったからだという。庭作りの魅力にとりつかれるのは、しばらく後である。庭の構想は本人に発し、手伝う庭師は4人いた。フェアヘイヴン卿自ら短ズボンに長手袋という出立ちで、一緒に作業をすることもあった、という。

　ただ、日本人にこれを庭だと理解してもらうのは困難かもしれない。46ヘクタールの真っ平らな土地が樹林の帯で囲まれ、その内部に屋敷と整形庭園がいくつかあり、あとは、樹木で囲まれた広い芝生地が数面と長い並木路が数本という構成である。芝生地の庭と長い並

神殿（神殿の芝生）

アングルシ・アビ

木道を合わせた領域が圧倒的に広い。受ける印象からすれば、単純に、ここは、樹林と芝生で作られた庭、といいたいほど。緑の庭である。

　周囲が樹林で囲われているのは、風を防ぐため、またプライヴァシーを守るために不可欠で、フェアヘイヴン卿は、最初に庭全体を樹林で囲んだ。卿は樹木が好きだったので、いきおい庭の内部でも樹木が多用された。ただ、本人がここに植えたのは、この地でよく育ち、樹形、葉色、また花がきれいな樹木で、珍種の類ではなかった。樹林というが、これには、灌木類も入る。灌木類もここでは庭の重要な構成要素である。ちなみに植物学では、樹木を、高木、中木、低木に分ける。灌木という用語は使わない。灌木は、低木に当たる通称、あるいは常用語である。

　樹林と芝生からなる庭の代表格は、「神殿の芝生」である。細長い不整形の、これ自体が、樹林で囲まれている庭。その中に3つ、樹木と灌木を組合わせた島形花壇があり、鮮烈な印象を与える。花を使わなくても花壇はできる、あるいは樹と灌木の組合わせだけで、色彩の冴えた造形ができる。このことを物語る。それは厳かな美しさを持つ。樹木と灌木の組合わせだから、屈折線がくっきり、そして複雑で豊か。そして姿が大きい。塔のような立体感は格別である。

　「神殿の芝生」は緑の世界だが、色合いには、金色に近い黄色もあり、反対に、目立つ赤紫色もあって、変化に富む。中心に、名の基となった神殿がある。作りは簡明で、円形の生垣を滑らかに回し、その内周に沿って、古典的円柱（ギリシャの神殿で使われていたような）を10本置いただけの、抽象的な作りである。壁も屋根もない。入口と中

巡礼者の芝生

6―東部

[図中ラベル]
生き物の森
樹林帯
野花の原
巡礼者の芝生
川
野花の原
神殿の芝生
フォーマル・ガーデン
バラ苑
屋敷
ダリアの庭
ボーダー花壇
川
粉挽き小屋
樹林園
受付、店 カフェ

ボーダー花壇
植栽図（一部）

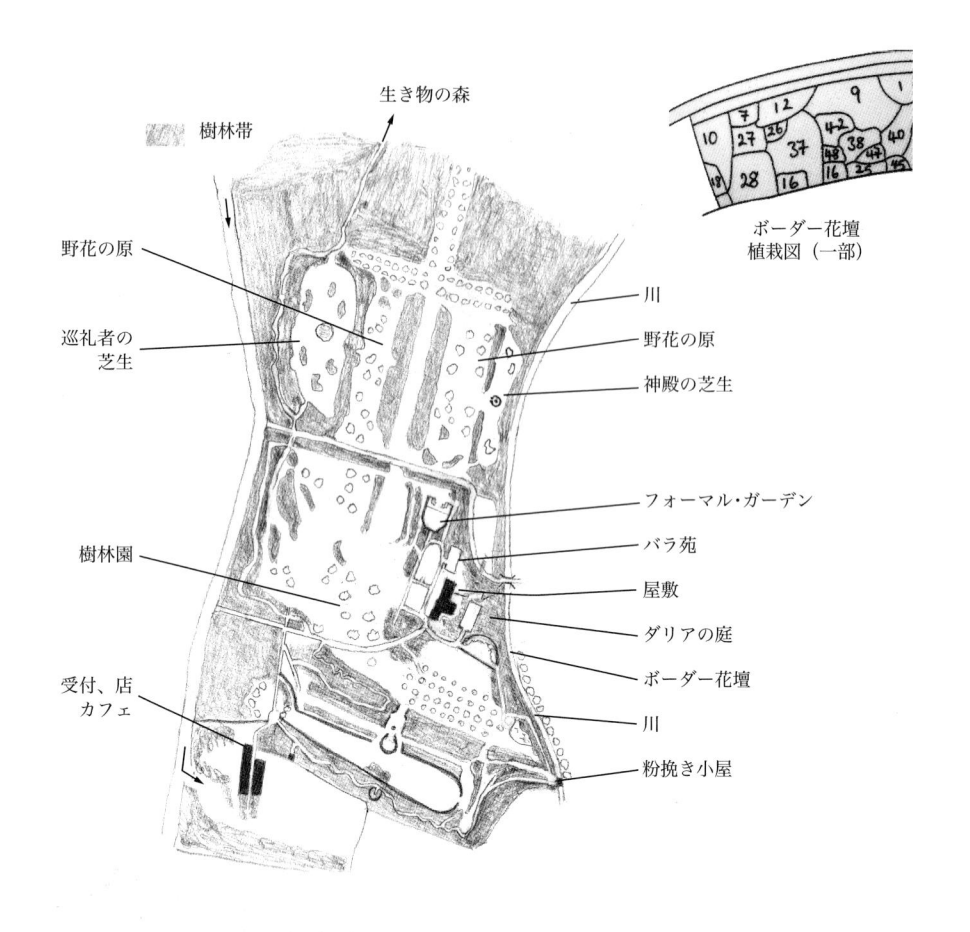

心に彫刻。

「神殿の芝生」には、3つの島形花壇が「筋を違えて」（『作庭記』平安時代）置いてあるので、一望できる庭ではない。歩きながら、開けてくる眺めを見る。花壇の樹木は、庭を取りまく樹木と呼応し、階調は豊か。庭のシンとした静けさ。静けさは、深い。

同じ美しさは、反対側にある「巡礼者の芝生」でも味わうことができる。中心部にあるのは、高くそびえる針葉樹群で、ほぼ円形。庭にある島形花壇は他に6つ。いずれも構成が異なり、独自だが、全体の調和は優れている。秋の紅葉がすばらしいという。

2つの庭は、第二次大戦による造園中断後、後半期に作られたので、それまでの経験が生かされ、冴えた庭となったのではないか。初めの頃手がけた、屋敷近くの「樹林園」と比べてみると、格段の違いがある。こちらは、芝生地を中心とし、周囲に樹林がある。構成面、色彩面ともに、ありきたりかな、との印象を受ける。緊張感がまるで異なる。

　アングルシの庭が樹林の庭だということは、何本かの、そこにある並木道を歩いてみても実感できる。針葉樹の並木もあり、広葉樹の並木もある。ここをひたすら、先方に置かれた白い彫刻を目指して歩く。ここも、本当に樹木の世界である。芝生の庭と並木道で人影を見るのはまれ。これらこそ、この庭の真髄なのに、人はやはり屋敷見物とそのまわりの整形庭園に集まっていく。

整形庭園──すっきりさが際立つ

　整形庭園のうちで、もっとも人が集まるのは、ボーダー花壇の庭である。いま6月、花がよく咲いているということもある。半円形で、背後は生垣。そうとう大きく、植物の種類も多いが、組合わせは穏当。上等な典型といえる。個々の花群がふつうより大きく、境目が明瞭な植え方である。これはフェアヘイヴン卿の発案だという。通常なら、花の群れはもっと小さく、境では、自然な感じで交じりあう。

　ダリアの庭とバラの庭は、ともにまだ未開花。ダリアが咲くのは秋。バラはもう少し待つ。フェアヘイヴン卿はなぜか一庭一花という作り方を好み、ダリアの庭にはダリアだけ、バラの庭もバラだけ。バラの庭では、40の花壇に40品種。株数は合計で1000株。「フォーマル・ガーデン」と名付けられた庭もあるが、ここも一庭一花で、今年はダリア。まだ苗の段階だが、葉は珍しい紫の色。

　アングルシ・アビ庭園を、風景庭園とか森の庭という人もいるが、それは違うだろう。この庭は分類を拒む、ただひとつある庭である。樹木を愛した人の樹木の庭。フェアヘイヴン卿の天才を思うべし、であろう。

住所 ▶ Quay Road, Lode, Cambridge CB25 9EJ
経路 ▶ London King's Cross 駅から Cambridge 駅まで50分。①駅前からタクシーで15分。
　　　②乗り換えて、Bury St Edmunds 駅まで40分。徒歩16分。

28　ヘルミンガム・ホール　Helmingham Hall Gardens

7月1日

第一級の庭として蘇る

　東のサフォーク州にある。ロンドンのリヴァプール・ストリート駅からウェスターフィールドという無人駅へ行き、駅のそばからバス1本で門前に着く。田舎のバスで、運転手が門前で止めてくれ、帰りもここから乗れ、と教えてくれる。

　ヘルミンガム・ホールは、中世から続く古い屋敷で、広い鹿園の中にある。アプローチもそこを横切っていく。アプローチの左右には古木が散在し、屋敷は水堀に囲まれ、いまでも朝夕に跳ね橋が上げ下ろしされる。

　見所は、屋敷の背後にある菜園である。1990年代に全面的に仕立て直された。変わっているのは、屋敷とは別に、昔から独自に水堀に囲まれてきたこと。いま、水堀も含め、あらゆる空間と壁面がたくみに利用されて、新しい庭が作られていることが、注目される。

　水堀の橋を渡って、壁で囲まれた庭へ入っていく。門を入ると、向こうの端まで延びるダブル・ボーダー花壇がある。不思議な高揚感に包まれながら、先端ま

バラ庭

で着いて振り返り、美しさの所以を考える。ひとつは、おそらく色。虹の７色と白が交ざりあう。それから高低の旋律と自然さ。行きつ戻りつしながら、やや仔細に観察すると、実に多くの植物と花が使われていることに改めて驚く。青といっても色合いはさまざま。黄色といっても、色調は多彩。それぞれ少しづつ使われ、全体は、絶妙な調和の美。ボーダーは、つるバラを背にしている。

　苑路は十字形で、横に走るダブル・ボーダーもある。作りはさほど入念ではない。ただ、苑路の十字が庭の骨格であることは、誰しもわかる。

　徹底しているのは、横軸に平行して野菜と花の畑が走っていること。ジャガイモの帯が走り、アスパラの帯が走り、スイートピーの帯が走る。ニンジンの帯、ネギの帯も走るといった具合で幅も均一。作り方が統一され、そこに装飾性が認められる。アーチ路も２本走り、鮮やかな花を咲かせる蔓性の豆が立ち上がる。

　壁に沿う四辺も装飾の場。一年草のボーダー、グラスのボーダー、灌木のボーダーなども交えて、さまざまな趣向が見られる。小さなトーピアリが並ぶ箇所もある。背後の壁面にはバラやクレマチスが登り、果樹が平張りになっている。

　こうして、かつて野菜と果物、切花を育てていた実用空間は、いまでは花と植物を加えた豊かな装飾空間に変身。デザインの勝利が見てとれる。

　壁で囲んだ庭の外側も、装飾の場に変わった。春先、いち早く、太陽に温めら

ボーダー花壇（旧菜園）

6―東部

オベリスク
↑

1　旧菜園（装飾庭園）　4　店
2　バラ庭　　　　　　5　カフェ
3　屋敷　　　　　　　6　新庭園

風景式庭園（鹿園）

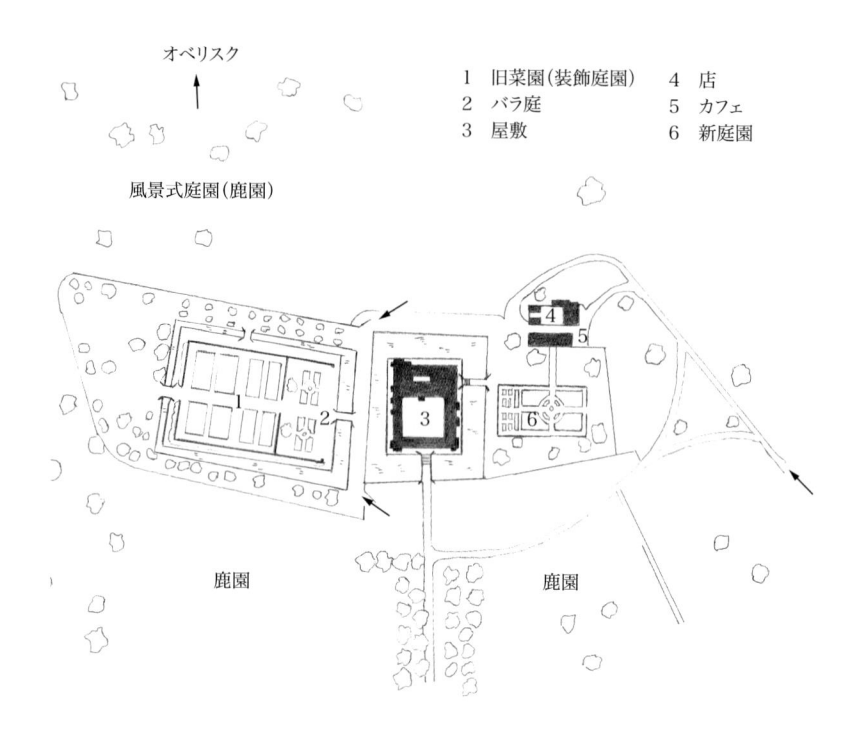

鹿園　　　　　　　鹿園

れる壁（南東）に沿って、春のボーダー。ここはチューリップ、シャクヤク、アイリスが主役で、バラは準主役。壁にはハニーサックル、ソリチャ、ツルニチニチソウ。折れ曲がって、南西の壁面には、晩夏のボーダー。さらに回って、北西の壁面には、リンゴやナシの平張り。裾には淡い色の花々。こうして外まわりの装飾を見て行く散策路から水堀を見下ろし、さらに向こうの鹿園を見る。散策路に沿って、紡錘形に刈り整えられたツゲが立ち並び、温かみのある雰囲気が漂う。

　この装飾された外部空間のハイライトは、入口前のコの字形のバラの庭である。菜園に入る前の空間で、3面の壁に沿って白バラと桃色のバラが連なる。清楚ながら、華やぎがある。ボーダー花壇仕立てで、寄り添う花の彩りもよく、全体に清楚。気品がある。左右の壁は菜園の側壁を真っ直ぐ延ばしたもの。庭には芝生が敷き詰められ、結び目花壇が左右にひとつずつ。5本の中木も点在し、簡素な作りが、バラのボーダーを引き立てる。

鹿園

　鹿園も歩いてみなくてはならない。四方に開けているので、とりあえず1キロほど先に立つオベリスクを目標に歩き出す。オベリスクは煉瓦作りの装飾物。視線が彷徨うのを防ぎ、風景の焦点となる。風景を引き締める役といえる。屋敷を囲む水堀の四つ角にも小さな煉瓦作りのオベリスクがあって、それと照応性を持たせた。鹿園にいるのは、小型のダマ鹿である。18世紀の風景式庭園での人気種だった。可憐ともいえる姿をしている。白っぽい体に茶色の模様をつけているが、茶色はきわめて薄い。脚は真っ白。こちらが歩き進んで行くと、あちこちの群れに警戒の気配が立つ。やがて、走り出す鹿がでると、次々に走り出し、別の群れに合流。遠くから、こちらを眺める。子鹿も多い。

　平たく見えた鹿園も、ゆるい起伏に恵まれ、眺めが良くなる。点々と立つのは、オークの木。周辺を囲むのもオーク。オーク一点張りというのも、すっきりと潔い。風景式庭園に取り込まれた鹿園だから、ふつうは装飾的に数種の樹を植える。

　到着してみると、オベリスクは土盛りの小丘の上に立っている。誰が来たのか、オベリスクにはナイフで名前がたくさん刻まれている。小丘の上から見渡しても、周辺に回るのは、隙間のない樹林の帯。外の世界は遮断される。このような贅沢な世界が作られた陰には、立ち退かされて泣いた人々がいたことは確か。ただ、このような世界が、今あることは貴重なこと。将来も、この悠々とした世界が残ることを願う。1660年、すでに記録に残る鹿園である。

トレマッシュ家の積極性

　お屋敷は明るい赤煉瓦の建物で、屋根に立つ煙突には模様が刻まれ、装飾的。先代は別の屋敷に暮らしていた。この古屋敷の中は、壁が剥がれ、床が傷み、水道もなく、人の住める状態ではなかった。現在の当主が入居を決意し、補修し、庭も再生させた。

　トレマッシュ家はフランスのノルマンディの出だという。11世紀のノーマン・コンケスト以前から、サフォークの地を所有。本拠は近くのベントリだった。ヘルミンガムの跡取り娘と結婚（1487）したことを機縁に、やがてヘルミンガムに移った。現在残る屋敷に建て替わったのが、1510年。このとき、庭も鹿園も整えた。今残る菜園は、1745年のものか。少なくとも壁は当時のものだという。

6 ― 東部

風景式庭園

　ヘルミンガム・ホールの売店では、2つの良い冊子が買える。1冊は、各庭の設計図を載せ、各花壇の植栽一覧を掲載。植物の配置図と名称一覧が一対になっているので、すべての花壇の植物構成が、正確にわかる。制作は今年度が最初で、毎年作っていくという。もう1冊は鹿園も含め庭にいる野生生物をカラー写真とともに紹介した冊子である。そこには動物、小鳥、昆虫、野草が網羅されている。この2つの冊子は、今後一般に、望ましい庭園の姿勢を示すものとして、高く評価されるであろう。

　2つ補足したい。冊子によって花壇の植物がわかる一例だが、旧菜園の中央を走るダブル・ボーダーの要所を占める背の高い植物は、ハマナ Crambe cordifolia、キバナカラマツソウ Thalictrum flavum、サナエタデ Persicaria Polymorpha である。このボーダーは、季節の初めは寒色系、夏になって暖色系に替わる色彩計画になっているという。

　カフェでは、温かい昼食も用意されている。近年、改装された。背後に、新庭園が作られている。

住所 ▶ Helmingham, Stowmarket, Suffolk IP14 6EF
経路 ▶ London Liverpool Street 駅から Ipswich 駅まで、1時間20分。バスで22分。徒歩6分。

29　ギバード庭園　*The Gibberd Garden*

7月7日

87の彫刻が息づく庭

　ロンドンに近いエセックス州にある。ハーロウ・ニュー・タウンを設計した建築家ギバードが郊外に作った自邸の庭で、たくさんの彫刻を配した点に特徴がある。イギリスでは、第二次大戦後の1946年、ロンドン近郊に6つの衛星都市を作る計画が立てられた。そのひとつがハーロウ・ニュー・タウンだった。ハーロウ・ミル駅から畑中の道を歩いて30分で到着した。

　受付・売店で、彫刻地図 Sculpture Map という見開きの印刷物を50ペンスで買う。彫刻の位置が記され、彫刻一の覧表に、彫刻の名、作者、素材が示されている。よその庭では、まずお目にかかれない独特の案内冊子である。

　彫刻の数は87個。庭はほぼ四角形で、やや末広がり。彫刻はほぼ全域に分散。どういう順で回るか、ひとつひとつ彫刻を確かめながら回るのか。いささか戸惑い、たじろぐ。屋敷は斜面の上、ほぼ中央にあり、庭は、そこから川に降りていく斜面に広がっている。結局、彫刻をひとつひとつ確かめながら、斜面の中心部、それから右半分を見て、次に川沿いを歩き、最後に残った左半分の斜面を見ることにした。庭の造形は優れ、どの箇所でも姿がよく、手抜きがない。庭は、彫刻を得て、別の姿となり、独特の生気を放っている。

　87の彫刻は、犬や鹿、牛、鷲、女性像など、比較的具象的なものから、現代風の抽象的なものまで。抽象的な彫刻は、回転木馬、シティ、種子、心の女王などと名付けられている。動く

彫刻（モビール）も、抽象的な造型である。「噴水」と名付けられたいくつかの彫刻も、抽象度が高い。ギルバード本人の顔（頭部）の彫刻が２つあり、「机に向かうフレデリックと草むしりをするパトリシア」という夫妻の淺浮き彫りもある。「綱模様をつけたポット」は、素焼きの壺を使った設置型の作品。芝生を円形にくり抜き、砂利を敷き、中心に壺を置く。彫刻の素材は、石、木、鋼鉄、焼き物など、多岐にわたる。青銅やコンクリートで作った作品もある。「神殿」といって、ギリシャ古典様式の柱を２本立てた設置物や、「産業用大壺」と名付けた再利用型のものも交じっている。流派や素材からみれば、ヨーロッパの彫刻の歴史があると感じられ、また、新旧が一堂に会しているとも見え、変化があって興味深い。

　右斜面の下にある「堀と城」は、意気込んで見に行ってはいけない。中世の城と堀を簡略に作ったもので、城の本体は、コンクリートの塊を積み上げ、その上に材木で作った狭間を乗せたもの。愛嬌というべきか。頂きにはイングランドの旗が掲げてある。イングランドの旗とは、今年のワールド・カップの頃、サッカー狂の家や車にはためいていたもので、白地に赤十字という意匠である。

行き渡る細心の工夫

　斜面の下を流れる川辺の路を辿れば、川が細かに利用されていることがわかる。川を堰き止め、堀に水を引き込むことなどは、並の細工だが、流れの中程で低い堰を作り、滝（と僭称している）を拵えたり、やはり堰を設けて小池のような水面を作り、そこへ降りる石段（三、四段）を６ヵ所も作り、広がる水辺の風景を、６の方向から眺める工夫をしたりという具合。一事が万事、この通りで、この庭では工夫が細かい。作りが、細かくて、密度が高いとも言い換えられる。とりわけ、屋敷まわりと、正面から降りる中心線上（途中の苑亭まで）では、実に周密な作りになっている。それが過剰とも感じられず、見事と見えるのである。そのあたりは、細かい工夫の集積のような場である。生垣や樹木などを使って、隠し・現す、という視線操作を微細に繰り返すのは、その一例である。

　水の扱いが、静かな点も注目される。中心の池は小さく、噴水は一条。屋敷の西側にある池と噴水は、イスラム庭園の静かな噴水と池を縮小したものものと見える。東側にある「噴水」の彫刻は複雑な抽象作品だが、落ちる水は静かで細い。

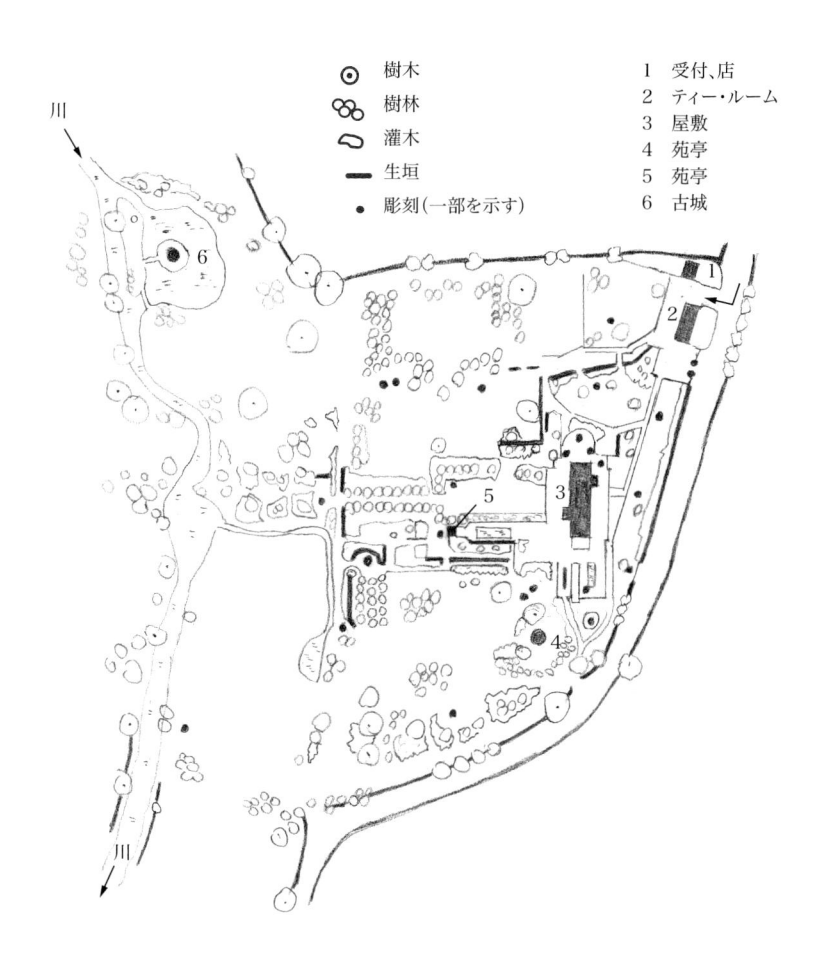

⊙	樹木		1	受付、店
⊗⊗	樹林		2	ティー・ルーム
⌒	灌木		3	屋敷
—	生垣		4	苑亭
●	彫刻(一部を示す)		5	苑亭
			6	古城

　花は比較的少なく、数ヵ所に、短いボーダー花壇がある。

　庭の特徴のひとつは、高木である。庭の内部に多くの高木があり、周囲も高木で、庭は林立する高木の底に沈んでいるとさえ感じられる。

　また、特徴は、彫刻が多く集まる中心部と、周辺の、やや自然な作りの区域の釣り合いがよいことである。自然な作りになっている所は、彫刻の数が減っていき、やがて芝生や草地が広がり、樹木があって川がある、という景観になる。視線もあまり遮られない。

　さて、前庭とよぶ所もあって、細長い芝生地に、彫刻、ボーダー花壇、樹木が見え、門から屋敷へのつなぎになっている。彫刻作品はそもそも、正門の柱の上にも乗っ

ているのである。女性作家が作った鷲である。

ティー・ルームに入って、ケーキとお茶で、一休み。

住所 ▶ Marsh Lane, Gilden Way, Harlow, Essex CM17 0NA
経路 ▶ London Liverpool Street 駅から Harlow Town 駅へ 35 分。タクシーで 10 分。

整形庭園（中心部）

30　サンドリンガム離宮　Sandringham House and Gardens

7月9日

悠々たる王者——鷲の風格

　離宮と庭はロンドンの東北、イースト・アングリア地方にあり、鉄道の終点キングズ・リンからバス。乗る時間は長い。気温は、ロンドン30度、キングズ・リン31度という日。イギリス中が暑いわけではなく、ロンドンとイースト・アングリアだけが図抜けて暑い。

　サンドリンガムの訪問者は多かった。おじいさん・おばあさんに、小学校低学年の集団。幼児を連れた若い夫婦など。基本的に、働き盛りの若年、中年はいない。庭園は広いが、中央にある離宮を中心に時計まわりするのがふつう。離宮は広い芝生地の真ん中に立ち、庭は外周に作られている。樹林が、敷地全体を囲む。離宮に接する整形庭園がひとつ。

　入口から離宮に向かう路は「西の芝生」を縦断する。ここでは、左右の木立を見る。広葉樹があり、針葉樹がある。イギリスの庭で磨かれてきた樹木の取り合

小さな湖

6―東部

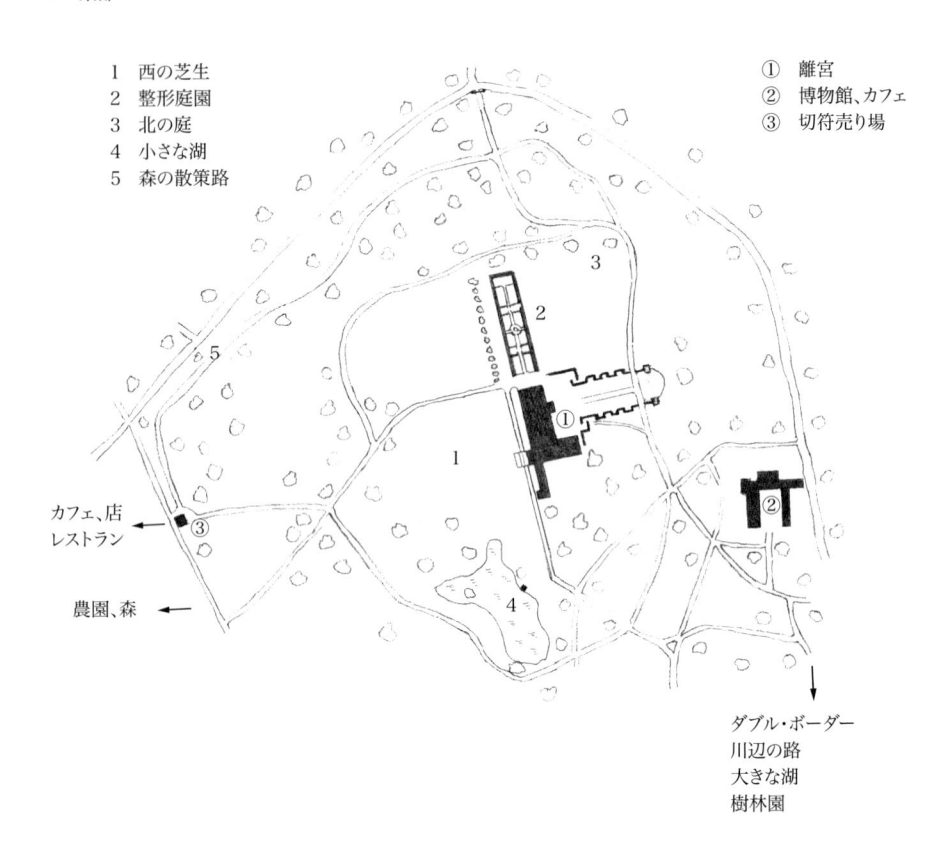

```
1  西の芝生
2  整形庭園
3  北の庭
4  小さな湖
5  森の散策路

①  離宮
②  博物館、カフェ
③  切符売り場
```

カフェ、店
レストラン

農園、森

ダブル・ボーダー
川辺の路
大きな湖
樹林園

わせ、その配置の見事さが見て取れる。色彩面では、とくに金色に輝くイチイや、赤紫の銅葉ブナなどが、効果的に使われている。

　離宮に着けば、整形花壇を見る。もともと離宮の上階から見下す庭だから、地上で見ても、本当の美しさは味わえない。ツゲで作った四角や円形の中に花々を植え、いま、青が主で、白が副。季節の歩みに合わせて、赤、黄など夏色の庭になるのだと思われる。

離宮を遠巻きにする庭へ

　そこを離れて、「北の庭」に出る。芝生が広がり、縁に沿って樹林が並び、裾に花と植物が長く連続するという作りである。いま花が終わり、緑一色。次の花が咲きそろうのはいつか。そんなことを考えながら、観察していくと、かなりの

距離をこなし、博物館とカフェまで来てしまう。離宮の正面も遠く望みながら通り過ぎた。博物館とカフェは、馬車や馬を入れた厩だったところ。さらに進むと、自然風のダブル・ボーダーがある。ゆるい斜面、そしてゆるいカーブと一体になって野趣豊かである。そこから折り返してくる。まず「川辺の路」がある。小川に沿って、水辺の植物と花が植えられ、さながら、うねるボーダー花壇。植え方に技がある。背後は高木が影を落とす樹林園。向こう岸には手入れの良い芝生の斜面にウェリントニアなど高木が点在し、かつて王弟夫妻が住んだ屋敷が透かし見える。

　流れは「大きな湖」に入り、流れ去る。離宮の方角に進むと「小さな湖」があり、岸辺の装飾が格段に緻密になる。樹木と灌木の組み合わせが出色で、中島が対岸の美景に呼応する。湖岸には、苑亭、グロット、段々滝、沢渡りなど石も見られるが、石は目立たない。花もある。しかし「小さな湖」は、樹と灌木で組み立てられた美が光彩を放つところである。

　「小さな湖」から坂道を上って、離宮沿いに歩く。壁に沿って青いボーダー花壇がある。離宮の建つテラスから、改めて、「西の芝生」周辺の樹林を眺める。それが屋敷からの眺めである。右手の樹林帯の内部には「森の散策路」が通っているので、そこを歩き抜ければ、切符売り場に戻る。

　古い写真を見れば、ヴィクトリア時代には、「西の芝生」には、芝生をくり抜いた派手な花壇があったことがわかる。それ以前は湖だった。そこを埋めた代わりに、いまある大小の湖を作ったのだという。

　サンドリンガムの庭は、イギリスの庭にしては珍しく、バラがほとんど使われていない。整形庭園もひとつだけ。しかしここでは、イギリスの庭作りの粋がいくつも確認でき、王室の庭のなかでもっとも美しいといわれる所以もわかる。チャールズ皇太子の作ったハイグローヴの庭が、精緻な技の集合する現代庭園であるのとは対照的に、サンドリンガム離宮庭園は悠々とし、あえて鳥にたとえれば、鷲。王者の風格がある。

黒字の農園経営

　離宮と地所は1862年、ヴィクトリア女王の長男、後のエドワード7世が購入したもので、四代にわたり王室の離宮として使われてきた。庭の面積は現在24ヘクタールあり、地所全体は約8000ヘクタールある。18世紀の貴族の広い地所

随所にある木立

と比べても、1桁違うことに驚かされる。

　森とヒースの原の一部（200ヘクタール）は州立公園の一部として提供されている。他は、農場、畜農場、果樹園、森林で、独立採算のとれる地所として経営されている。野生生物の保護や環境保全への配慮も経営の基本。地所に関わって生計を立てているのはおよそ500家族。1952年から経営を任されているのが、エリザベス女王の夫君エディンバラ公である。

　耕作地と牧場・畜産農場（合計400ヘクタール）、果樹園（80ヘクタール）、森林（140ヘクタール）が主な収入源で、畑では小麦、大麦、砂糖大根、エンドウマメなど以外に、アスパラガスなど野菜類が栽培され、畜産品では、牛肉、羊肉、その加工品など。果樹園ではリンゴとそのジュースが有名で、ジュースは高品質商品を扱う商店に出荷・販売されている。森林の木材は木工場で加工され、門、柵、庭園用の椅子や卓、苑亭などの木材として販売される。農場、牧場、畜産農場は直接経営ではなく、8人の農業経営者に貸し出されている。また、いくつか商業用および住宅用の建物も所有し、そこから賃貸料が入るという。

トラクター・ツアーで森の案内

　このうち、特記すべきものは森であろう。何もないヒースの原野に木を植えて作りあげたのが現在の広大な森である。いまでも毎年5000本を植える。森には唐松や白樺が多いように見受けられた。原野では、小鳥や小動物の保護のために毎年、数マイルの生垣を作っている。広大な地所の一部は湿地帯や干潟で、ここも野生生物の保護活動の場。農場経営でも野生生物への配慮がなされ、経営全般でもリサイクルが徹底される。

　トラクター・ツアーがあって、森の美しい所、さわりを見せてくれる。トラクターが引くトレーラーの見物席に座り、巧みな口調で語られる説明を聞きながら、ゆっくりとした早さで、回る。この間、トラクターを運転する中年の男性が地所の歴史や挿話を語り、見えてくるものを説明するのである。時間は40分ほどで、3ポンドは安いという気になる。

　カフェで妻はケーキ、私はマフィン。エルダーの花を原料とするエルダーフラワー水を1本。これは一種のサイダー風の味。陽にほてった後では、おいしい。カフェの隣には立派なレストランもあり、農場で取れた素材で作ったコース料理も食べられる。

　帰りの列車は準特急くらいで、よく停車した。高温だったが、冷房はなく、窓を開け放ちの昔風。子どもの頃、また学生の頃が懐かしく思い出された。

　夜、BBCのテレビでハンプトン・コートのフラワー・ショーを見る。チェルシーとは展示も企画も異なり、人出にもゆとりがある。出す側と見る側、ともに熱気が違うように思えたが、これはこれで、気持ちの電圧を下げて、気楽に出かけてみるのも良いと思えた。

住所 ▶ Sandringham, King's Lynn, Norfolk PE35 6EN
経路 ▶ London King's Cross 駅から King's Lynn 駅へ1時間半。バスで門前のバス停まで、30分。

31 サマリトン・ホール　Somerleyton Hall and Gardens

9月30日

ヴィクトリア時代の名士の庭

　東方面へ1泊2日の庭園探訪に出る。サマリトンの庭は、400年の歴史をもち、改修がなされて手入れがよい。落着いた品格があり、広い空間を悠々と使っているのが特徴。大木が空に聳え、庭に成熟の趣がある。

　この地に領主屋敷が建てられたのは、1240年。その後、1604年に屋敷と土地を買いとったウェントワースという人物が評判の美庭を設けた。時代は流れて、19世紀半ば、建設業で財を築いたモートン・ピートが屋敷を改修し、見事な庭を作った。現在の庭はピートの作った庭を踏襲し、所どころ現代風に改め、新鮮さを出したもので、ヴィクトリア時代の富豪の庭を偲ぶことができる。

　ヴィクトリア時代は、国勢まだ衰えず、期間もおよそ60年と長かったため、作られた庭の数も多く、そして、多様であった。ただ、基本特徴は、時代を通じて変わらなかった。取り合わせの庭、ということである。ひとつの庭に、整形庭園も不整形庭園も作る。苑路も、直線あり、蛇行線ありで取り合わせ。噴水、池、苑亭、パーゴラ、彫刻、日時計、グロット（庭園洞窟）、スタンパリ、橋、門。これら庭を飾る要素を好みの形で作る。樹木、灌木、花の選択は自由。温室もさまざま。原則自由で、限りなく折衷式といった庭作りだった。サマリトンの庭は、実業家が残したヴィクトリア時代のこのような自由な取り合わせの庭である。

　サマリトンの庭に揃えられたのは、70mほどの藤のパーゴラ、長方形の芝生、イチイの生垣で作った大きな迷路、集めた樹木と灌木を植える広い芝生、大きな整形庭園、異国の植物を育てる温室と、主にブドウを栽培する実用的な温室、鳥屋などであった。それに菜園。ひとつひとつが立派な作りで、これが施主の流儀で配置された。

　かつて家人と客人に食材を提供した菜園は、現在では一部を残し、中心部は装飾的な果樹園に変えられた。中央にボーダー花壇が走り、春から夏にかけて、華麗に展開。果樹の下には、春、ラッパズイセンが咲く。壁に這い上がるのは、バラ、クレマチス、イチジク、アジサイなど。南面する壁に沿って、水晶宮で有名なパ

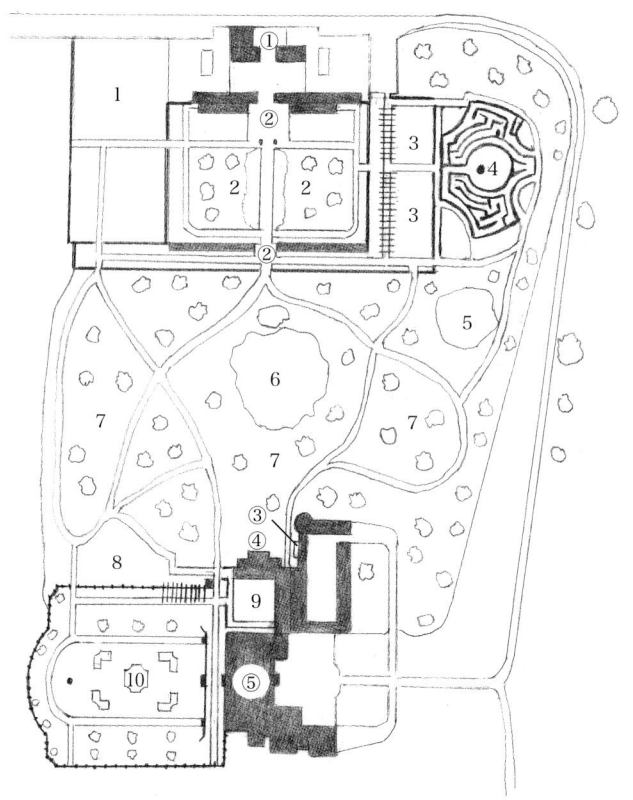

サマリトン・ホール

1	菜園	6	樹の寄せ植え	①	入口、店
2	果樹園、ボーダー	7	芝生地と樹林	②	温室
3	パーゴラ、芝生	8	トンネルの庭	③	鳥屋
4	迷路	9	沈床苑	④	ティー・ルーム
5	パンパスグラス庭	10	整形庭園、パーゴラ	⑤	屋敷

クストンが設計した温室。温室の主はブドウだった。現在は、異国の植物と花。

　もうひとり、時代の寵児がここで仕事をした。人の背丈を超えるイチイの生垣を用いた渦巻き状の巨大迷路を作った。入口から中心部の苑亭まで迷わずに行くと、距離は365m。名物といっていい。作者はネスフィールド。1850年代から1860代に多くの整形庭園を手がけ、とりわけ、フランス幾何学式庭園の刺繍花壇を精妙化した設計で名をなした。ネスフィールドは庭に、極限と思える繊細華麗なツゲの模様を描いた。ネスフィールドは、サマリトンに来て、迷路のほかに

6—東部

屋敷

屋敷から見る整形庭園も作った。広い沈床苑で、花壇の数は少なく、樽型のイチイの刈込みや日時計がある程度。右手には長いパーゴラが延びる。テラスから眺めると、心を静める不思議な効果をもたらす庭で、良い庭だが、ネスフィールドの遺作ではなく、再設計された庭であろう。

　19世紀半ば、施主のピートは、屋敷に接し豪華な温室を作った。さながら小型の水晶宮だった。石炭ボイラーの温水を使った床下暖房を巡らせた。温気のなかで異国の植物がせめぎ合い、柱に這い登り、格子壁を覆った。中央の大噴水も見もので、夜はガス灯に照らされ、白い大理石の彫刻が輝いた。いかにもまばゆい、富豪ならではの金のかかる贅沢だった。人手に渡ってから後、1914年に、維持できず取り壊された。いま、そこには沈床苑。地味な色彩の庭だが、シックである。ラベンダーが縁どり、中心の池に睡蓮が浮く。作りも簡素。近くに鳥屋がある。かつての規模はないが、いまも鳥が飼われている。

　庭の中心域にあるのが、樹木や灌木を配した広い芝生の庭である。いま散策の庭ともいえるが、もともとは樹木収集の庭であった。ピートの生きた時代、イギリスは、大英帝国。世界各地からもたらされる樹木と灌木、花が、イギリスの庭に流れ込んだ。珍木珍花が人々の関心を集め、競って求められた。広い芝生の庭はその名残。当時、人気の焦点は、カリフォルニア産のウェリントニア（セコイアオスギ）とヒマラヤのシャクナゲ。それはここにもある。他に、各種の針葉樹が人気だった。代表的なものは、ここにもある。オークやブナなど固有種も見られる。ユリの木、レバノン杉、栗の木、ユーカリなどはわかりやすい。モンテレー

松（北米）やアトラス杉（北アフリカ）、銀杏（中国）などは珍木。1本立ちの大木は、思うさま枝を広げて堂々とし、針葉樹ならあたかも空に刺さる趣。ここの針葉樹は、下枝を払われ、幹がスゥーと長い。そして高い。

整形庭園

　中央部にある寄せ植えも巧みで、すぐれた調和と美が感じられる。芝生の庭は、紛れもなく全体が立体芸術の世界。

ピート 一代

　現在の庭の元を作ったピートという人物。伯父は建設業を営んでいた。そこで徒弟修行。21歳の時に伯父の死によって、従兄と折半して事業を相続した。才あって、ロンドンで有数の建設業者になった。オックスフォード・アンド・ケンブリッジ・クラブの建物、ライシーアム劇場、セント・ジェイムズ劇場、ハンガーフォード市場、ブルームズベリ礼拝堂、ネルソン記念柱など多くの建築を手がけた。ロンドンの下水道も敷設。折からの鉄道建設の波に乗り、イギリスのみならず、デンマーク、カナダ、アルジェリアなどで鉄道を敷設した。クリミア戦争の時には、前線に軍事物資を運ぶクリミア中央鉄道の一部を分担した。地元では、ノリッジと海岸のロウストフトを結ぶ鉄道を作り、ロウストフトの港湾施設と遊歩道を建設し、周辺の荒地を開発した。ロウストフトはデンマークとの貿易で栄えることになった。

　事業家として、儲け一方でなく、慈善事業や寄附もしきりと行った。労働者の

生活条件向上にも気を配ったという。1851年のロンドン万博を財政支援し、パクストンに水晶宮を建てさせた。サマリトンの地所4500エーカーを購入したのは1843年。屋敷と庭を大改修し美術品を集めた、1847年に国会議員、1855年に准男爵となった。

　1861年、しかし、経営が破綻。すべてを売却。1866年、破産宣告を受けた。その後、イギリスを去ってブダペストに行き、ハンガリーとロシアで鉄道事業を進めようとしたが、思うに任せなかった。イギリスに戻り、再起を図ったが、失敗。ピートは、ヴィクトリア時代の偉大なイギリス人のひとりに数えられている。

クロスリー家の庭として

　ピートの地所を買い取り（1863）、以後、現在まで四代にわたって、農園経営を続けて来たのがクロスリー家である。その富の源泉は、絨毯の機械生産に成功したことにあった。父親の起こした絨毯製造業を引き継いだ3人兄弟が、蒸気機関を使って絨毯を大量に生産することに成功し、特許を取った。従来の手織りの絨毯に比べ、格段に安い絨毯は、金持ちの物だった絨毯を一般化し、市場を広げて、イギリスばかりでなく、ヨーロッパとアメリカでも売られた。当主フランシスは、国会議員となり、男爵となった（1863）。拠点はヨークシャだったが、そこでやはり慈善事業を行った。孤児院を建て、学校を作り、救貧院を設け、公園を開設した。

　現在、サマリトンの地所は2000エーカーあり、農地、放牧地、草原と大きな森に分かれ、環境を配慮した農園経営が行われている。先述した沈床苑に臨む気持ちのいい回廊にあるティー・ルームで、紅茶と甘さを抑えたキメの細かいケーキを味わうことができる。ズッキーニのケーキである。

住所 ▶ Somerelyton, Lowestoft, Suffolk NR32 5QQ
経路 ▶ London Liverpool Street 駅から Norwich 駅で乗り換え、Somerleyton 駅へ2時間40分。徒歩で25分。

32　イースト・ラストン旧牧師館庭園　East Ruston Old Vicarage

10月1日

東部の海近く──名庭の誕生

　泊まっていたノリッジからローカル線でノース・ウォールシャム駅へ。そこからタクシー。

　今日は激しい雨と強風の予報。見始めると、雨と風になった。結構広く、見るところは多い。ガイドブックの地図を開き、番号順になるべく早く一巡りすることにする。風が強く傘はさせず、地図が濡れる。帰りのタクシーの予約は17時。ロンドン・リヴァプール・ストリート駅に帰着したのは22時だった。

　この庭は、グレイとロブソンが、更地から作った13ヘクタールほどの庭園で、今も作り変えられ、これからも作り変えられていく、精力にあふれた、ダイナミックな庭で、驚きと変化に富み、変わった趣向と斬新さを2人が楽しみ、訪問者とも共有したいという願いが込められている。ユニークな庭作りの楽しみが、ふたりのエネルギー源になっている。

　庭の構成は、現代イギリス庭園のものである。おさらいになるが、骨格をなす苑路の左右に小部屋としての庭室 garden rooms を複数作り、順に訪ねて、それぞれの別世界を味わっていく。森の庭を附属させ、樹木、灌木、下植えの花、という上中下の三段構成にするのが典型。旧牧師館の森もこの作り方に倣っているが、他に、かなり広い草原が作られている。プラスα部分だが、そこも必見の場。

　北海まで2.4kmほどなので、年中、東風が強い代わりに、メキシコ湾流の影響で比較的温暖。霜が降りる度合いは、イングランド南西部にあるデヴォン州やコーンウォル州と同じだという。土壌は砂を含んだロームで、中性という恵まれたもの。あたり一帯には平らな耕作地が広がっている。

　庭は、強風をふせぐ防風林で囲われている。モンテレー松、イタリア・ハンノキ、ユーカリが主体。いずれも背が高い。防風林によって、庭の内部には、外部と異なる小気候地が生じ、多くの植物が育てられるようになる。庭の中の多くの生垣も、風を配慮し、通常より高い。

　庭にある植物や花、苑亭やパーゴラも、背が高く大きい。イチイを刈り整えた

139

トーピアリも、高さを感じさせる。植物や花の色彩は、明快で、隣の色に負けたり、紛れたりしない鮮明さがある。植物と花の密度はかなり高いが、元気で相手に負けない。植物の取り合わせは、どの庭でも荒々しく、奔放さが命、といったところがあり、品の良さ、肌理の細かさ、奥ゆかしさ、静謐さ、整然さとは無縁。奔放であるが、しかし、一線は超えず、といった抑制も効かせてある。そして、帰するところは、美。

　庭それぞれの内容はじつに多様で、生垣の門を潜るたびに新世界。初めて見る新鮮さに驚き、高揚感が昂進する。季節はすでに10月なのに、それほど色彩の衰えを感じさせないのだから、春や夏であれば、どれほど圧倒されるのか。

王の散策路（始点部分）

気に入った庭をいくつか

　「前庭」は、屋敷（旧牧師館）の正門と玄関の間にある、多肉植物を取り合わせた意外な庭。南アフリカの砂漠などを思わせる庭がいきなり現れる。特に目立つのは、ベンケイソウ科のエオニウム。直径10cmはあろうかという、形はダリアに似た黒紫色の肉厚の花弁（本当は葉）を広げる植物。この庭では植物と花は、おおむね目線か目線を軽く伏せたほどの高さがあって、見渡せば花と葉の海波。奔放に広がり、風に波立つ。マンチェスター市の紋章をテラコッタで再現し、正門に掲げる。その明るい代赭色が、庭の雰囲気を代弁するかのよう。刻まれた文字は、Consilio et Labore。意味は、「協議と労働により」。これは2人の庭作りの基本であった。よく相談し、後はひたすら肉体労働。地面に敷いてあるのは明るいオレンジ色の砂利。土に代わって、雰囲気を一変させる。

「沈床苑」は二段式で、階段や擁壁は赤煉瓦、地面は明るいオレンジ色の砂利。どこか南国風。池の中央には青ガラスとステンレスを用いた螺旋状の抽象彫刻。こ

イースト・ラストン旧牧師館庭園

前庭（春）

れが軽快。上段でも下段でも庭の縁はボーダー花壇。中央の階段の他に四隅の円形階段も使うことができる。利便性と装飾性を兼ね備え見事。上段の庭に、高く、幅のあるブドウのパーゴラがあり、下段の庭からすれば、見上げる高さ。庭内にはイチイの鉛筆型の刈込みが立ち、庭の立体性が際だつ。もともと、やや深めに掘り下げて東風を避ける、という考えだったという。庭としては老熟期に差し掛かったので、こんどは一新して「バラの庭」にするという。今の庭も十分に、意外と空想の庭であるから、惜しいと思うが、「絶えず変化する」が２人の庭作りの基本精神である。

「異国の庭」は、沈床苑の隣にあり、やはり大きく、豪快奔放。加えて静といった印象を与える。ブドウのパーゴラを潜って行く。まず開放的な苑亭に入る。ここから縦列に置かれた２つの池と周辺の植栽を一望する。この眺めがとてもよい。バナナなど異国風の植物が茂る。バナナを筆頭にウコギ科のカミヤツデ、ノウゼンカズラ科のキリ、その他、多数の温暖性の植物、それに耐寒性のものが見られる。なにより目を引くのは、２番目の池の噴水で、松明のような末広がりの形態で、細く高く、しかも細い枝を束ねてひと捻りしたような表面模様がついており、金

属製。こんな変わった噴水が立っており、その頂上から噴水がこぼれる。専門家の作った水の彫刻で、近くの海上で時折発生する竜巻の形を再現したものだ、という。手前の池は、静かな魚池で、睡蓮が水面に浮かび、鉢に植えた花が、垂直に空を指す。池は、縁を高くした作りである。この「異国の庭」も、高さと深さを強調した、囲われた庭。背景に見えるのは、森の庭の木々。

「王の散策路」は、生垣と芝生、それに整列するイチイのオベリスクで構成された、細長い緑の空間。整然と取り澄まし、奔放で自由な庭の対極にある。散策路に敷き詰められた芝生は、途中、低い階段で、2度ほど、高くなるが、同時に、細くなっていき、最後に、トンガリ屋根の小屋に至る。小屋は明るい煉瓦作りである。途中、2ヵ所にある石段の左右に、赤煉瓦の門柱が立ち、彩りを点ずる。散策路の始点にも、煉瓦の石段と煉瓦のテラスがある。そこには、左右一対で、花と植物を入れたテラコッタの壺も置かれている。よい点景である。これらのものは、一色を加えると同時に、眺めを変化させ、また、距離をわかりやすくする。

「カリフォルニア・ボーダーと砂漠の枯流れ」は、北米アリゾナの砂漠の景観に似せた庭で、1m深くまで掘り起こし、石や砂利をふんだんに入れて（5100トン）、床を作り、砂漠の景観を作ったという。ゆるく斜面を下る川のように作られ、長さも相当あり、途中では幅広。砂漠では、1年に1度か2度、大雨が降る。水は、奔流となって、岩を転がし、石をさらう。土砂を流し、堆積させて島を作る。水が引いたあとに、河床が残り、多肉植物が花を咲かせる。いま、10月初め、花は多くないが、早い時期なら、もっと鮮やか。賑やかで、青い空の下、晴れ晴れとしたお祭りのような花畑になる。この庭も、奔放、風変わり、珍奇、異国、別世界、といった庭作りの基本線上で、誕生したのであろう。力強い庭ともいえる。まだ、進行形の庭である。ここにある植物と花は、アガヴェ、アロエ、プヤ、ベショーネリア、ダシリリオン。さまざまなサボテン、その他。この庭にも、抽象的な彫刻が置かれている。白と茶で、牛か何か、砂漠に晒された大型動物の頭蓋骨でもあるかのよう。入り組んだ形をしており、とても目立つ。

他の庭も魅力に富む

他の庭は、列記に留めるが、いずれも見るに値する。表記は簡略にする。地中海の庭、リンゴの路、苗木のボーダー、冬庭、野菜と切花の庭、長いボーダー、

イースト・ラストン旧牧師館庭園

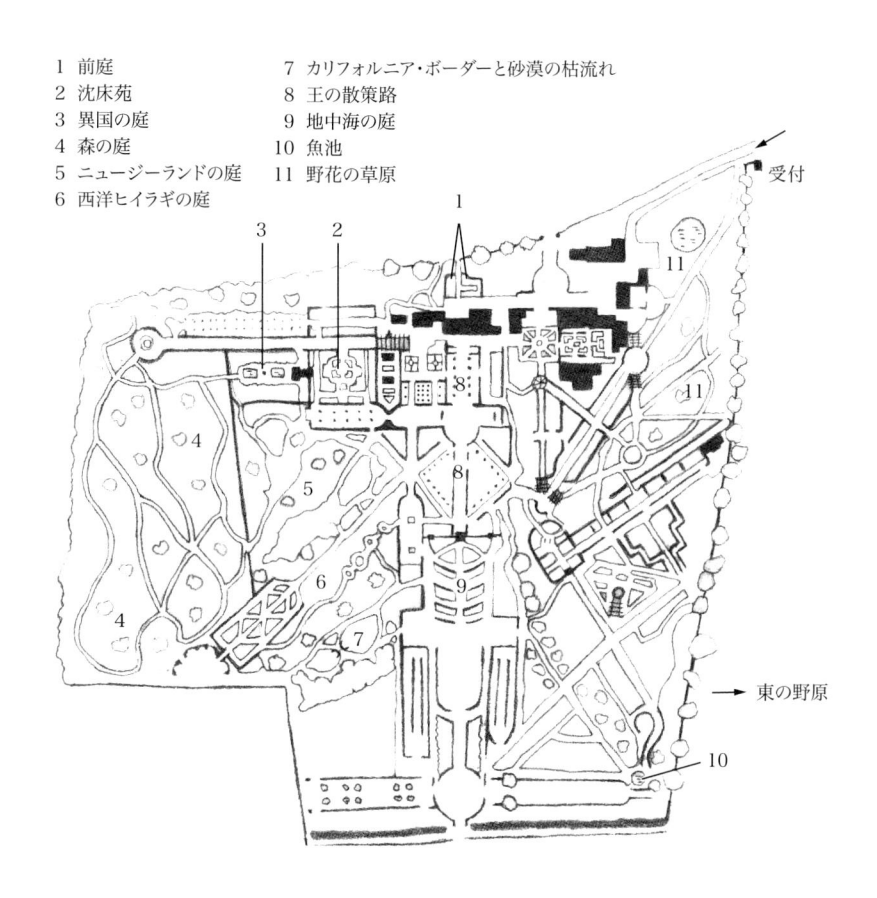

1 前庭
2 沈床苑
3 異国の庭
4 森の庭
5 ニュージーランドの庭
6 西洋ヒイラギの庭
7 カリフォルニア・ボーダーと砂漠の枯流れ
8 王の散策路
9 地中海の庭
10 魚池
11 野花の草原

菜園、北庭、オランダ庭、木性シダの庭、赤色と紫色のボーダー、緑色の中庭、森の庭、西洋柊の野、ニュージーランド庭。他に、東の野原と魚池、野花の草原。

　最後の「東の野原と魚池」「野花の草原」の2つを見よう。「東の野原」は約4.8ヘクタールあって広く、複数の区画に分かれている。それぞれモンテレー松やイタリア・ハンノキの防風林で囲まれ、そのなかに、ヒマワリ、スイートコーンなどが育てられている。これは小鳥や野生の動物に餌を提供するのが目的。装飾性ももたせ、珍しい木を植え、下植えに野の花を植える予定。最近、そこに果樹園も作った。池には、蛙、イモリがおり、小形魚ミノウが住みつき、トンボが飛び交う。池の周囲は花が飾る。

　「野花の草原」は、春にクロッカス、水仙、桜草、カマッシアが一面に咲き、そ

れが終わると、ゼラニウム、その他の多年草が咲く。9月に草を刈ると、秋のクロッカスが現れる。ここは、人間が野の花を楽しみながら、同時に、野生の生物に住み処を提供する場所。野生の生物のための池もある。小鳥たちも戻ってきて、カワセミがひとつがい、池に住みついた。

旧牧師館の庭を作る目的のひとつは、なくなってしまった野生の生物の住み処をいくらか回復させることにあった。そのいきさつを2人はこう語る。

1960年代に写された、周辺の土地の白黒のスライドを見たら、24に小さく分かれていた畑が、ひとつにまとめられたことがわかった。伝統的農業が現代農業に取って替わられ、それまであった生垣、溝、土手、池がなくなり、生物が姿を消した。さらに遡って、1880年代の国土調査地図をみて、かつては、生物の多くの住み処があったことに驚き、消えゆく趨勢に警鐘を鳴らされる思いを深くした、という。

この2つ野原・草原に限らず、「森の庭」「ニュージーランドの庭」「西洋柊の野」なども、作りは基本的に森だから、鳥を初めとするさまざまな生物の住み処になる。同じことは、多かれ少なかれ、他の庭についてもいえる。庭全体が、野生の生物の住み処である。整形庭園を歩いても、小鳥の声が聞こえる。

2人の庭作り

2人が、古い牧師館と土地2エーカー（約0.8ヘクタール）を購入したのは、1973年。2年間、空き家だった建物で、庭といえるものはなかった。当時、2人は、ロンドンで仕事をしており、金曜の夕方、ここに来て、庭作りをし、日曜の夕方、ロンドンに戻るという生活を始めた。当初は、大きな庭を作る予定はなかった。16年後、1989年に、周辺の土地を買い、ここに住むようになって、庭を増やした。目指したのは、もっとおもしろい庭を、であった。いま32エーカー（約12.8ヘクタール）になったが、これ以上、広げない。今後の課題は、「美しく整えること」。生き物である庭をうまく調律していく。これまでの庭作り、今後の庭作り、いずれでも外部の援助は受けない。資金は、自己資金である。収入源では、この庭の希少種の苗の販売が大きい。

旧牧師館の庭は、現代の名庭になる。あるいは、すでになった、といえる。現代庭園は、20世紀の初め、ジーキルが範型を世に示し、その後、ラッチェンズと

イースト・ラストン旧牧師館庭園

異国の庭

の共作、さらにジョンストン少佐のヒドコート・マナ、それからヴィタ・サックヴィル - ウエストとハロルド・ニコルソン夫妻のシシングハーストで、それぞれ極点を示すように洗練されたが、旧牧師館の庭は、それらの名庭と肩を並べ、極点の庭へ、斬新さをもって連なる庭といえるであろう。裏にあるのは、奔放な想像力。

住所▶ East Ruston, Norwich, Norfolk NR12 9HN
経路▶ London Liverpool Street 駅から Norwich 駅乗り換えで North Walsham 駅まで、3時間。タクシーで15分。

7

中東部

ウォリックシャ | バッキンガムシャ | ハートフォードシャ
オックスフォードシャ | リンカンシャ | ラトランド

WARWICKSHIRE | BUCKINGHAMSHIRE | HERTFORDSHIRE

OXFORDSHIRE | LINCOLNSHIRE | RUTLAND

33　パックウッド・ハウス　*Packwood House*

6月10日

極上の洗練――ボーダー花壇

　バーミンガム・インターナショナル駅から、8マイルの距離をタクシーで行く。天気予報通り、曇りに風で、肌寒い。

　庭といえるものは、6つ。

　とりわけ見ものは、屋敷の南側の2庭で、縦に連なる。最初の庭は、壁に囲まれた四角い広い庭。全面芝で、四隅に苑亭。すばらしいのは、中心の苑路に沿うボーダー花壇である。紫系と青系の花が中心で、緑の銀葉が基調という作りである。その洗練は、玄人好み。落ち着いてシック。左右のダブル・ボーダーである。

　一画に、生垣で囲まれた沈床苑がある。中心に細長い小池。それを囲むドライ・ガーデンに、背丈の低い植物が植えられている。

　東の側壁に沿ってバラ庭がある。バラ庭はイチイの袖垣で5つに仕切られている。生垣は手前が低く奥に向かって高い。傾斜しているので、印象がやわらかい。仕切りごとに赤と黄色のバラが入れ替わる。背後の壁に這い上がるバラも赤と黄色だが、花壇が赤バラなら、壁のバラは黄色という具合。花壇の表面も、地衣類で被われ、柔和である。地衣類は緑の植物と紫の植物が交代する。このような細かい工夫がバラ庭を優雅にする。

　四隅にある苑亭はゲイジーボウと呼ばれる壁付きのもの。オランダ生まれで、寒い地域のもの。庭より高い位置にあって目立つ。すなわち装飾物としてよい。煉瓦の階段を六段ほど上がる。奥の苑亭の間はテラスで、ダブル・ボーダーが走っている。これも趣を一変させた傑作。赤いケシと濃紫のトウゴマの背丈が高く、それが頭を出しながら、点々と連なる。あたかもボーダーの骨

テラスのボーダー

格といった役柄。本体は、赤いチューリップ、サルビア、フクシア、アイリスなど。華やかで派手。ボーダー花壇の間を往復すると、気分が明朗にして豪華になる。テラスから左右の庭を見下ろすことができるのも優れた作りである。

イチイ軍団の不思議

　奥にあるのが、不思議なイチイの庭。芝生地に、円柱や円錐に刈り整えられたイチイが立ち並ぶ壮観が控える。イチイは、やや不揃いで、高さ、3〜6m。100本ほど林立して、芝生地をくまなく占領。すべて、縦横の線上に置かれている。中央で縦に並ぶイチイは、並木風。奥に、築山があり、頂にキノコ型の大きなイチイが聳える。渦巻き路を辿れば、頂に達する。さて、そこから庭に戻って、無言のイチイの間を歩き、見上げる。不可思議さは残る。あるいは、かえって深まる。これは、何か。

　庭の縁取りは、自然に波打つツゲの生垣で、膨らみ、縮まり、滑らかに刈り込まれて、隙間なく連なる。その色彩は、いま、柔らかな緑。したがって、イチイの庭は、緑単色の世界。厳粛で静寂な世界である。

　もとは、果樹園だった。作り替えた意図は何か。多くの人が語るのは、聖書の世界を表すため、いうことである。新約聖書のマタイによる福音書5章には、キリストが12人の使徒と群衆に向かって、信者は「地の塩」「世の光」である、「狭き門より入れ」「求めよ、されば与えられん」「右の頬を打たれれば、左の頬も向けよ（目には目を、歯には歯を、であってはならない）」、「汝の敵を愛せよ」「何

主庭のボーダー（片側のみ）　　　　　　　　イチイの庭

でも、人にしてもらいたいことを、人にせよ」「自らを裁かずに、ひとを裁くな」「神と富とに（同時に）仕えることはできない」など、キリスト教の基本道徳を説いたことが書かれている。イチイの庭は、その場面なのだという。築山のイチイは、キリストで、麓に立ち並ぶ12本のイチイは、12人の使徒、芝生地に立つイチイは、群衆。

それにしても、異様の庭。イギリスの庭の伝統のひとつは、フォリー。つまり、遊びの作り物。とくに18世紀は、それが全盛で、古城や修道院の廃墟などは、まだ素直なものだった。石材や木材を使って、ずいぶん突飛なものも作られた。すると、これは、イチイを用いたフォリーか。

いま語った2つの庭は、行き戻りしながら、何度みても飽きない。雨模様に寒風だから、時に、店に入って、体を温め、また、見物に打って出る。カフェはない。

古い庭

次に、屋敷の西に接する整形庭園。簡素な作りで、中心に古い日時計がある程度。そこからやや離れて生垣に囲まれているのが、冷浴のプール。地面を掘り下げて作られている。プールの名だが、小さい風呂ほどのもので、水口は、人面彫刻。冷水浴が健康に良い、との理由で、庭に設けられたのは、古い。この2つの庭は、屋敷とともに、17世紀のものである。

屋敷の周辺は、放牧地と草地。小さいが湖もある。放牧地には、羊や牛。草原には一面のキンポウゲ。それが、淡い緑の草と混じり合って、目を引く。
そこに、散策路。ある幅に草を刈った、なにやら臨設風のものにすぎないが。

駐車場には、50台あまりの車が停まっていた。人影の濃さは、屋敷内が1番。次に庭園、最後がパークの順で、薄くなる。ともあれ、この天候でも、草原を歩く人たちがいる。

古建築の典麗

屋敷は、17世紀ジャコビアン様式（ジェイムズ1世の時代の様式）を再現したものである。内装は古い木材。壁も床も古色を帯びた木材である。天井には、むき出しで不揃いの梁が走る。施主のバロン・アッシュが、往古の古建築をこよなく好み、時代の中で取り壊される古建築の梁や板（床、壁）を集めて、ギャラ

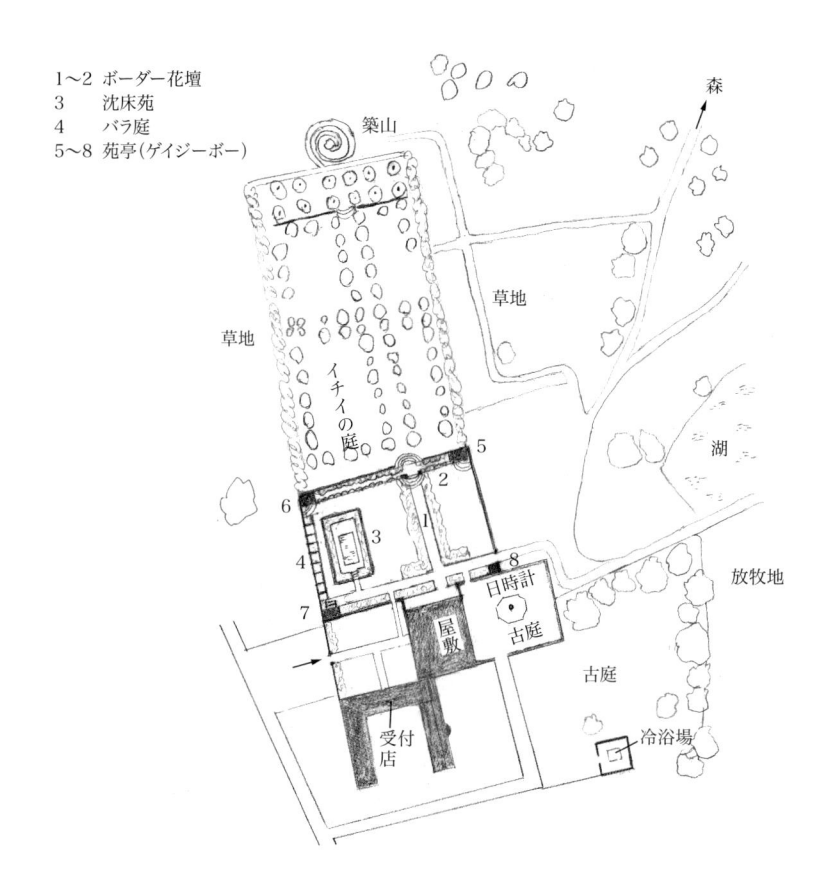

```
1〜2  ボーダー花壇
3     沈床苑
4     バラ庭
5〜8  苑亭(ゲイジーボー)
```

リーやホールを増設し、古い暖炉を取り寄せ、当時の家具を置き、壁掛け布を掛けた。不足分は、それに似せて作った模造品で補った。復元の完璧さでは、イギリスでも指折りとされる。バロン・アッシュ本人の好みもあろうが、古建築保存協会を作った（1877）ウィリアム・モリスの動きや雑誌「田舎に住む」Country Life の推進運動が背景にあるとされる。「田舎に住む」は、古い領主屋敷を称える記事や特集をよく掲載した。

　パックウッドの地所と屋敷は、17世紀以来、19世紀の半ばまで、長らくフェザストン家（ヨーマン、独立自営農民）が維持した。その後、アートン家が所有。20世紀初め（1905）、それを買い取ったのが、バロン・アッシュの父で、金属加工で財をなした人物だった。1925年、嫡子バロンが引き継ぎ、屋敷と庭を整備。

バロンは、第二次大戦後、屋敷、地所、庭をナショナル・トラストに寄贈。とくに、屋敷が変わらずに保存されることを願った。

歴史が醸成した庭

　ここの庭園は、一人一代で作られたものでなく、歴史と人々が作りあげたものといえる。主庭の四隅にある苑亭も、ひとつは17世紀当初のもの、ひとつは18世紀初めのもの、ひとつは20世紀のもの。感嘆を誘う主庭のボーダー花壇は、ごく最近、2004年から2006年にかけて、ナショナル・トラストの小委員会と庭師たち、それに古建築・庭園専門家が加わって検討し、復元案を作った。1928年頃、バロン・アッシュが作った庭の復元でなく、さらに一時代前、19世紀から20世紀の初めの庭の姿を再現することにした。ただ、使われていた植物や花の記録はないので、当時の写真を複数、参考にして、できるだけ近い種類を使った。推定的、あるいは創造的な再現といえるが、時代を跨いで、直接、また間接に、複数の人たちが関わった結晶である。

　イチイの庭については、少なくとも、築山と頂のイチイ、そして12本のイチイが、やはり、フェザストン家の時代の、19世紀の後半にはあったことがわかっている。その意図は明言されていない。1902年には、中心の苑路があったことも記録に残る。1927年、庭園史家で造園家のジェリコーが調査し、記録したイチイの庭図は、現在のものとほぼ同じである。バロン・アシュが1925年に屋敷と庭を相続してから、イチイを90本ほど増やしたのだろうか。ジェリコーは、イチイの庭を「山上の垂訓」の庭だと断定する。

住所 ▶ Packwood Lane, Lapworth, Warwickshire B94 6AT
経路 ▶ London Euston駅からBirmingham International駅まで1時間10分。そこからタクシーで15分。

34　王立バラ協会バラ園　The Royal National Rose Society Gardens

6月23日

豊かなバラの世界

　今日は、最高気温25度の予報。セント・パンクラス駅から セント・オルバンズ駅まで30分。あとはタクシー。

　王立バラ協会バラ園は、ちょうど花盛り。色とりどり、大小さまざま、華麗複雑な花から、単純素朴な花まで、バラの種類は多く、その数8000本で、2000種ほど。庭は中規模。中央に噴水を置き、十字の苑路。これが中心部の構成で、大きな環状のパーゴラもあって、さながら立体的なバラの交響詩。パーゴラの内外は、多彩なバラ庭。

　一画に、個人庭の手本になるバラ花壇が並んでいる。共通するのは、他の花・植物・灌木を交ぜてあること。花壇が華やぐ。ここの例では、とくに、セイジの青紫、レイディズ・マントルの萌葱色と黄緑がバラによく合う。手本のバラ庭が見事なのは、チェルシー・フラワー・ショウで金賞を獲得した地元の造園家が作ったからである。バラ園全体の設計と施工を担当したのも、かれと仲間。

　本格的なバラの展示場があるのは、周辺部。学ぶのは、こちら。微風が渡り、バラの香りを運ぶ。小鳥の声もしきり。

　たとえば、奥の方に行こう。バラの種類と歴史を知ることができる区画がある。そこには、中国バラ China Roses やガリカ・ローズ Gallica Roses を集めた花壇と説明板がある。ガリカとは、古代ローマの時代に、北部イタリアとフランスに住んでいた大種族ガルリア人のこと。このほか、同様に、あるいは当然に、モス・ローズ Moss Roses、ダマスク・ローズ Damask Roses、アルバ・ローズ Alba Roses、ブルボン・ローズ Bourbon Roses、ポートランド・ローズ Portland Rose、ケントフォーリア・ローズ Centifolia Roses など。ガリカは古代ローマ人も愛したバラ。ケントフォーリアは、フランスで香水作りに使われたもの、といったこともわかる。最近、DNA鑑定によって、バラの系統、また、交配も明らかにされつつある、とも書かれている。

　野生種ほぼ100種を長い帯状に並べた所もあり、野生種の大陸別数も記されて

7—中東部

バラのパーゴラ

ダナエ

いる。アジアがもっとも多く、90種。以下、ヨーロッパ32、北アメリカ26、北アフリカ7、中近東1。

現代の交配種(モダン・ローズ)が咲きそろう区画もそうとう広い。一画では蔓バラがパーゴラを飾る。

全体は、ほぼ2ヘクタールの広さ。バラ園は、近年、模様

王立バラ協会バラ園

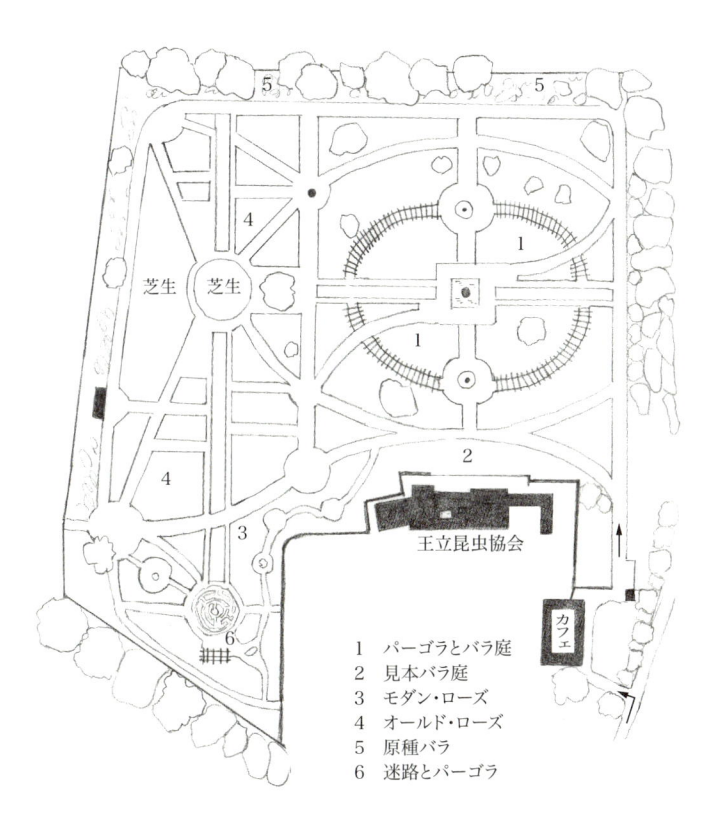

1 パーゴラとバラ庭
2 見本バラ庭
3 モダン・ローズ
4 オールド・ローズ
5 原種バラ
6 迷路とパーゴラ

替えをし、一新された。ランチが取れるカフェがある。一般公開は6月と7月。

住所 ▶ Chiswell Green Lane, St Albans, Hertfordshire AL2 3NR

経路 ▶ London Farringdon 駅から St Albans 駅まで25分。タクシーで10分。

見本バラ庭

155

35 ヒューエンデン・マナ　Hughenden Manor

6月23日

ヴィクトリア時代の庭と針葉樹園

　王立バラ協会バラ園を見た後、いったんロンドンへ戻り、ロンドン・マルラバン駅からハイ・ウィカム駅へ。そこからタクシー。長い距離ではない。

　ヒューエンデン・マナに行くのは、ヴィクトリア時代の庭を見たいからである。芝生地に派手な花壇を配する型のものである。ヴクトリタア時代には、ひとつの庭園様式が主流になることはなく、幾種類かの庭が、順に、あるいは平行して作られた。芝生地に派手な花を配するのは、そのひとつで、人気は高かった。単純だが、明るくて、華麗。ヒューエンデン・マナは、19世紀の半ば、首相を務めたディズレイリの別荘があった地である。

　ここでは、長方形の大きな芝生地を設け、屋敷に近い部分と遠い部分に、花壇を配する。花壇の形は、いずれも幾何学図形で、四角、円、三日月、その他である。凝った図形もある。配置は、左右対称。使われている色は、赤、黄色に紫。赤はゼラニウム、黄色はマリーゴールド、紫はパンジー。1950年代には、すっかり面影を失っていた庭をナショナル・トラストが復元した。それだけ、といえるほど、単純な庭である。この花壇は、テラスから見てもきれい。屋敷の、とくに2階から見ると、いちばんきれい。庭にある装飾物は、白い彫刻が数体。それに飾鉢風の花壺。そこにも派手な花が陽に輝く。

　庭を設計したのは、夫人メアリだった。73歳の歳で、一日、庭に出て、20人の作業を監督した、という。庭師たちの昼食やビールも用意させた。メアリは、パークランド（放牧地）に植える樹木もいちいち指示した。放牧地は、いま、当時と同じように、屋敷の東側に眺められ、急な斜面で牛が樹下に休み、底に川と池がきらめいて見えるのは、変わらないが、この部分は、ディズレイリが地所を購入（1848）したときからのもの。ディズレイリは、さらに南方に向かって大きく広げたので、新たに樹を植える必要があった。いま、その拡張部分は、広い公園になっている。拡張部分も含め、当時、放牧地にあった樹木は、菩提樹、マロニエ、クルミ、シカモア、ニレ、ブナ、オーク、唐松など。大きなウェリントニアやレバ

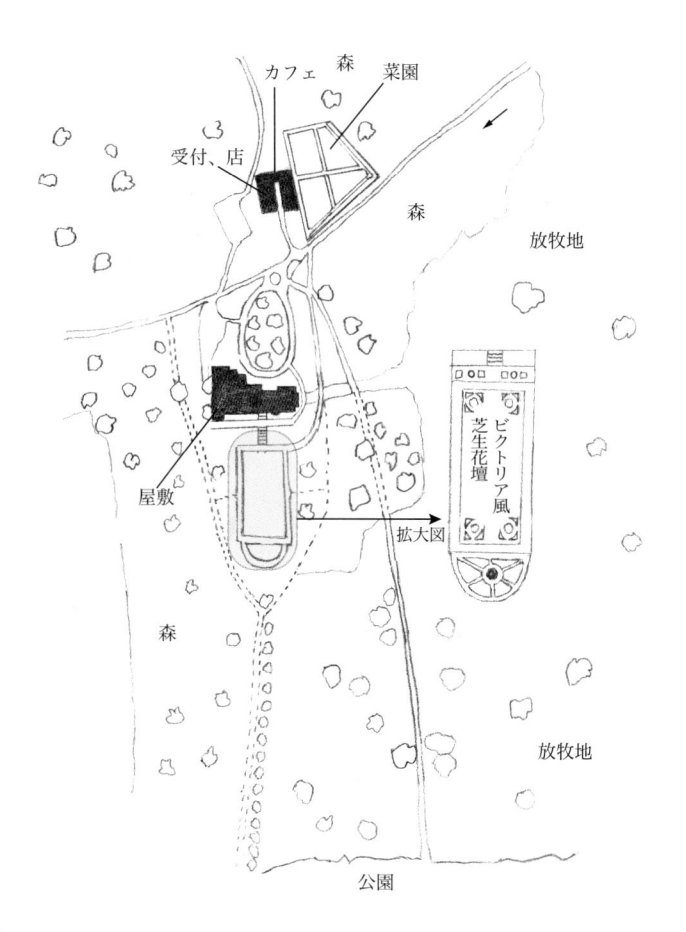

ノン杉もあった。

　ディズレイリは樹木が好きだった。とくに好んだのが、針葉樹で、屋敷前の車回しには、異なる針葉樹を数本揃えた。現在は、ここも復元されている。ディズレイリは、屋敷近くに針葉樹園を作った。そこを緑の別天地を呼んで、よく散歩に出かけた。広がる古森にも足を延ばした。狩猟をしなかったディズレイリは、森の散歩を好み、パークランドの池の白鳥にえさを与え、川でマスを捕えて、楽しんだという。

　「森は大洋に似ている。知らない者には単調かもしれないが、絶えず変化する生きた世界」という言葉を残している。

7―中東部

ヴィクトリア風芝生花壇

ヴィクトリア風芝生花壇

住所 ▶ High Wycombe, Buckinghamshire HP14 4LA
経路 ▶ London Marylebone 駅から High Wycombe 駅へ 35 分。タクシーで 15 分。

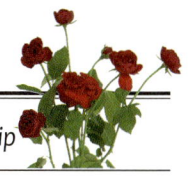

36　ベニングトン・ロードシップ および村の個人庭 5 つ Benington Lordship

6 月 27 日

2 月のスノードロップ

　今日行く庭はハートフォード州だから、近い。ロンドンから北へ行くが、ピーターバラ駅手前のスティーヴニジ駅から、5 マイルほど。春先のスノードロップが有名なところで、2 月には、ほぼひと月の間、開園するが、あとは、散発的に年 8 回しか、開園しない。

　気温は、27、8 度に達しようかという暑い日。

　領主屋敷の周りに、立派な庭が整えられたのは、1747 年。以来、1832 年が転換点だったようで、農牧時代の地主から新時代の金持ちの手に渡った。それからおよそ 60 年後、1905 年に、現在の所有者の曾祖父が屋敷と地所を購入した。植民地インドで、技術者として働く間に蓄財した。買い取った屋敷は増築され、庭も整えられた。その後、いったん荒れた庭を、1970 年から 25 年かけて、当時の夫人が復興させ、現在に繋げた。屋敷は丘陵の上に建ち、広い放牧地を望む。

　庭の見所は、屋敷そばの上品な整形庭園と菜園そばの長い奔放なボーダー花壇。ボーダー花壇は、斜面にあり、下から眺めると、色の重なりが凝縮されて美しさが増す。ボーダー花壇のエッセンスか。4 月から秋の初霜まで、順に季節の花が咲いていくように、多くの植物が使われている。

　ベニングトン・ロードシップで有名なのは、2 月のスノードロップ。壁囲いの菜園で栽培されている珍種・希少種も含む約 200 種が公開される。屋敷まわりや古濠の中など広い範囲にわたってスノードロップが一面に咲く。これは無料で、車で見に来る人も多い。

村の個人庭に冴えを見る

　この日は、ちょうどベニングトン村の定めた「花の日」。教会で、踊りをテーマにした花飾りの展示会が開かれていた。名前もさまざまの花飾りが 23。「日本の扇の舞」もあった。

　慈善公開による個人庭が 5 つ公開され、2.5 ポンドで、みな見てまわることが

7―中東部

できる。最初の庭は、教会の向かい。小さな庭だったが、作りは、驚異的。小さな芝生の庭が2つ、というのが基本構成。それぞれを濃い植栽が囲む。花や灌木や木が、隙間なく植えられ、みな、色艶、勢いともによく、生気横溢。取り合わせも見事。手入れは完璧で、ものみな明快で鮮やか。目を見張る植栽天国だった。2つの庭は、それぞれ、独立し、互いに見えない。庭の奥の垣根越しに、パーク（放牧地）が見えるという環境。間違いなく評価5点の庭。

　次に訪れた庭は、広めの芝生地のまわりに植栽。作りと手入れは、弛緩気味。ボーダー花壇は、そこそこの出来。ここは、3点か。

　村のホールで、この日のために、村の婦人たちによってサンドイッチと茶菓が用意されていた。ここに寄って、一休み。ケーキは、この地の伝統的なものでおいしい。

　3つ目の個人庭は、長いアプローチのある大きな屋敷の庭。広い芝生地の庭。芝生地は、3面。3面の芝生地が、コの字に並んで屋敷を取り囲む。まず、最初の芝生地の縁に、グロットと称する一種の岩庭。通路の左右は垂直な岩壁で、迷路風。岩壁に、高山植物、その他がたくさん植えられている。作られたのは、ヴィクトリア時代だ、という。他方の縁には、一転して、自然風の庭。そこには、野草と高木。樹形と色合いの取合わせは、抜群。金色イチイの大木が輝かしく目立ち、小森を引き立てる。銅葉ブナの効果もよい。キングサリと桜は、季節を彩る。垂れ柳にオーク、そして針葉樹がある。芝生地の中心にはブランコや滑り台。2人の子どもが、ビニール・プールと滑り台を往復しながら、叫び声をあげ遊んでいた。隣の芝生面は、周辺に樹があるだけ。以前は、テニス・ローンかクリケット・ローンだったのであろう。3つ目の芝生が、毎日、屋敷から眺める主庭。中央の花壇は、ちょっと独特。円の4つ割りで、真ん中に日時計。花壇の花は、ボーダー花壇の流儀で、それぞれ小群にまとめて連続させ、絶妙。外に眺められるのは、イギリスらしい田舎の放牧地。この屋敷の庭をあえて採点すれば、4.8くらいか。

　4軒目の庭は、凡庸か。不定形の芝生地のまわりに、ボーダー花壇や樹木、苑亭を置く。菜園・苗床が大きかった。主人が好きなのであろう。5つ目の庭は、隣にあって、そうとう広い。芝生が中心で、周囲はボーダー花壇。一画は、自然風の庭で、林風の作り。池があり、草の茂る小原があった。一方、温室やプールもあって、構成は、ややとりとめない。主人は、若中年。庭の長卓では、10人ほ

どの人たちが、飲食物を楽しみ、賑やかにおしゃべり。

　村の5つの庭を見て、まず思うのは、日本とあまりに違うイギリス人の生活の豊かさといったもの。5つの庭の主人たちの職業を聞いておくべきだったかもしれない。で、推測だが、特別な人たちではない、普通の中産階級の人たちだろう。次に、庭作りに関して思うのは、どの庭でも、ボーダー花壇の水準が高いこと。イギリス人は、素人でも、そこそこ見られるボーダー花壇を作るように見受けられた。ボーダー花壇は、およそ20世紀の初頭にジーキルが創出したもので、現代庭園の目玉ともいえるもの。その浸透ぶりのすごさがこの村でもわかる。もうひとつ、ジーキルは、現代庭園を、小庭の集合＋小森という型で考えた。このうち、特に、森を持つという点。これはイギリスらしい特色だが、ほぼ1世紀たったいま、それが、ミニだが、村の庭でも見られる。森の庭の浸透もそうとうなもの。

住所▶ Benington, Stevenage , Hertfordshire SG2 7BS
経路▶ London King's Cross 駅から Stevenage 駅まで20分。そこからタクシーで15分

7 ―中東部

37 グリンソープ城　Grimsthorpe Castle

7月20日

広々とし──古くて新しい庭空間

　リンカンシャ方面は雨でないので、そちらに行く。予報は最高気温23度だったが、真夏日となり、太陽も強く暑かった。キングズ・クロス駅からピーターバラ駅、そこから30分のバスで、ブアンへ行き、そこからタクシーで走って12ポンド。バスは行き帰り共、2階席。眺めを楽しむ。

　グリンソープ城には、屋敷と広い放牧地と森があり、屋敷のまわりに整形庭園がある。長いアプローチやアレー（並木路）、また、森の中のライディング（馬車道、あるいは騎馬路）も残る一方で、風景式庭園も残っている。アレーなど長い直線を持つ庭は、イギリスでは、ヴェルサイユ宮殿などの庭の影響を受けて出現するが、アレーの役割は異なるものになった。屋敷まわりの庭を放牧地や森と一体化する（自然に向かって開く、と意味づけられた）というイギリス独自の考え方で、18世紀の初め、スイッツアーやブリッジマンが提案し、実際にも作られた超大型庭園で使われた。イギリスの風景式庭園は、そこからさらに洗練され、18世紀後

バラ庭　　　　　　　　　　　　　　　グリーンソープ城

半にブラウンが標準を確立し、イギリス全土で作られていく。グリンソープ城は、このような、かつての初期と完成期という２つの時期の広い庭の作りの面影を残す、広々とし、かつ悠々とした所である。

　ヴァンブラが設計した屋敷も、ゴシックの塔を建物の四隅に立て、豪華で、堂々と大きい。建物本体は、古典建築に似た安定感を持つ。ヴァンブラは建築家として異色の天才を振るい、都会に劇場、田舎に屋敷を建て、話題になった。今残る屋敷では、ヨークシャのハワード城やオックスフォードシャのブレニム宮殿などが有名である。

　かつて貴公子や貴婦人を乗せて走った馬車を納めていた馬車庫は、いま、ティー・ルームになり、そこで、軽い昼食が取れ、お茶とケーキで寛ぐことができる。この日、訪れる者の数は、少なくなかった。

現代庭園で蘇える
　風景式庭園に臨む屋敷の西側に、テラスがある。一続きのものだが、中央と左右と、３つに分かれる。３つのテラスは、幅と長さが異なり、中央のテラスが堂々としている。ただ、そこにあるのは、芝生だけ。置かれているのは、ベンチだけ。風景式庭園を眺めるベンチである。

　ボーダー花壇は、左右のテラスにある。ひとつは、バラのボーダー花壇。オールド・ローズ系のバラらしく、花は素朴。１本立ちと株立ちが交互に来る、という植え方になっている。

　本格的な多年草のボーダーがもうひとつのテラスに作られている。白と黄色の花が交替するような配色。比較的単純で、素朴。しかし、独特の新鮮さを感じさせる。多年草

テラスのボーダー花壇

の背丈は、かなり高い。ボーダー花壇の間を歩きながら、生垣越しに外の風景式庭園が遠望される。イチイの生垣は、波打つように刈り込まれ、波の谷間から、風景式庭園がリズミカルに眺められるという優れた工夫が凝らされている。テラスは、もともと、風景式庭園を眺めるためのもの。生垣が波打つのは、そのためか。生垣は、太い柱を立てその間にゆるく綱を張る、という形をなぞるもので、柱頭には半球を乗せている。そして、柱から袖垣が出て、ボーダー花壇を均等に区切っていく。この袖垣も、ゆるく下降する曲線になっており、作りの調和を乱さない。袖垣は、花壇の端まで進出せずに、途中まで。

ボーダー花壇は、何度か、折り返し、眺めるものである。また、一端に達すれば、必ず、通景を確かめる。そう眺めれば、このボーダーの良さに十分、合点がいく。

いま、風景式庭園のなかに、鹿の姿は見えないが、かつては、それが見えた。いま、鹿は、湖の向こうの森の囲いの中にいる。

屋敷の反対側（東側）には、バラ庭と菜園・果樹園。バラ庭は、細長く、赤いバラで埋まる。バラは、整然と正方形の４つの結び目花壇の中に収まる。デザインは４つとも同じだが、並のものではない。その作りがわかるまで、しばらく時間がかかる。五角形を４つ、それぞれの隅に置く。つぎに、その五角形を変形させる。まず、五角形の２辺を、四角い花壇の角に合わせ、９０度に開く。この２辺の先端につながるそれぞれ１辺（合計２本）は、共に４５度ほど、右方向に倒す。最後の１辺は、凹面にへこませる。が、正常な円弧にはせずに、頂点を一方にずらす。このように変形させた五角形をそれぞれ四隅において、花壇の中心には、スタンダード仕立ての木を１本立てる。これがバラ庭の１単位で、このような構成の花壇が、４つほど１列に並んだものが、ここのバラ庭なのである。

隣にあるのが、菜園・果樹園で、壁で囲んだ庭。イチイのトーピアリ（装飾刈込み）とツゲの刈込みが要所に置かれ、上質の装飾空間を出現させる。メリハリが効いて、すっきり。

菜園は、正方形の区画が一単位。それぞれに、＋字と×印の苑路の他に、口状の苑路（大小あり）が取られ、どこからでも作物に手が届く。苑路の端や交点に、イチイやツゲの刈込みが整然と立つ。残る半分は果樹園で、芝生地にリンゴが縦横に列をなし秩序だつ。

菜園・果樹園の作りといい、先に見たテラスの庭といい、共通するのは、大振

グリンソープ城

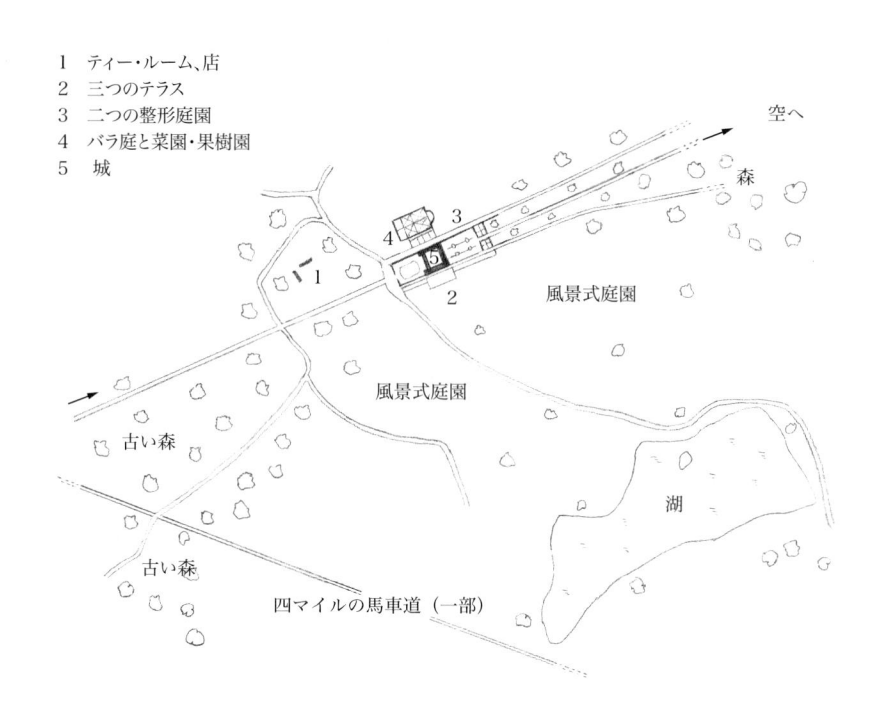

1　ティー・ルーム、店
2　三つのテラス
3　二つの整形庭園
4　バラ庭と菜園・果樹園
5　城

りな作り。一見したところ、無造作。単純に見えて、それでいて、味わい深い工夫に裏打ちされている。現在の庭が整えられたのは、第二次大戦後。当主夫妻、あるいは、夫人、そして、その庭作りを補佐した庭師頭の独特のセンスが、よく息づいている。

　屋敷の左右を見たら、次は裏手（南）である。そこには、2面の整形庭園が生垣に囲まれ、縦に続く。庭は、屋敷の幅に対応しているから、そうとう広い。だが、作りは2つとも、きわめて簡明。屋敷に近い方の庭は、芝生地に苑路（砂利敷き）2本と2つの花鉢。その先の庭も芝生地。太い苑路で左右2つに分かれ、ともに、真ん中に小池と一条の噴水があるだけ。これだけか、と拍子抜けがするほど、簡略。見物客たちも、黙って通り抜けていく。ただ、この庭は、空間をはらむ庭である。屋敷のまわりに広がる広い空間。それをはらむ庭。呼び込むようにそれをはらむ。あるいは、広がっていき、呼応するかのよう。

　かつて17世紀は、整形庭園の時代。庭の表には、花や苑路を使って手の込んだ装飾的な模様が刻まれており、庭に遊ぶ人々の目を楽しませた。一方いま、バ

165

ラ庭になっているところは、その時、ボーリング・グリーンであったから、そこから歓声の声が届いたかもしれない。屋敷裏の庭がもっとも庭らしい庭であったのは、この時期だったであろう。18世紀に、スイッツアーの手で、変身。その後もまた変身。現状の庭になったのは、やはり、第二次大戦後である。

過ぎし時代の庭作り

　2時半から1時間ほど、パークのミニバス・ツアーに参加。16人の座席があるが、参加者は、1組の夫婦と我々の4人。運転手がガイド役。屋敷の門のところで、屋敷の説明をひとくさり。それから、湖に向かって斜面を下り、湖の畔で、湖や風景式庭園のできたいきさつを、また、ひとくさり。それから、森を抜け、畑の間をしばらく走る間に、一画に修道院が建てられ、かつ壊されたこと、その石は地所内の石切場から掘り出され、そこはいまも大きな穴になっていること、ウズラが囲いの中にたくさん飼育され、それは、狩りの時、放たれること、鹿はいま、森の中に種類ごとに囲いに入れられていること、その鹿は3種類であること、オークの古木は、樹齢500年ほどであること、その他、を語った。

　引き返す路で、彼方に屋敷が見えると、説明を再開。かつてはこの直線路が屋敷へのアプローチで、屋敷まで3マイルほどあり、途中で、いったん、谷に降りるので、屋敷が見えなくなること、また、我々は途中から引き返したが、アプローチの全長は6.5マイルであったこと、引き返した地点で折れ曲がっていること、いま、地所は、賃貸に出され、そこから上がる収益が、相当あること、などなどを語った。借受人は、20数名といったように思えるが、よく聞き取れなかった。帰り路、右に広がっているのが大麦の畑で、左に広がっているのが菜種畑であることも話した。

　風景式庭園が作られたいきさつは、ガイドブックの説明で補うと、およそ次の通りである。着手は、かなり早く1745年。以前から、どこの屋敷にもあった養魚池をつなぎ、拡大して、11エーカーの湖を作った。屋敷との間にある斜面は、均し、美しい勾配をつけた。屋敷から眺める風景式庭園は、湖の向こうに立ち上がる斜面も入れて、格好がついた。これを担当したのは、地元のグランディという、本業は排水工事だった人物。ルネサンス期の人物に限らず、当時も、複数の分野の仕事を巧みにこなす人も多かったから、それなりの風景式庭園ができたのであ

ろう。

　屋敷まわりの庭も整備したので、庭全体の改修工事が終わったのは、1780年代になった。この時、屋敷の裏手にあったスイッツアーの円形の庭園も姿を消したのであろう。その庭を囲む壁の上面には、狭間が凹凸に連続し、砦風の趣を備えていたのだが。

　3時半に出発点に戻って、ミニバスをおり、ティー・ルームでお茶。妻は、スコーンの魅力にとりつかれ、ここでもスコーン。ジャムとクロテッド・クリームがつく。私は、それまで見たことがないギネス・ケーキ。これはおいしかった。アイルランドのケーキで、チョコレートの色。ただし、チョコレート味はしない不思議なケーキで、上に塗ってある黄色のクリームとの相性が抜群だった。

　腰を上げ、それぞれ、見物の仕上げ。妻は、湖からの写真を取り直しに行くという。それから、4マイルの騎馬路に行ってみるという。私は、スイッツアーが残した並木道へ。これは、屋敷の裏手にあり、屋敷の中央から、2つの整形庭園を通る軸線の先に、まっすぐ延びている。いま、芝生路で、左右は並木。歩き出すと結構、先が長い。先端と思うところに辿りつくと、下り斜面の先に柵があって通れないが、路自体は、森の斜面を下り、見えなくなり、やがて、向こうの麦畑の斜面に姿を現し、斜面を上がって、稜線の樹木の隙間（これも作られたもの）から、空に抜けていく。スイッツアーの庭の構想の大きさ、その一端がわかるのが、この並木路である。スイッツアーやブリッジマンは、イギリス庭園史上、最大規模の庭を構想した人物。その名残がここに残る。

　なお、グリンソープ城は、1978年から、当主夫妻が設立したトラストによって管理・経営が行われているが、これは、スコットランドの名庭ドラモンド城（後出）も管理運営している。1807年、グリンソープ家の嫡男がドラモンド男爵の跡取り娘と結婚。2つの庭・2つの地所が、同家の所有となった。なお、グリンソープ城のお殿様たちは、長い歴史の中で、男爵、伯爵、侯爵など、さまざまな爵位を帯びた。

住所 ▶ Grimsthorpe, Bourne, Lincolnshire PE10 0LY
経路 ▶ London King's Cross 駅から Peterborough 駅まで50分。バスで Bourne の終点へ45分。タクシーで10分。

38　ブロートン・グレンジ　Broughton Grange Estate

8月1日

現代ブルジョワと新鋭造園家——新しい息吹

　オックスフォードシャにある新しい庭園を見に行く。この庭は慈善公開で、年に2度くらいしか門を開かない。今日が今年の最後の日。

　興味を引かれるのは、2000年以来、6度、チェルシー・フラワー・ショーで金賞を獲得した造園家スミスが、壁囲いの庭（旧菜園）を設計していること。ぜひとも、それが見たかった。

　壁囲いの庭は、更地に新しく作ったかのように見える。壁も真新しいし、南と東の2方には開けていて、パークランド（放牧地）が遠望される。

　三段のテラスからなる。展開は、北から南へ、である。

　一段目は、四角いお花畑。さまざまな花が、春先から秋まで順に咲く。植え方は、ジーキル流の流しで、花の小群が連なる。花の種子を適当にばらまいた作りではない。花の背丈は、人の腰あたりまでで揃っているのも、特徴。お花畑の中に、への字の苑路がある。そこを歩き、風に揺れる花や実を間近に見ながら、横断する。花には名札がついていることが多いので、花の名もわかる。お花畑で、いま、咲き終わった黄色の頭を揺らしているのは、トウダイグサ Cyrus Spurge といった具合に。小規模だが、野菜・果樹園の区画もある。野菜は、ジャイモ、インゲン、トウモロコシ、タマネギなど。周囲は、高さ50cmほどの低いリンゴの垣根仕立て。中心はまたリンゴだが、今度は丸屋根型の高い仕立て。対照が優れる。

　一段目のテラスの庭の背後は、高い煉瓦壁で、そこにバラ、クレマチス、イチジクなどが登り、裾には、幅広いボーダー花壇が走る。ボーダー花壇の地面を覆っている青緑色の細葉の植物が目を引く。

　二段目は、左右がお花畑、中心部が池である。お花畑は、一段目よりいっそう、野趣が増し、背丈ももっとあり、大きい草葉が多い。いわゆるグラス（イネ科の植物）も目に付く。グラスは、スミスの商標のようなもの。巧みに、よく使う。正方形の池には、睡蓮が浮き、たくさんの鯉が泳ぎ、池に注ぐ水音が聞こえる。池辺に、椅子。池は、幅広い舗石に囲まれ、直線的な飛び石が右寄り（上の段か

ら見て）に延びている。飛び石は、平たくて大きな長方形の石を使い、それを横向きに置いてあるので、まず水中には落ちないだろうという安心感がある。左右の野趣と中心の人工の対比がよい。

三段目のテラスは、大いに話題になるだろう。ツゲの結び目花壇だが、模様の形はおそらく、これまでだれも見たことがない不思議な曲線で作られている。不規則故に、目で追っても把握できない。微妙に模様の違う結び目花壇が、3つ、横並び。その模様を埋

結び目花壇（三段目）

面形花壇（一段目）

めるのは、いずれも、緋色、紫色の花で、強烈。補助に、白、ピンク、黄色。説明板を読めば、合点がいく。ツゲ模様は、木の葉の葉脈とのこと。真ん中が、おなじみのオーク、左がトネリコ、右がブナの葉だ、という。oak、ash、beech である。確かに、結び目花壇の模様は、葉脈の網目だ。

スミスの設計した壁囲い庭の範囲は、ここまで。広さは、6エーカー。特徴は、お花畑にしてしまう大胆さ、グラスを使う斬新さ、葉脈をデザイン化する自然親和性、といったところだろうか。二段目の池の作りの構想は、自然に囲まれた快

適な現代風の憩い、だろうか。

　お花畑といってきた一段目の花の植え方は、花壇の作り方という観点からみれば、新しい。ジーキルのボーダー花壇はおよそ100年前の生まれ、ブレッシンガム・ガーデンズ（後出）で誕生した島形花壇は、50年ほど前。そして、新しく近年、この野原型（面形花壇）が生まれた。ザ・ガーデン・ハウスで作られたもの（複数）は、自然風の美の饗宴。トレンタム・エステイト（後出）のものは、大規模である。ポツンと先駆的なものに第二次大戦の頃に作られたイースト・ランブクック・マナの庭（前出）がある。

　いくらか、構造性といった面も補足しておきたい。

　旧菜園を三段のテラスにした点が、庭の構造の基本。各段は、五段の低い石段でつながっている。二段目に置かれた四角い池も、構造に寄与。これらが、水平方向の構造の要点である。

　他方、垂直方向の構造に寄与しているのが、樹木。一段目のテラスの花畑のなかに、数本の細長いイチイが、点々と、だが、整然と立っており、庭に垂直性をもたらす。また、壁囲いの庭の左手には、煉瓦壁でなく、ブナのトンネルが置かれている。鉄製のトンネルの骨組をブナの葉が覆う。途中が開き、間から、外のパークランドが見える。他方、右手にあるのは、スタンダード仕立ての菩提樹である。4本でひとつの正方形を形作り、単位となって、間隔を置き、縦に3つ並んでいる。このような左右の仕立ても、やはり庭に緑の、あるいは植物性の垂直性を与える。

　スミスは、この壁囲いの庭の北側に、楕円形の「ファッティのパドック」（ファッティという名の施主の愛馬の小牧場）と周囲の植栽も設計した。周囲の植栽に沿って、「パドックの散策路」が作られ、そこを辿れば、イギリス固有の花と植物、木や果樹がたくさん見られる。森は、馬蹄形。ゴール地点に、黄色のキングサリのトンネルがある。日本ならさしずめ藤の花のトンネル。キングサリは、イギリスでは、庭でも街路樹でもよく見かける木だが、木の姿のままではだめで、パーゴラで劇的に変身する。黄金色の夢幻世界と思えるほど。大げさかもしれないが、黄金の茶室に入った時の衝撃に似ている。ただ、キングサリの原産地は、イギリスではなく欧州中南部である。

　ここで考えてみたい。スミスの構想の基本にあったのは、ひとつに、英国性であろう。壁囲いの庭の壁に、開放部を作って、周辺の丘陵に広がる放牧地や耕作

ブロートン・グレンジ

壁囲いの庭

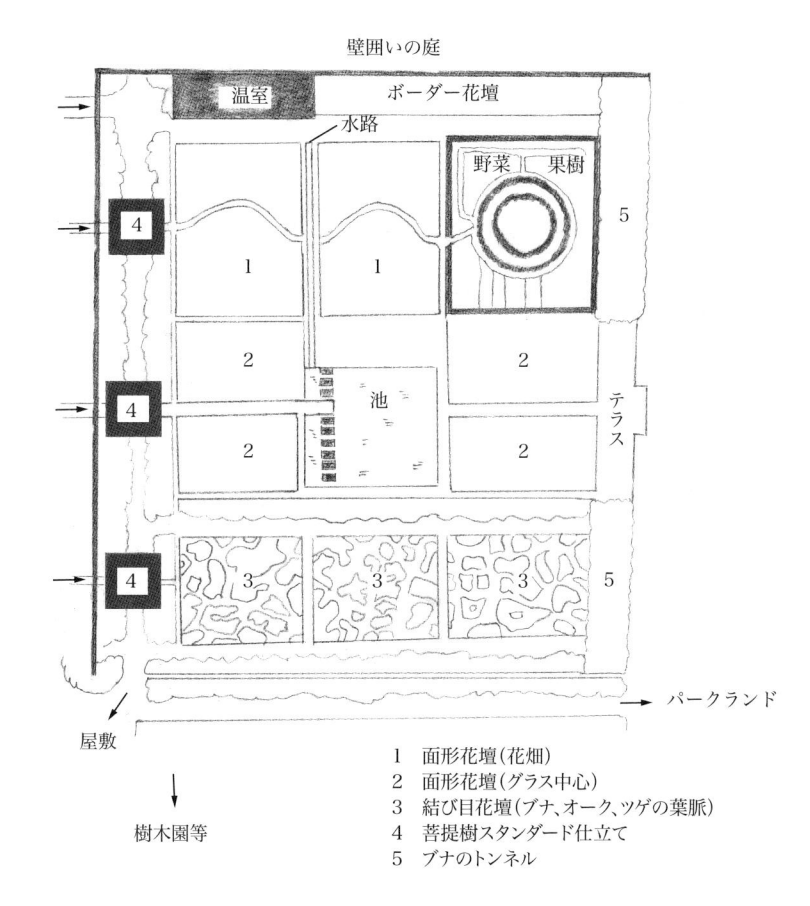

1 面形花壇(花畑)
2 面形花壇(グラス中心)
3 結び目花壇(ブナ、オーク、ツゲの葉脈)
4 菩提樹スタンダード仕立て
5 ブナのトンネル

地を遠望できるように設計したのも、英国性のため。それは、近世以降なじみの英国の風景。いまでも同様の風景は、イギリスのいたるところに見られ、英国の風景として、日々、再体験される。そして、それは、きわめて美しい。また、葉脈の庭で用いたオーク、トネリコ、ブナは、古くから親しまれた英国の樹。それから、イギリスの固有種を集めた馬蹄形の疎林。

　スミスは、自然な植え方 naturalistic planting を特徴とする造園家だという。一段目や二段目の花壇が、お花畑のように見えるのも、そのため。グラスの多用も、同じ。英国性と自然流が、スミスの２本柱であろうか。

　スミス設計の壁囲い庭の下に続くのが、イチイのテラスで、接続は滑らか。そ

こでは、ゆるく傾斜した芝生地に紡錘形に刈り込まれたイチイが縦横に並んでいる。背丈は、人の1倍半から2倍なので、印象は穏やか。下辺の石壁はつる性の植物に覆われ、裾に柔和なボーダー花壇。イチイのテラスは、スミスの庭の赤・紫・黄色から一転して、沈静的な緑の世界。

最下段、石壁の背後にあるのが、プールやテニス・コート、小屋、パーゴラなどがある庭で、ここは、家人のスポーツと憩いの場。読書などもできる。下方に、すぐ接して、本格的な果樹園がある。

スミスも、おそらく、既存の庭との連続ということは十分考えたであろう。いま、見ても、この5つのテラスは、無理なく、そして快く、つながっている。

スミスがここで作った壁囲いの庭は、「これからの庭」「21世紀の庭」などと高く評価された。テレグラフ紙は「未来の庭が透かし見える」といい、『名庭案内』The Good Gardens Guide 2010-2011 は「きらめきを放つ庭。21世紀のイギリスで作られるべき、もっとも重要な庭のひとつ」と讃える。有名雑誌で取り上げられ、長い歴史を誇るBBC番組の「庭師たちの世界」でも取り上げられた。一躍、名庭になったというべきか。

所有者は、銀行家のステフェン・ヘスター。両親も銀行家で、二代にわたって、超報酬を受けてきた。

銀行家ヘスターの大いなる計画

このヘスターが、350エーカーの地所(放牧地と耕作地)を買って、庭作りに乗り出したのが、1992年。スミスの起用は、快打となったが、相前後して、屋敷まわりの整形花壇とボーダー花壇を一新した他に、新たに、大規模な樹林園の育成に着手し、湿地の庭に着手。春の散策路を整え、ヴィクトリア時代風の沈床庭、ピート壁の庭、熱帯竹林の庭、木の根づくしの庭などを作ってきた。このうち、最大のもので、これから数十年はかかるだろうものが、樹林園である。新時代の庭作りの担い手は、ここでもブルジョワ。富裕階層である。そして、「あなたもまた、樹林園か」ということも、印象深い。

住所 ▶ Wykham Lane, Broughton, Oxfordshire OX15 5DS
経路 ▶ London Marylebone 駅から Banbury 駅へ1時間。タクシーで10分。

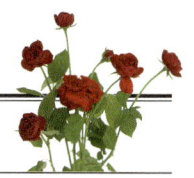

39　バーンズデイル庭園　*Barnsdale Gardens*

9月6日

「庭師たちの世界」――故ハミルトンの庭が見られる

　日帰りで見に行く。キングズ・クロス駅から北へ。オーカム駅からタクシー。

　この庭園は、BBCの庭園番組「庭師たちの世界」Gardener's World で一時代を築いたハミルトンが、番組の制作に使ったさまざまな庭が残されているところである。ハミルトンの「庭師たちの世界」は金曜日の午後8時30分から30分間放送され、何百万の人たちがテレビの前に座ったといわれる。ハミルトンは59歳のとき、番組制作中に心臓発作を起こし、翌年、夏、ウェールズで、慈善の催し「自転車散歩」中に発作を再発させて、60歳の若さでなくなった。多くの視聴者から番組で見たハミルトンの庭を見たいという声が寄せられ、庭を引き継いだ次男夫妻を中心に8ヵ月間の準備作業を経て1997年の春に開園され、以来、多くの訪問者を集めている。

　庭園はロンドンの北、ラトランド州にあり、2歳の時にロンドンから引っ越してきたハミルトンが、幼少の頃から庭作りに親しんだ場所に近い。ハミルトンは4歳のとき裏庭に庭を作り、小中学校時代は、学校か種苗園か、という毎日で、休みは近くの種苗園で手伝いに明け暮れた。ロンドンの東、エセックス州にあるリットル

ご主人のコティジ・ガーデン

173

農業大学に学び、園芸で国家認定の修了証をもらった。

「ガーデン・ニューズ」紙の記事を書き、地方テレビ局の庭園番組を手がけ、1977年から2年間、「プラクティカル・ガーディニング」誌の編集長を務め、BBC「庭師たちの世界」に出演したのをきっかけに、1979年から番組を担当し、急死するまでの17年間、番組の顔でありつづけた。

ハミルトンの庭作りは、工夫して低予算で庭を作ること、余裕がある人はそれなりの予算で満足度最高の庭を作ること、有機造園を基本とすること、野生の動物に優しい庭であること、などを基本とした。人間は、生活時間の一部で土と自然に触れて暮らす必要がある生き物で、庭はその場である、とハミルトンは信じていた。番組の中で、自然保護地域に多いピート（泥炭）を花壇床に使う従来のやり方に対して、他の方法をいくつか提案して泥炭の使用から脱却させたことでも知られる。

現在のバーンズデイルの庭は、ハミルトンがBBCの「庭師たちの世界」の担当中に引っ越してきた2つ目の庭で、番組では13年間使われた。広さは約4.5エーカーあり、ハミルトンがさまざまな庭と技を紹介した30ほどのゆかりの庭が見られる。

コティジ・ガーデンなど

「ご主人のコティジ・ガーデン」は、番組の「ジェフ・ハミルトンのコティジ・ガーデン」シリーズ（1995）で紹介された庭のひとつ。やや高めの予算を使い、整形性を持たせた。コティジ・ガーデンとは、もともと、田舎の戸建ての家屋に住む者が、昔からある花を植え、伝統的な土地の果樹を植えた気ままな庭で、とくに整形性もなく、決まった様式もない庭である。これを下敷きにして、花を賑やかにし、やや園芸趣味の高いものにしたり、いくらか整形性を持たせて、装飾性を高めることは可能である。これがおよそ現代庭園でいうコティジ・ガーデンで、ほぼ戸建住宅の庭と同義。「自分で作るコティジ・ガーデン」は、低予算でみずから腕を振う庭。育てやすく、しかも簡単に増やすことができる花を使い、びっしり植え、一見、無秩序だが、花それぞれの良さが生きる庭。「冬の庭」は、冬も色彩を楽しむことができるにようにボーダー花壇をどう作るか、実例としてハミルトンが作った庭。赤、黄色、紫などが冬の色として楽しめる。「流れと湿地の庭」

バーンズデイル庭園

1　記念庭
2　ご主人のコティジ・ガーデン
3　自分で作るコティジ・ガーデン
4　廃物で作る庭
5　岩庭
6　流れと湿地の庭
7　初めて作る庭
8　冬の庭
9　ペンステモン花壇
10　静謐の庭
11　森の庭
12　野生生物の庭
13　日本庭園
14　ヴェルサイユのボーダー
15　バラの庭
16　町中の小庭園
17　結び目花壇
18　アルパイン・ハウス
19　果樹園
20　パルテール型菜園
21　市民菜園
22　地中海の庭
23　装飾菜園
24　森の散策路
25　植物収集家の庭
26　コティジ・ガーデン
27　海浜の小別荘の庭
28　グラスの花壇
29　ハーブの庭
30　エリザベス女王時代の菜園
31　田舎の庭
32　中庭
33　市中の天国庭園
34　体の不自由な人の庭
35　現代住宅の庭
36　田舎の天国庭園

も1995年のシリーズもの。イギリスでは、流れと湿地の庭に、一定の人気がある。「廃物で作る庭」は、廃物・廃材再利用の庭で、中心に、鉄パイプ、鉄鍋、鉄鎖などを組合わせて作ったユーモラスな、ドンキホーテに似た騎士像が置かれ、大中小の銅器を入れ子にして作ったバラの噴水も絶妙で、それらが青々とした葉に囲まれ、芸術的とさえいえる出来映え。いま、「野生生物の庭」に作り替えられた庭は、ハミルトンが「ゼロからの庭」や「低予算の庭」などを作って紹介した所。「森の庭」

は、樹木、灌木、花からなる典型的な森の庭で、ハミルトンが好きだったところ。広く見えるが、イギリスの場合、土地に余裕のあるところも多いので、この規模の森の庭を作ることは可能。森の庭では、維持費を最低限に抑えることが肝要、というのがハミルトンの助言。「初めて作る庭」は、初めて庭を作る人のためのシリーズで示された一例。「バラの庭」は、バラの庭は四角く作るという通念から抜け出せない人たちのために、設計をもっと自由にし、さらに下植えの花を添えて、四季を通して花色を楽しむよう作ったもの。バラの品種は、精選されて、50種あまり。

廃物で作る庭

「ヴェルサイユのボーダー」は白眉

　「ヴェルサイユのボーダー」は、細長い芝生地の左右に、樹木を交えた立体感のあるボーダー花壇が作られ、先には目止めの花壺。全体は高い生垣で囲われ、静かな閉鎖空間。気持ちを静かにする。折り返してくれば、視線の先には、今度はベンチが見える。そこでは、芝生地が円形に膨らみ、それを囲んでボーダー花壇がある。ふたたび、そこから折り返して歩くのが、至当。細長い芝生地に作られた長いボーダー花壇の見せる、色彩の変化と植物の形の変化は、高度な技に支えられている。微細な点に至るまで、破綻をみせない。調和的で、同時に、また相互に対照的。お互いを生かす。夏が見頃のボーダーなので、いま９月、夏の強い色彩が退潮して、繊細な上品さを漂わせるボーダーに変わっているが、十分、鑑賞に堪える。ハミルトンは、整形性からヴェルサイユ宮殿を連想し、あえて、「ヴェルサイユのボーダー」と名付けたという。この庭は、初期に作られ、再三、「庭師たちの世界」で紹介された。

ヴェルサイユのボーダー

「市民菜園」は、地方自治体などから賃貸される市民菜園のことで、イギリスの各地にあって、市民が思い思いに野菜を育てるところ。「庭師たちの世界」では、番組の柱のひとつであったという。ここの市民菜園はかなり大きく、ハミルトンは、たえず新種の野菜にも取り組んだ。イギリスで、庭作りという場合、菜園、つまり野菜作りを含むものであることを、改めて認識させられる。野菜も花のように使うことができることを示したのが、1990年に放送されたシリーズ「装飾菜園」で、花と野菜を巧みに組合わせた庭の例をいくつも示し、視聴者に喜ばれた。そのひとつをいまバーンズデイルの庭で見ることができる。「パルテール型菜園」は、1996年の再シリーズのもので、中心に、野菜と果樹を装飾的な設計で植え、周辺を花で取り囲む。一段と庭らしさを演出した多彩色の庭である。

「市中の天国庭園」は、「ジェフ・ハミルトンの天国庭園」というシリーズで放送された。花の色彩と香りに満ちた庭を高い塀で囲み、閉鎖性を持たせ、水の流れの音で静かさを感じさせ、自分ひとりの世界、街中での天国を作り出そうという庭である。作るには、高度の技術が必要で、費用もかかる庭であった。現在は「市中の庭」の名になっている。

協力者と次男夫妻

　バーンズデイルの庭にあるのは、ハミルトンの遺産ばかりではない。庭を引き継いだ次男夫妻や庭師たちが新たに加えた庭もいくつかある。そのひとつが、「日本庭園」。枯山水風だが、骨法からずれているのが惜しまれる。「田舎の庭」は、

しかし、秀作。長方形の大きな庭は、開放的な部分と閉鎖的な部分に分かれ、一方に田舎の景観と涼しい開放感、他方に屋内の心地よさと暖かい保護感。これが、対比的に組み合わされている。平面構成も立体構成も変化を見せ、それでいて、全体は調和を見せる。細部まで配慮が行き届く。座って憩うところは、一方がベンチで、他方は苑亭である。そこで眺めるのは、一方は林、他方は庭のパーゴラ。

訪れてみれば、「多様な庭の型を知り、庭作りにさまざまなヒントが得られるところ」という謳い文句は間違っていない。ハミルトンは、教える、情報を提供する、楽しんでもらう、この３つを番組の基本にしていた。その精神はいま庭で息づいている。

バーンズデイル庭園も、他の庭園と同様に多角経営で、お茶とランチを楽しむティー・ルームや売店、苗木・種子売り場の他に、次男のニックやその妻スーと一緒にグループで見てまわる見学コースもあり、夕方から貸切りというグループ見学も用意されている。１日みんなで庭作りという企画もある。さまざまな庭園・園芸のコースが、１年を通して開かれ、一方、ニックとスーは、どこにでも講演に出かけるという。庭で結婚式をあげることもできるし、庭をさまざまな会合や集まりに使うこともできる。

ちなみに、以下、他の庭も列記しておきたい。

ハミルトンが作ったもの、また、次男夫婦の時代に加えられたものである。ハミルトンが開発した人工石を使った「岩庭」。イギリスでは岩庭もそうとう人気があり、そこでは石灰石を使った。しかし、このため、道路に敷く石灰石が不足をきたした。ハミルトンは、砂、セメント、ココナツの外皮の繊維、着色剤で、新素材を作り、一般化させた。そのゆかりの庭である。「ペンステモン花壇」は、ペンステモンという人気種を主にして、他に、数種が植えられている。ペンステモンは、ジギタリスに似た総状花序に、赤、ピンク、紫、青、あるいは白色の花をつける。酸性の土壌を好むペンステモン向きの土壌と花壇作りに一工夫した。「静謐の庭」は、次男の妻スー・ハミルトンが現代人のオアシスとして考えた庭だが、ハミルトンの時は「２ポンドの庭」だったところ。１週あたり平均２ポンドの費用で、４人家族の家庭に美と食材を提供する庭という構想で、好評だったもの。

「町中の小庭園」は、ハミルトンに協力したスティーヴンズが家族の時間的変化に対応する庭として考えた。周辺部に植栽。中心部にレンガを回した盛り土花壇

と芝生地。変わって行くのは、中心部。子供が小さいうちは、花壇は砂場で、芝生地は遊び場。大きくなれば、それぞれ魚池とブランコ遊びの場。子供が成長して、家を出ていった後は、花壇はアルプス高山植物に当て、芝生地は花の世界に変身させる、という。「結び目花壇」は、十字の池が生み出す4つの区画に、それぞれ、高さ50cmほどのツゲで幾何学模様を描いた庭。結び目花壇は、イタリア生まれ（15世紀末）。といっても、まだアイデアだけで書物上のもの。実際に作られた証拠はない。イギリスでは、16世紀、17世紀にしきりと作られた。綱で描いたような模様にするのが基本だった。だから knot garden と呼ばれた。そして花壇の形は正方形。現在では原則がゆるんで、模様は自由。形では長方形もある。ここも長方形。池の中に人体彫刻が置かれている。明るい雰囲気は、イタリアの庭のもの。「アルパイン・ハウス」は高山植物を収める温室。「果樹園」は、ハミルトンが有機栽培を始めた記念の場で、リンゴが多いが、梨、スモモ、フサスグリも、ここの仲間。

　「地中海の庭」は、強い太陽と乾燥した空気の下で咲く、葉も花も微細な淡い色合いの植物が集められ、景観が独特。「森の散策路」は、白樺など、疎林の木陰を縫う散歩路。「植物収集家の庭」は、マニアがめったにない植物を使って作る庭で、狭い空間をうまく仕切り、広く感じさせると同時に高さも出し、水の彫刻（石製）を使って、静かな水を持ち込む。極めて完成度の高い芸術作品のような庭。憩いの庭としても抜きん出ている。「コティジ・ガーデン」は、今様のコテッジ・ガーデンとして構想され、1993年、「庭師たちたちの世界・ライヴ展示」（デイリー・エクスプレス新聞社主催）で紹介された。広い庭で、ハミルトンは、野菜と果樹を育てる場所も設け、バラのアーチ路や温室もある。

　「都会の庭」は、庭に舗石を敷き、乾いた人工的な空間に、都会的で機能的な、独特の雰囲気を醸す庭であった。ただ、現在は、「海浜の小別荘の庭」に変わっている。ランズ・エンドという、イギリス西南端の海浜遊楽で有名な岬を想定。「グラスの花壇」は、いま、庭作りの主役のひとつになったグラス（イネ科植物）の各種を、円形の花壇に集合させたもの。中心にあるものほど、背が高い。穂の色も大事。「ハーブの庭」は、「庭師たちの世界」の協力者だったロビン・ウィリアムが設計したもの。

　「エリザベス女王時代の菜園」は、16世紀後半のエリザベス1世時代の菜園設

計を再現させて、野菜を育てている。エリザベス時代の菜園は、長方形の、高さ10cmほどの盛土床がひとつの単位で、それを縦横に整列させる。ここでは、いま、ニンジン、キャベツ、アスパラガスなどが収穫される。「中庭」は、狭い中庭に工夫して作る4種類の庭。共通の構想は、安くでき、屋外の部屋として使える、である。4つとも、魅力的。「体の不自由な人の庭」は、体が不自由で、思い通りに動き回れない人たちが楽しむ庭として、いま、準備中。

「現代住宅の庭」は、仕事が忙しいが、庭作りも諦められない、という人のために構想された。広さは、平均的で、小家族を想定。スペイン風の中庭とパーゴラを作り、ボーダー花壇、草地、ガレ場などで構成。植物と花の量も不足ない。「記念庭」は、故ハミルトンの胸像を飾った追憶の庭。このほか、特に名はないが、色合いと感触の異なる針葉樹をほぼ三角錐の形にまとめた島花壇も見られ、これは厳粛美。

住所▶ The Avenue, Exton, Oakham, Rutland LE15 8AH
経路▶ London St Pancras International駅からOakham駅まで1時間30分。タクシーで10分。

8

中部
シュロップシャ|チェシャ|
スタフォードシャ

SHROPSHIRE | CHESHIRE | STAFFORDSHIRE

40　オースティンバラ園　David Austin Roses

7月6日

バラ尽くしの世界

　オースティンのバラ園に行く。日本人でも知る人は多い。ロンドン・ユーストン駅からオーブライトン駅 。そこからタクシーで十分ほど。晴れでよかった。1時頃に着いて、閉園5時まで滞園。昼食はカフェで。バラをあしらった食器で、蟹のおいしい料理を食べた。シュロップシャという北の地方にあるが、ちょうどバラの咲く季節。バラ尽くしの1日だった。

　バラの販売所はカフェの傍にある。50cm ほどの高さに育った苗木が、1本ずつ、鉢に入れられ、種類別に68の台の上に、整然と並ぶ。すなわち、いま、ここで買えるのは、68種。バラはなんでも揃っているのではなくて、オースティンが育て、販売する種類のみ。イングリッシュ・ローズ English Roses が大半を占める。育てやすく、病気に強い品種である。バラを買いたい者は、案内図を片手に通路を巡って、欲しいバラを探し、バラを台車に乗せてレジに行く。

　一方、バラ園の見物は無料。これは、戦略なのか、ありがたいサービスなのか。バラ園は広く本格的。そこを歩けば、バラの世界に浸ることができる。1本（1株）ごとに名札が立てられているので、勉強になる。ここでは、花壇に植えられたバラ、パーゴラのバラ、壁を覆うバラ、それから、花鉢のバラ、あるいはスタンダード仕立てのバラなど、バラ七態といったさまざまなバラの姿を見ることができる。

　バラ園は、主庭園と副庭園からなり、主庭園には、縦3本、横4本の苑路が走り、ほとんどの苑路の上には、蔓バラのパーゴラが設けられている。副庭園は、主庭園の一方の側面にあり、それぞれ個別に囲われ、いずれも、主庭園から出入りする。

　副庭園のひとつは、円形の壁が囲む庭。幾何学的な曲線の花壇が特徴。2つ目は、細長い庭。中心部に細長い小池、奥に、庭全体を見渡すことができる苑亭があり、そこから、陽に輝くバラ、風にそよぐバラ、散水に打たれるバラ、庭師の剪定を受けるバラ、そんなバラを見る。その隣にあるのが、パーゴラ。通路型の庭といえなくもない。3つ目の庭が最近作られた芝生のバラ庭で、細長く、縦に4つ、バラの花壇がある。ここまで来ると、すでに見た種類も多く、品種や自分

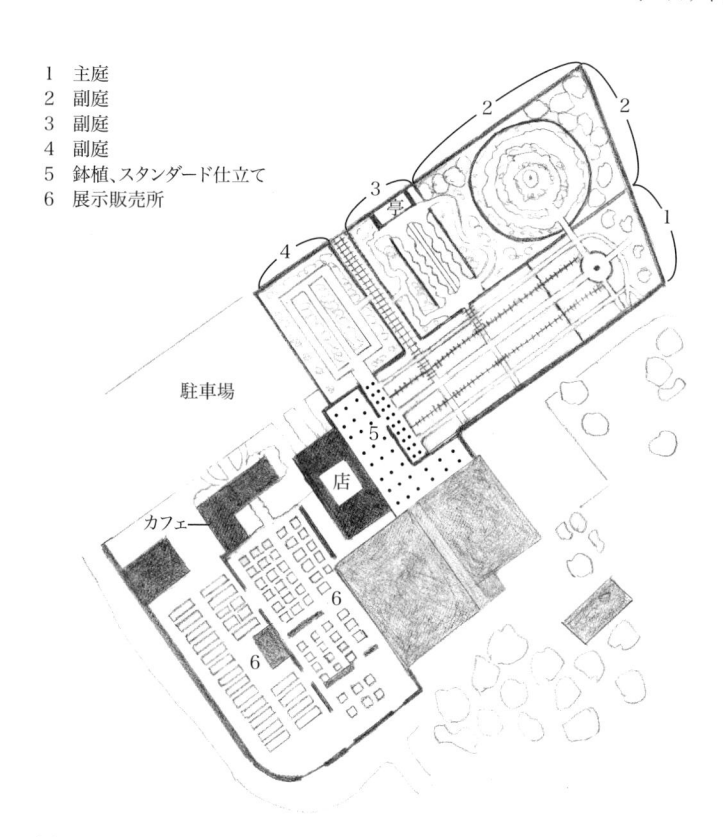

1　主庭
2　副庭
3　副庭
4　副庭
5　鉢植、スタンダード仕立て
6　展示販売所

の好みが確認できる。妻は、ウィスリ2008（Wisley 2008）というピンクのバラがいいという。私は、基本的に、白と黄色のバラ、あるいはクリーム色のバラが好き。黄色の品種では、ゴールデン・ジュービリー Golden Jubilee やバタカップ Butteecupha が良かった。このバラ園にそろうのは、約900種のバラ。

　バラ園に入る手前の敷地に、テラコッタの花鉢に植えたバラ、また、スタンダード仕立てのバラが、それぞれ相当数、展示され、まとめて見ることができる。スタンダード仕立てとは、下部を棒か竿のように1本にして、上部は膨らませた作りのことである。

　4時半あたりから急速に人の気配が引き、バラ園も売店も寂しい。カフェで茶を飲む客も1人か2人。閑散とした店内で、一休みする。茶器はみなバラ模様。昼食のときも、バラ模様の皿を見ながらの食事だった。ここは、何から何までバラ尽くし。

8 — 中部

ウィスリ 2008

パーゴラのバラ（主庭）

主庭

　5時、そろそろ、オースティン演出のバラの世界とお別れである。タクシーを待つ間、駐車場の外側に広がるバラ畑を眺める。正確には、種苗園というのだろうが、バラ畑といいたくなるほど、バラが麦畑やそら豆畑のように広がっていた。

住所 ▶ Bowling Green Lane, Albrighton, Wolverhampton, Shropshire WV7 3HB
経路 ▶ London Euston 駅から Sandwell&Dudley 駅で乗り換え、Albrighton 駅へ 2 時間 20 分。
　　　そこからタクシー 10 分。

41　ウォラトン・オールド・ホール　Wollerton Old Hall

7月16日

造園の技を駆使——センスが光る

　庭はシュロップシャにある。ロンドン・ユーストン駅からストーク・オン・トレント駅へいき、バスで1時間半程走って、あとは10分歩く。

　見物を始めると、雨になった。雨は、激しくなる一方で、やむ気配はなく、ときおり、風も吹く。傘をさして、庭園見物。寒いので、苑亭で休む。雨の様子を見ながら、ときどき、庭に出て、まわる。3時に妻と落ち合って、ティー・ルームで、お茶。妻は、ほぼ写真を撮り終わったという。いい庭だ、で意見は一致した。雨が恨まれる。そのうち、空の様子は一変し、明るい雲の間から、陽が差す。妻は、写真を撮り直すという。ふたたび、庭巡り。

　一般に、「この庭は、美しい。すばらしい」とは誰でもいえる。しかし、その説明となると、難しいことが多い。

すばらしい理由を考える

　なぜ、ウォラトン・オールド・ホールの庭はすばらしいのか。この庭の良さの秘密は、構成と植栽、この2面における秀抜さであろう。付け加えれば、手入れがよい。

　庭は、屋敷の裏手に細長く伸びる形で作られている。その内部は、細かく13の異なる小庭に分けられ、生垣や煉瓦塀で仕切られているので、門を潜り、あるいは入口を通って、順に見て行く。順序は自由。

　13の庭の内訳は、「古庭」、「イチイの路」、「細流の庭」、「アリスの庭」、「日時計の庭」、「バラ庭」、「長い散策路」、「井戸の庭」、「聖水盤の庭」、「菩提樹の並木」、「ランディロック」、「ボーダー花壇の庭」、「木陰の庭」である。

　このうち、木陰の庭（日陰の植物の庭）が自然風で非整形であるのを例外として、12の庭は、左右対称を基本に作られた端正な整形庭園だが、さまざまな破調と変化が盛り込まれている。

　左右対称だが、ある庭では、左右の幅や高さが異なる。苑路を用いた明快な左

右対称もあるが、苑路を置かず、装飾物の配置によって、左右対称を感じさせるところもある。左右対称であり、同時に4つ割りである、という庭もある。左右対称の軸が、12庭とも縦なら、変化がない。対称軸が横に走る庭もある。

　整形庭園のどれも、形が同じでない。形は、正方形、長方形、細長いもの、また、鍵型など、と変わる。大きさも変わる。も

通景線

し、すべての花の高さが同じだったら、これは単調すぎる。花の高さは、さまざま。高い、低い、中程度のものがうまく組み合わされている。水には、池の水があり、流れる水があり、注ぎ落ちる水があり、イチイやツゲの刈り込みも、尖塔型や半球がある。

　庭の内容もそれぞれ異なる。ある庭では、花が主役。そこにも違いがあり、赤・黄色・オレンジの暖色系の花が主役の庭もあれば、白・青・紫など寒色系の花が主役の庭がある。ボーダー花壇の庭でも、傾斜型のボーダー花壇がある一方で、同じ高さに花が咲きそろうボーダーもある。クレマチスやバラの這うアーチの下で見ていく長く細いボーダーもある。並木と下植えだけの庭もあり、イチイの尖塔型刈込みとバラ、下植えという庭がある。また、芝生面が主役という簡明な庭もある一方で、花があふれ、水鉢に井筒、注ぎ落ちる一条の水、尖塔型のイチイの刈込みが12本、壁を飾るバラやクレマチスといった、密度の高い庭もある。

　視線も、いつも小庭の囲いの中に閉じ込められているのではない。ある所では、2つ、あるところでは3つ、門を刺し貫いて、長短の通景を楽しむことができるようになっている。

庭は芸術となる

　以下少し、具体的に見よう。

ウォラトン・オールド・ホール

細流の庭　　　　　　　　　　　ランディロック

　たとえば、「イチイの路」。左右に４本ずつ、尖塔型に刈り込まれたイチイが並び、下はボーダー花壇という作りだが、左右のボーダーの植栽が異なる。また、背後は、一方は高木、他方は生垣で、非対称。

　「ボーダー花壇の庭」では、苑路左右のボーダーの作りが異なる。親子ほど高さと幅に差があり、色彩でも、多彩に対し淡彩という違いがある。淡彩は、ピンクと白。背景は一方が煉瓦塀で、他方はイチイの生垣。

　「細流の庭」は、池のある小庭を２つつなげたもの。一方は小池がひとつ、他方は２つという違い。合わせて３つの小池は、中心軸に並ぶが、それぞれ幅が異なる。また、小池周辺の植栽が異なり、床の素材が、敷き石か砂利かで、異なる。庭を囲むイチイの生垣に開けられた隙間の幅を見ると、先方と手前では、異なる。そして、真ん中の小池は沈床面にあって、一段、低い。高低差が変化を生む。

　「バラ庭」は、きわめて細長いダブル・ボーダー仕立てだが、先方で、横軸が横切る。そこから先の植栽が、がらりと変わる。はじめの長い部分は、バラと他の花の交ぜ植えで色彩が豊か、苑路の縁には左右とも、キャットミントの帯が走っている。ところが、横軸から先、そこにあるのは、純粋にバラのみ。

　「日時計の庭」も左右対称の構成だが、工夫され、単調にならない。本来、中心にあってもいい日時計は、縦線（長線）上、４対６のところにずれている。ボーダーも先方にだけ置かれ、手前は芝生のみ。左右対称の崩しは、「井戸の庭」でも「ラ

ンディロック」でも見られる。

　「聖水盤の庭」は長方形の小庭。奥の１辺に開廊があり、開放的な苑亭となっている。そこから、聖水盤、半球型のツゲ、長方形にまとめられた野草の原など、ゆったりした空間が眺められる。変化の妙は、囲む生垣にある。まずブナの生垣、続いて煉瓦塀、それからイチイの生垣と変わっていき、高さも変化する。そして、イチイの生垣は、最後のところで途切れるので、苑亭に憩う人は、隣の小庭（ボーダー花壇）を眺めることができる。これがまた美しい。

　小庭の配置にも、工夫がある。全体が長方形の庭だが、それに合わせて縦軸方向に作られている小庭は、「イチイの路」や「バラ庭」、「ボーダー花壇」など６つ、それに対して、横軸方向に作られているのが、「細流の庭」、「長い散策路」、「ランディロック」と「井戸の庭」の４つ。このような縦横の小庭が、ジグソーパズルのように、全体のなかに、巧みにはめ込まれている。アリスの庭は、例外で、ただひとつ鍵型をなす。

　小庭の間の仕切りにも工夫があり、一部の仕切は低く作って、隣の小庭の一部を見させる。この工夫によって、寒色系の「日時計の庭」から、暖色系の「ランディロック」の庭の鮮烈な色彩が見え、「細流の庭」から、「イチイの路」にある尖塔型のイチイの上部が見える。

　工夫はまた、小庭同士のつなげ方にも見られる。代表的な例は「日時計の庭」と「ランディロック」の繋げ方である。「日時計の庭」の中心軸（苑路）は、そのまま、ランディロックのなかの苑路となって延びていく。こうして、寒色系のボーダー花壇から、暖色系のボーダー花壇に、庭景色が変わる。「イチイの路」と「日時計の庭」を、鍵型の「アリスの庭」でつないでいるのも、優れた工夫だと思われる。「アリスの庭」の花・植物は、背が低い。繋ぎ役だから控えめ。

　小庭のつなげ方と深く関係するのが、通景線である。これも、まず、縦横の方向がある。それに、長短の別がある。また、見るだけの通景と歩くことができる通景がある。見るだけの通景は、先述の小池の庭の通景。これは横方向のもの。それと対応するかのように、縦の方向で、屋敷から、庭の奥まで、庭を左右に２分して走る、見る通景線がある。この通景線は、５つの小庭を通るので、あるところでは幅を広げ、あるところでは、幅を狭めて、走る。小池の庭も通るので、視線は、１度、下がる。

ウォラトン・オールド・ホール

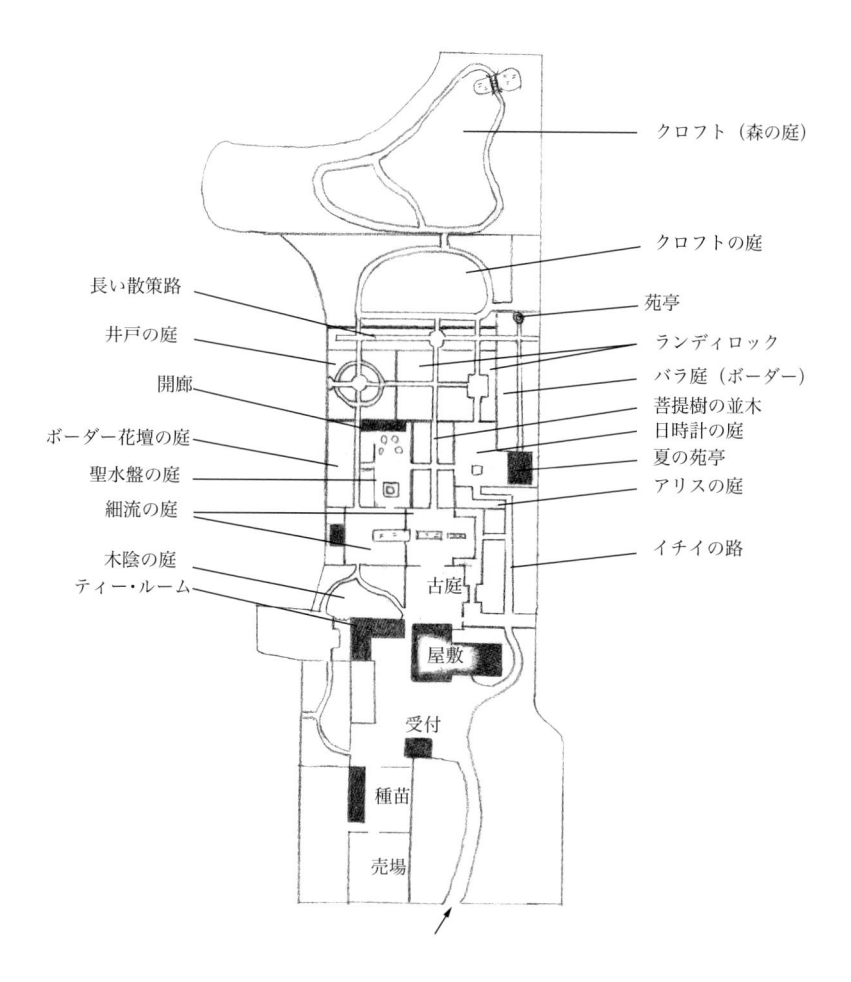

地図ラベル（上から下）：
- クロフト（森の庭）
- クロフトの庭
- 長い散策路
- 苑亭
- 井戸の庭
- ランディロック
- 開廊
- バラ庭（ボーダー）
- 菩提樹の並木
- ボーダー花壇の庭
- 日時計の庭
- 聖水盤の庭
- 夏の苑亭
- 細流の庭
- アリスの庭
- 木陰の庭
- イチイの路
- ティー・ルーム
- 古庭
- 屋敷
- 受付
- 種苗
- 売場

　この庭は、花・植物も優れ、手入れもよくて、すがすがしい。姿に、豊かさと同時に、端正さが感じられる。花・植物好きの、関心がそちらの方面にある客にも、十分、応える庭である。

　設計と植栽と手入れ。この３つが優れた庭で、装飾物の趣味もよい。芸術性が感じられる。庭は芸術作品ということを改めて脳裏に呼び戻す。優れた庭は、間違いなく芸術。この庭は、そのことを、改めて、強く感じさせる。同時にまた、ヒドコート・マナを連想させる。端正な構造性、あるいは建築性に秀でている点で、この２庭は双璧であろう。

森の庭

　ウォラトン・オールド・ホールの庭には、整形庭園の先に、「クロフトの庭」という半円形の、広めの、自然風の植え方をした花と灌木の庭があり、なおその先に「クロフト」と名付けられた、もっと広い森の庭があって、散策できる。森の中を歩き、小池を見て、橋を渡る。2つの庭には、珍しい花・灌木・樹木がたくさんあって、植物好きの心を満たす。

　ウォラトン・オールド・ホールの庭は、新世代の者が、1984年から、再設計・再植栽に手をつけ、現在も進行中の庭である。屋敷の庭は、古く、1500年頃から作られてきた、という。

住所 ▶ Wollerton, Hodnet, Market Drayton, Shropshire TF9 3NA
経路 ▶ London Euston 駅から、Crewe 駅で乗り換えて、Shrewsbury 駅へ、2時間30分。近くのバス駅からバスで35分。バス停から歩いて10分

42　トレンタム・エステート　Trentham Estate

9月12日

企業経営で活性化──独特の賑やかさ

　トレンタムは、完全に企業化されていた。イギリスの不動産会社とドイツの投資家が合弁で、地所を買収、大改修をして営業開始。初年度（2005年）は、200万人が来園。家族で楽しめる、地元シュロップシャの人に来てもらう、という想定である。常に新しいものを提供する進行形の運営で、初年度以降も、順調。庭園に密接して、英国最大の園芸センターを設け、さらに、衣類・雑貨・食品など多種にわたる地方のブランド品の店が数十軒並ぶ「買物の村」を作り、ホテル、そして5000台入る駐車場を併設し、洒落たカフェ・レストランなど飲食施設をいくつか置いて、複合施設として、魅力あるものにしている。

　このような門前町のようなところを通って、いざ、庭園に入れば、トレント川にかかる橋が待っている。橋を渡れば、大きな湖を含む広い庭園が広がり、目指すところは、各自自由。左へ行けば、遊覧船とミニ鉄道がある。前方に行けば、湖岸を経て、昼食もとれる大きなティー・ルーム、野外テントや子供の遊び場などへ至る。

　ここでは、まず、右に行ってみよう。右に行けば、グラスの原。苑路は網の目。その先に、同じ作りの多年草の原。背丈が高く、迷路を辿る趣がある。その先は、芝生地の樹林園。古い名木が集まる。

　樹林園を経て、左手に進めば、かつての屋敷の跡に出る。ヴィクトリア時代、家人が眺めた広い整形庭園とそ

整形庭園（二段）と森

の先の湖が一望される。ここから、およそ庭の全体が把握できる。右手に見えるのは、かつて18世紀、ブラウンが作った570エーカーの広い風景式庭園。前方の湖も右岸の森も、ブラウンが美景として整えたもの。森の中には、地位の象徴・鹿園があった。

　目の前に眺められる広い整形庭園も、歴史的遺産。湖岸まで広がるたいそう広いもの。19世紀半ば、チャールズ・バリーが作った。上段の庭は、ほぼ元通りに復元され、ツゲの幾何学模様のなかで、明るく派手に花が輝く。ヴィクトリア時代の華といった庭。下段の庭は、サッカー場ほど。ここは、斬新に現代化。縦横の苑路で仕切られた6つの花壇がすっきり見える。6つの花壇には、多年草とグラス。配合は、ほぼ半々だろうか。季節で彩りと姿が変わる。花の時期は終わり、いま、9月、グラスの穂の輝きが目立つ。あたかもススキの原。ここでは、グラスの多用が現代的。作ったのは、現代庭園の旗手とされる、イギリスのトム・スチュアート・スミスとオランダのピート・アウドルフの2人。自然風にみせるグラスの多用が、ふたりの特徴。円錐のイチイのトーピアリと噴水が、庭に立体性を与える。6つの花壇は、沈床苑で、降りて入れば、静かな空間。多年草もグラスも、人を埋没させる。

　この庭の左手（屋敷から見て）は長い土手。そこに走る長いパーゴラは、バラ、藤、クレマチスが、思い思いに花開き、香るところ。

　右手一帯、ブラウンの風景式庭園が始まるあたりに、いくつか施設がある。ひとが集まるのは、まず、ティー・ルーム。広い寛ぎのテラスは板張り。小枝で編んだ椅子や卓がいい。なにより晴れた空と湖の展望がよい。それから、白テントの多目的ホール。劇、音楽、映画、会議などに使われる。練習もできる。いま、音楽が聞こえる。子供の遊び場も賑わっている。丸太に厚板、ロープなどで作った遊具や施設で、自然な手触りが、イギリスらしい。近くの見本庭園もなかなかの人気。10ほど、趣向の異なるミニ庭園は、そうとうな出来。なぜか子供たちもお客。所々、渋滞するほど。垣根作りの大きな迷路も子供たちの遊び場。インターホンで、友人と会話し、位置の確認ができる。いま人影のないのが「裸足で歩こう」のコーナー。土の道、砂の道、小砂利の道、木の実の道などを体験して、足裏で自然に触れ、刺激を受けてリフレッシュしよう、と謳っているところ。たこ揚げ、円盤飛ばし（フリスビー）、サッカーなどができる一画にも、いま、ひとがいない。

```
----- 散策路
 1  ガーデン・センター
 2  受付、カフェ
 3  買物の村
 4  グラスの原、多年草の原
    樹林園、パーゴラ（左手）
 5  屋敷跡
 6  整形庭園（二段式）
 7  見本庭園区
 8  遊び場
 9  迷路
10  ティー・ルーム
11  多目的ホール（テント）
12  カフェ
13  侯爵記念塔
```

　白テントの先、湖岸に沿って広がる森も、目玉のひとつ。散策路が何本も整備され、樹下を歩き、小鳥や小動物、シダなど野生を見る。谷に下り、丘に登ることもできる。サルの森も作られ、放し飼いのサルの自然な行動を観察し、また、間近で触れることができる。サルは、アフリカ北西部のバーバリ・サル140匹で、現在では希少種。保存も目的。ともあれ、どこでもそうだが、ここでも森を歩くこと自体が、魅力的。抜けて至り着く所は、小カフェ。遊覧船の船着き場でもあるので、そこから遊覧船で戻ることができる。

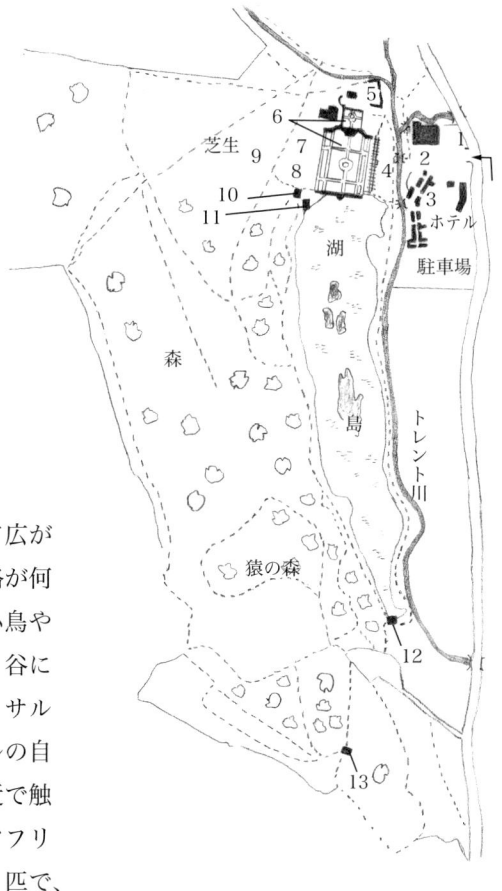

変転の歴史

　トレンタム・エステイトは、由緒ある地所で、古くは、征服王ウィリアム1世が課税目的で編ませた全国の土地・財産調査書「ドゥームズ-デイ・ブック（1086頃）に王領として記載された。その後、王家の手を離れ、1540年に毛織物商レヴィスン家の物となり、以来、同家の隆盛とともに、立派な屋敷と庭園も整い、1833

屋敷跡からの眺め　　　　　　　　　ブラウンの湖と森（一部）

年には、第一代サザーランド侯爵を名乗るまでになった子孫の地所・屋敷となった。その子息・第二代侯爵が、庭と屋敷を大改修。当代の花形建築家・造園家バリーの手になる豪勢な屋敷と整形庭園が生まれた。このヴィクトリア時代の最後の輝きは、しかし束の間だった。1911年、屋敷は、建築業者に買い取られ、解体されて、資材が再利用に回された。家具調度品は、まとめて500ポンドという捨値で売られた。地所は、しばらく、だれでも使える緑地となった。1931年に、トレンタム庭園株式会社が設立され、庭園を整備し、客を集めた。新設されたダンス・ホールと屋外プールが当たって、賑わった。第二次大戦中は、例に漏れず、軍用施設になり、兵の訓練、移動の中継地となり、戦争捕虜の管理センターも置かれた。1996年に、セント・モドウェン不動産とドイツ人投資家ヴィリー・ライツに買い取られ、庭園を中核とした、斬新で、類を見ない、イギリス有数の複合施設に生まれ変わった。スタッフォードシャの住民家族が、いつ来ても、異なる刺激と楽しみに出会え、新しい冒険と発見が待っている余暇の地。これが、基本構想だという。変身の費用は、1億ポンド。

魅力的な商業施設

　複合施設の方も、簡単に紹介しておきたい。
　園芸センターは、「あなたの夢の庭」を作る手助けをするところ。トレント川の岸に、庭作りに必要なものが並んでいる。規模と品揃えは、英国で一番、と謳う。

大きな建物の中では、しゃれた衣類や本、ジャムや菓子、酒類、玩具に挨拶カードなど、さまざまなものが買え、レストランやカフェもある。

「買物の村」は、どこでも買える全国的なブランド品でなく、対照的に、地方のブランド品を集めた。すべて木造の店舗で歩行者天国。田舎の風が渡る。買える品は、衣類、家具、陶磁器、額縁やローソク、食品や飲物、木の玩具など。伝統的なアイスクリームやケーキ、パン、お菓子も買えるし、中で食べることもできる店もある。商品はみな、手堅い地方色を備えている。

地方ブランドでも、いくらか名の知れた店も出店している。エディンバラ・ウールン・ミル（エディンバラ毛織物工房）は、1947年、毛糸を染める工房として発足し、1970年から衣類の小売りを始めた。40歳以上の男女向けに、高級でおしゃれな衣類を提供。イギリスでは、いま、300以上の店舗がある。チョコレートで有名なソーントンズの店舗もある。こちらは、いま、イギリスに約400の店舗とカフェを置いている。草花をあしらった洋食器で有名な北ウェールズの村ポートメリオンで製作される陶磁器を売る店舗もある。買物の村の通りは、庭園の入口に通ずる。そこを、ゆっくり歩く人々が行き交う。

トレンタム・エステイトは、我々も初めて見る企業運営の庭園だった。活気と明るさ、構想の斬新さは、独特。将来も、健康で、持続可能な余暇施設という線に沿って、新機軸を出していくという。

トレンタムの庭園と買物の村、園芸センターなど、複合施設の全体に感じられることは、大地と自然に触れ合う余暇、自然の中での余暇、それを好むイギリス人の暮らし方といったもの。加えて、地方性。自足的に地方に生きる。地方を充足させ、その充実を楽しむ。トレンタムはこれを、他の庭園より、より明瞭な伝言として発し、より楽しく実現させていくように見受けられる。企業経営になって初めて明確に打ち出しえた路線。これが、新味。真骨頂であろうか。顧みれば、日本各地の人工色の強い大型遊園地やディズニーランドと、これは対極にある。

住所 ▶ Stone Road Trentham, Stoke-on-Trent, Staffordshire ST4 8AX
経路 ▶ London Euston 駅から Stoke-on-Trent 駅へ1時間24分。タクシーで8分

43　アーリ・ホール　Arley Hall

8月5日

長い歴史を生きる

　ロンドン・ユーストン駅を出て、マンチェスター近くのストックポート駅で乗り換え、ノースウィチ駅へ。そこからタクシー、10キロ。

　アーリ・ホールは、イギリス北西部では、一、二を争う庭だといわれ、400年にわたって、同一の家系エジャトン‐ウォーバートン家の手にあって、とりわけ、ここ200年ほど、当主たち、あるいはその妻たちが、庭の維持・発展に力を尽くしてきた庭である。時の変遷の中で貴族たちが見切りをつけた多くの庭がある中で、今も維持されている少数派。装飾庭園と森の庭、それからパーク（放牧地）の3つが、赤い煉瓦作りの屋敷のまわりにあって、さっぱりとして明るい。1604年に建てられたバーン（税として物納される農作物などを収めた倉庫）が残り、広々としたカフェ兼レストランに使われている。昼食を取りながら、過ぎた歴史を思う。

　今あるこのような庭の骨格を作ったのは、ロウランドとメアリ夫妻で、19世紀の半ば（1840-1860）。これに続く4世代の者が、基本部分は変えないで、部分的な改変や新設を含む、維持・充実の方針で、堅持してきた。手入れがよく、いま生きて、未来に向かう進行形の庭である。

秀でるボーダー花壇

　「ボーダー花壇」は、旧菜園の煉瓦壁に沿って作られ、苑亭からパークを遠望する。ダブル・ボーダーで、一方の背後は煉瓦壁だが、他方はイチイの生垣である。まず、色彩が見事。そして、左右とも4つの袖垣（イチイ）で区切られ、終端は、両方とも、造形の優れた、一段と高い袖垣。このような枠構造はそうない。両端の袖垣も4つの袖垣も、数段を経て低くなっていくが、単純な階段型でなく、途中、円弧で膨らむといった装飾性がある。こんな作りだから、ボーダー花壇を行き来すれば、通景、色彩、構造の3つを楽しむことができる。いま、夏。黄色、白、赤、紫の色がよく調和を見せる。基本的な色彩計画は、初夏は淡い色彩、真夏は鮮や

アーリ・ホール

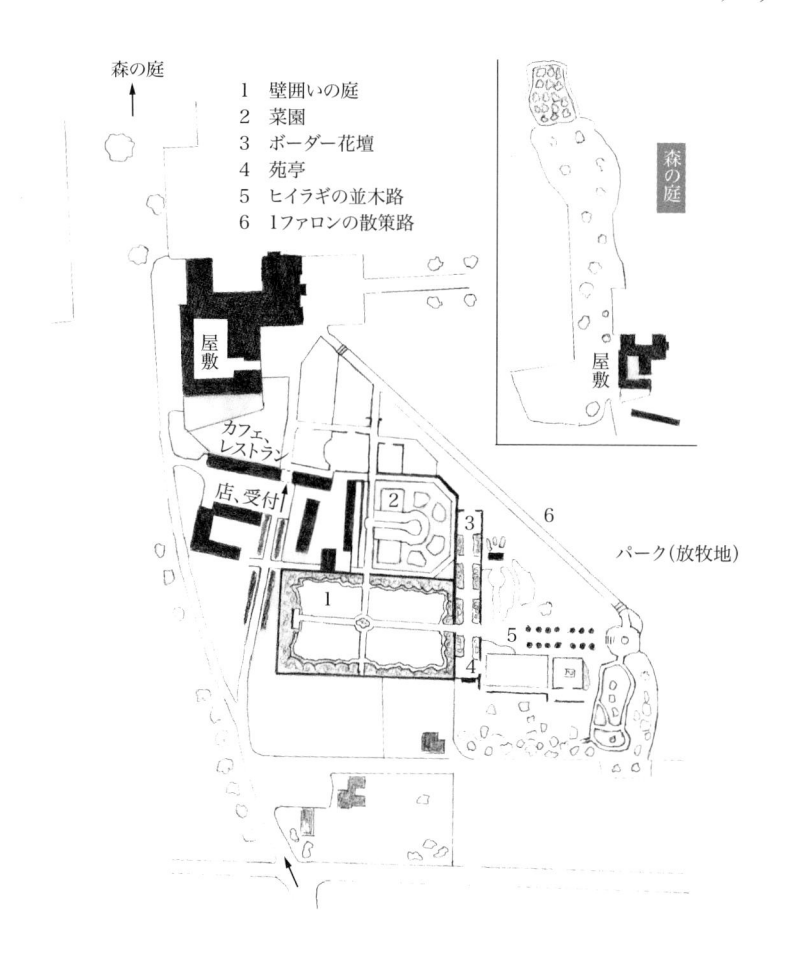

1　壁囲いの庭
2　菜園
3　ボーダー花壇
4　苑亭
5　ヒイラギの並木路
6　1ファロンの散策路

かな彩りで、ほぼ4ヵ月の間、持たせるという。使うのは、ほとんどが多年草で、1年草を少し。いま灌木は、1種類。これは伝統。

　ボーダー花壇は、1846年に作られた。1889年に、ある画家が描いた姿は、今日と変わらない、という。すなわち、すでに傾斜型だった。傾斜型のボーダー花壇の元祖とされるジーキルが本拠マンステッドで庭作りを始めるのは1895年。そこに庭園史上、画期的な傾斜型のメイン・ボーダーが作られた。使った花の種類を含む詳細な色彩計画が著書で世に示されるのは、1908年である。アーリ・ホールのボーダー花壇はそうとう早い。庭園史では、ままある現象である。先駆的なものが、ポツンと生まれる。

197

ヒイラギの並木路

　苑亭は開放的で明るい。その壁に、季節の順を追って、ボーダー花壇で咲く花が20から30ほど、個別にカラー写真で展示され、同時に、その時期のボーダー花壇の様子がやはりカラー写真で示されている。派手にもならず、かといって簡素にも見えず、ボーダー花壇はどの時期でも、豊かで、映え、品がよい。入念なのに、ごく自然に見える。
　ボーダー花壇の間を歩けば、2つの通景を楽しむことができる。まず、まっすぐ、遠くパークを眺める。途中は十字路で、別の通景線と交差する。交点からヒイラギの並木路を経て、外のパークに至る通景を見ることができる。
　「壁囲いの庭」は、元の広い菜園一部を、独立の庭に作り直したもの。長方形で、広い。芝生地の4つ割りで、中心に噴水、壁に沿って、ボーダー花壇が巡る。簡明な作りである。ボーダー花壇は、灌木と低木が主力で、多年草がいくらか交じる。花の色彩は地味で、白も多く、目玉の「ボーダー花壇」とは競わない。もともと、低温から保護する必要のある灌木と低木を集めて作る構想だった。果樹もある。パークに至る長い通景線を楽しむために、壁際にベンチが置かれている。そこに休めば、この庭のさっぱりとした広さがよく感じられる。これがこの庭の命。
　「ヒイラギの並木路」は、ヒイラギが左右7本ずつ並ぶもの。それが、圧巻である。円筒形に刈り整えられた高いヒイラギが立ち並ぶのが、圧巻なのである。高さは、8mほどか。胴まわりは、大人が手をつないで抱えるには、最低、8人は必要と

見込まれる。イギリスでも珍しい。その間を通る苑路は、ゆったりした幅広い芝生で、前方にパーク（放牧地）を見通し、他方、後方には、目玉の「ボーダー花壇」を横切って、「壁囲いの庭」の奥の壁まで、見通しが効く。通景は見事に演出される。

このような交差する2本の通景線が、庭園の骨組といえるであろう。見事な骨格である。

2つの通景線が、ともに抜けていく先のパークを眺めるには、「1ファロンの散策路」に出るとよい。1ファロン、つまり220ヤードの開放的な散策路がパークの縁を走っている。広いパークでは、羊たちが草をはみ、遠方には牛たちがいる。湖面がか

上下：ボーダー花壇の左右

すかに望まれ、古木が点在し、また、樹群が見られる。18世紀に、風景式庭園として整えられたのであろう。散策路の片側は、風景式庭園で用いられたハハー（沈み石垣）になっている。これは地面を2mほど掘り下げて作る一種の塀で、横断面でみれば、レの形。垂直に掘り下げた後、一方は傾斜をつけて徐々に元の平面まで高さを戻す。斜面は芝生か土のままパークにつながる。他方の垂直面は、煉瓦や石で固める。羊や牛はそこから進めない。屋敷の方から見るとハハーは目に入らない。あたかも屋敷まわりの芝生とパークの芝生が連続しているように見えた。ハハーは、屋敷からすぐ芝生が広がっていくという風景式庭園では不可欠の仕組みであった。

「1ファロンの散策路」は、もとは、屋敷へ至る接近路で、昔のままに、一直線。いまは、幅の広い芝生の路に変わり、ここをゆっくり歩けば、風景式庭園の遺影

を偲ぶこともできる。ここは土地が平坦すぎて、よい風景式庭園はできなかったのであろう。維持に力を入れていない。それでも、庭の周辺環境として、今も生きている。

屋敷の向こう側に、新たに加わった「森の庭」がある。オークやブナなど、なじみの深い樹木の他に、モミジや木蓮、その他の珍しい木がうまく配され、初夏には、シャクナゲとツツジに彩られる。春先には、地表に水仙やラッパ水仙が群生。「森の庭」は芝生敷き。歩くと、快い。これは、現当主が作りあげた。

以上、さわりだけを紹介した。

庭に注ぐ愛情

第二次大戦後、荒れた庭園の回復に尽力して、2002年に長い生涯を閉じたエリザベス夫人は、人に勧められて、小冊子「ある庭の物語—アーリ庭園 1831～1991」を書いた。「第二次大戦後、隣人や友人たちは、荒廃した庭の修復を諦めて、次々と屋敷から去って行った」（要約）という一節がある。第二次大戦中、ほとんどの屋敷と庭は、軍に徴用され、疎開児童を受け入れ、軍人病院となり、畑となった。戦後、庭師の多くも戦死などで、戻って来なかった。第二次大戦が貴族・上流階級の庭に最後の止めを刺したことが窺える。庭園史上、明らかにひとつの転機だった。エリザベスは、庭を回復させ、「夫は、農園経営の近代化に取り組んだ」という。この小冊子はショップで買える。ガイドブックのうち、庭の部分を書いたのも、彼女である。

その娘ジェーン・フォスターもこの庭を見守ってきたひとりで、インターネットのホームページに、庭園案内を載せている。当事者側から見た庭がわかる、あるいは、内部の者の声が聞ける。

ふたりは、言う。ほぼ400年、同じ家の者が家族用の庭として作り育ててきた庭なので、個人的で、親しみやすさが特徴である、と。1964年、公開したのは、維持費の足しにするためだったことも記されている。

住所 ▶ Arley Hall, Great Budworth, Northwich, Cheshire CW9 6NA
経路 ▶ London Euston 駅から Stockport 駅で乗り換え、Northwich 駅へ、3時間。タクシーで12分

9

北部
ノーサンバーランド
NORTHUMBERLAND

　7月24日にイングランド北部庭園探訪4泊5日の旅に出る。ロンドンのキングズ・クロス駅を出て、ニュー・カースル経由で、モーペスへ。泊まりは、今回の拠点にするモーペスのB&B。モーペス・ロッジといい、二人1泊70ポンド。客本位のサービスがありがたい。

44　アニク城　Alnwick Castle & Garden

7月25日

大評判の段々滝

　まず、近年、何かと話題になるアニク城の庭を見に行く。庭園に着いて、評判の大きな段々滝の見えるテラスに立つ。間に広々とした芝生がある。段々滝の左右に、石段が見え、その左右にブナで覆われたパーゴラが見える。滝の全姿はひょうたん型。途中、左右の線は2度ほど波を打つので、実際は、変わり瓢箪である。

　段々滝の特徴は、噴水の多彩さである。まっすぐ上がるものや、斜めに吹き出すものがあり、大小の変化があり、競演さながら。滝壺（水盤）の水模様が不思議である。模様は、逆三角形の連なりに見える。それが左から右、また右から左に動いていく。動く模様なのである。この独特の動く模様は、さざ波が縁からこぼれて、下の滝壺に滑るように入ることによって生まれるのか。

　段々滝は、下方の三段と上方の一七段からなる大きさで、間に、広い通路（あるいはテラス）が横断。子供たちは、駆けまわり、叫ぶ。子供が集まるのは、滝が膨らんだ下方と芝生である。製作は、ベルギーのヴィルツ父子会社だという。

　次の見所は、段々滝を上がった先にある。ほぼ長方形の広い装飾庭園で、碁盤目の作りに徹し、四角い花壇が整然と並ぶ。4周の煉瓦壁沿いには、ボーダー花壇が作られ、壁は、バラやクレマチスが登る領分。全体が花と果樹の世界である。すべての植物と花に、見やすい名札が付いている。この点でも、徹底している。中心部だけ特別扱いで、四角い水盤を置き、その周囲にバラ、その外側には、デルフィニウムを配する。装飾庭園に集められているのは、ヨーロッパの花と植物で、16万5000種に及び、この種の収集では、イギリス最大だという。

水の庭も評判

　ここを見終わったら、平地へ戻り、「バラの庭」、「水の庭」、そして「竹の迷路」という3つの庭園を見る。このうち、バラの庭は、比較的尋常で、竹の迷路はいくらか珍しく、水の庭がもっとも変わっている。

　竹の迷路は、土手で迷路を作り、小竹を密生させて、トンネルにする。いったん、

アニク城

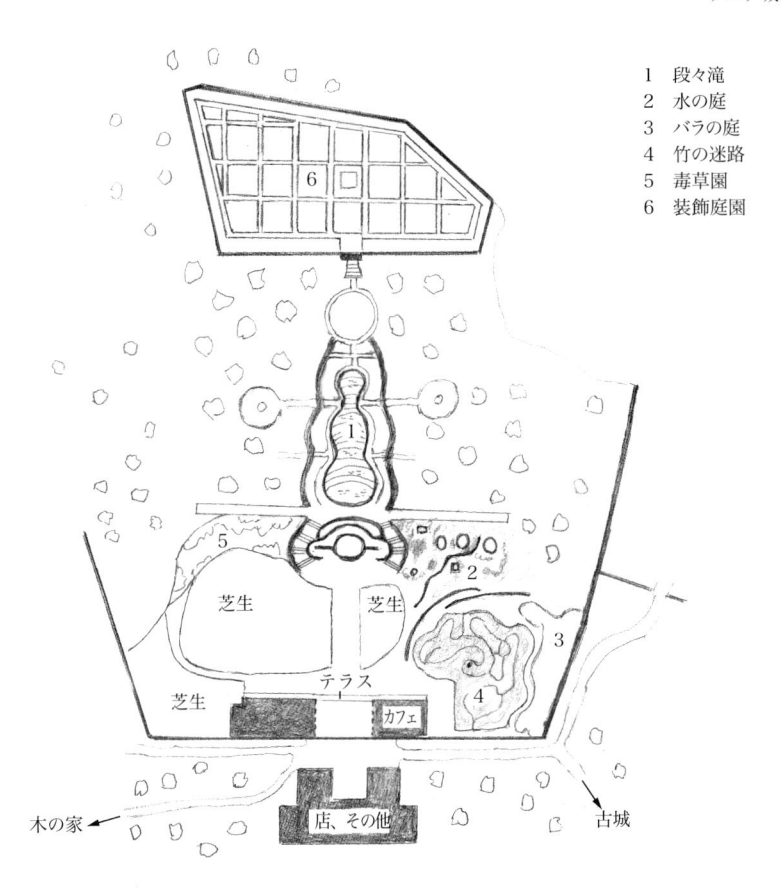

1　段々滝
2　水の庭
3　バラの庭
4　竹の迷路
5　毒草園
6　装飾庭園

　明るい中央に導き、そこからふたたび暗いトンネルを通って、出口に向かわせる。子供でも迷うことなく出入りできる。
　水の庭は、ステンレスの造形物と水の動きを眺める。9種類あって、それぞれイチイの生垣に囲まれ、互いに見えない。ステンレスの造型は芸術的で、水の透明なカーテンや不思議な動きが魅力。子供にも大人にも人気があったのは、高く複雑な劇的な作り物。周囲で見守れば、水が3本の透明な円筒の中をゆっくり昇って行くのが見え、3mほどに達すると、いきなり、見物人の足元から水が激しく吹き出す。静から動への突然の変化が、人を驚かせ、また、喜ばせる。吹き出す水柱は円環である。しかし、水は音を立てない。水の庭は、どこも無音の世界。水の彫刻を作ったのは、この分野の旗手の一人ウィリアム・パイである。

アニク城

　最後に行っておもしろいのが、毒草園。定時ごとに、毎回、一定の人数をグループにして、係員が、7、8ヵ所の毒草の花壇の前へ連れて行き、それぞれ、特徴のある毒草について、詳しい説明をする。触れたり、匂いを嗅いだり、あるいは食べたりすると、めまいを起こし、麻痺を起こし、あるいは、たちまち死をもたらす、といった話を巧みにする。

古城と木の家の冒険

　2つ目の目玉は、古城。中世以来の文字通り古い城で、特に、遠景として見ると、塔をいくつも持った複雑な姿が郷愁を誘う。城壁の内部に広い芝生地を抱えているのも、中世の城らしい。とても大きい城である。

　アニク城の内部は、外観とは打って変わって、豪奢。近代的で快適そうに見える。2階の窓から、18世紀にブラウンが作った風景式庭園が眺められる。城から下っていく芝生の急斜面、渓流と橋、囲む見事な木立。そこは絶景。川向こうの丘は、高く、遠くに至る。全体の地形がよく、この風景式庭園は、おそらく一級の誉れ高かったであろう。

　最後に、木の家。素人が作ったように見せ、一見、稚拙で、そこに味わいがある。大きな建物で、レストラン・カフェもある。裏手の深い谷間に吊り橋。揺れる渡りを楽しませる。冒険的な趣きがある。子供の遊び場がさらに加わる予定。

アニク城

段々滝　　　　　　　　　　　　　　水の彫刻

アニク城に夢が膨らむ──だろうか？

　アニク城を訪れる人々は多い。子供たちは、あちこちの芝生地を駆けまわり、芝生の斜面を転がり、水の庭や段々滝のところでは、脚を濡らして遊び、なかには、全身ずぶ濡れになる子供もいて、母親がシャツを脱がせて、絞る。

　アニク城は、「侯爵夫人の大胆で斬新な構想」でよく話題になり、子供も大人も楽しめる娯楽の庭であり、まだ、これからいくつか計画もあるという。映画『ハリー・ポッター』のロケ地になったこともあって、観光名所になった。観光バスに乗った中国人の団体もやってくる。

　未来志向の庭である事は確かで、イギリスの貴族の庭の将来像をひとつ明確に提示したものといえるが、それでいいのか、となると問題はやや難しくなる。一方で、芸術としての真剣な庭があり、他方で、娯楽の庭に変身した庭がある。アニク城の庭は、2つの庭の境界線上を綱渡りしているように見受けられる。どちらに傾いてもいけない線の上を未来に向かって走るのだ、と宣言しているような庭である。品格を守る意志も見えるし、同時にまた、大衆路線に沿うといえなくもない。

　ただ、明るい気分に満ちた、将来を見守るべき庭であることは確かである。

住所 ▶ Denwick Lane, Alnwick, Northumberland NE66 1YU
経路 ▶ London King's Cross 駅から Alnmouth 駅へ3時間40分。タクシーで7分。

45　ホウイック・ホール　*Howick Hall Gardens*

7月26日

紅茶アール・グレイの故地

　ホウイック・ホールへの行きと帰りは、路線が違うがいずれもバスで、運行はともに週1日だけ。帰りは、海岸の村クラスタ・ザ・ヒューで乗り換える。村にはナショナル・トラストが所有する古城の廃墟と絶壁の長い海岸がある。

　ホウイック・ホールは、紅茶アール・グレイが誕生した所として名高い。紅茶アール・グレイは、土地の水に混ざる石灰の味を消すために、柑橘類のベルガモットを加えたもの。19世紀の初め、第二代伯爵のためにさる中国の大官が考え、これを伯爵夫人がロンドンの社交の場で提供したところ、評判がよく、売れるとの話も出て、茶商トワイニングが販売することになり、世界に広まった。ただ、伯爵家では商標登録をしなかったので、1銭も得なかったという。アール・グレイが生まれたいきさつについては、さまざまなことがいわれており、これもそのひとつかもしれない。現在、ホウイック・ホールでは、ティー・ハウス Earl Grey Tea House で、伝統の地元産アール・グレイを飲む事ができる。

　「湿地の庭」から見始める。小池の周囲をおもに野草を使ったボーダーが飾る庭で、花と植物の色彩の組合わせが新鮮。野草がこれほど美しくなることがにわかに信じられない。目立つのは、黄ショウブ、シモツケソウ、ミソハギ、柳蘭。バスが走る道端に柳蘭が群生するのは、よく見かける。背が高く、花の色は野草の間にあっては比較的目立つ桃色。それがかすかに紫を帯びる。

　次に、屋敷の裏手に回る。いくつか整形庭園があり、趣向の異なるボーダー花壇もいくつかあって、岩庭もある。伯爵夫人の個人庭も特別に公開されていた。全体に特筆すべきことはない。

　ここまでは庭見物の小まわりコースで、それから後は大まわり、あるいは外まわりのコースになり、3種類の森の庭の見物である。ホウイック・ホールは、灌木と樹木の収集で定評がある。

　その前にティー・ハウスで昼食。広くてきれいなレストランである。元は、屋敷のダンス・ホールだった。料理も本格的で、生のニシンを4種の別に味付けに

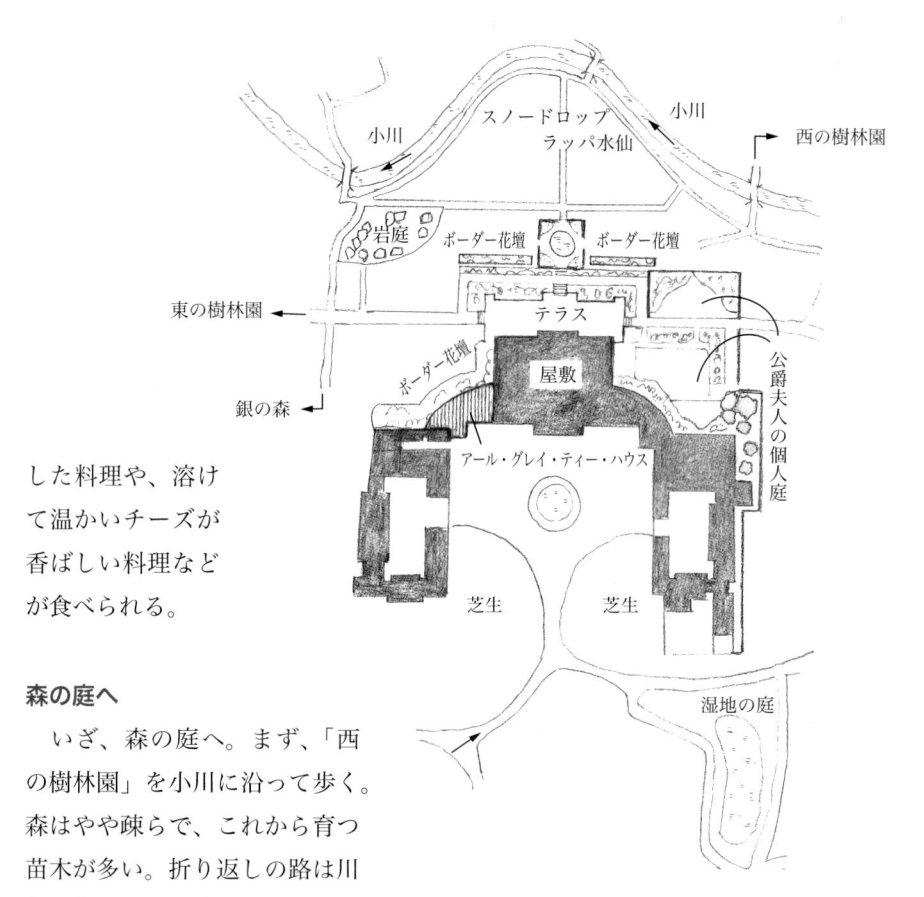

した料理や、溶け
て温かいチーズが
香ばしい料理など
が食べられる。

森の庭へ

　いざ、森の庭へ。まず、「西の樹林園」を小川に沿って歩く。森はやや疎らで、これから育つ苗木が多い。折り返しの路は川向こうで、丘の路をゆるく上り、やがて屋敷が見えてくる。屋敷に向かって下りる斜面一帯は、春先、スノードロップ、次いでラッパ水仙に覆われ、訪れる者を喜ばせる。

　さらに路を辿って、「東の樹林園」へ行く。ここも川の両側に作られ、規模は倍ほどあって、現在の当主が力を注いで育てようとしている樹林園である。古木もあるが、若木や苗木も多く、これからできあがる樹林園である。ヨーロッパ、北アメリカ、日本・韓国・中央および東ロシア、インド・パキスタン・シッキム、中国・ブータン・ネパール・台湾、チリ、ニュージーランド・タスマニアという7地域の別になっており、自然林の区画もある。現当主が、1985年から世界各地に赴いて種子を集め、育てた苗木を3年後の1988年から植え始めた、という。

9 ― 北部

アール・グレイ・ティー・ハウス

樹木と灌木を合わせて合計1万1000本が植えられている。

東の樹林園から戻る路の続きで「銀の森」を巡る。1930年に、グレイ卿が銀婚式の記念に作った森の庭で、こちらは成熟している。シャクナゲの主な種類を揃えているところが特色。ツツジと椿が脇役で、木蓮も色を添える。従って、春から初夏の庭である。イギリスでは、第一次世界大戦と第二次世界大戦の間、フォレストやウォード等によって、ヒマラヤを中心とするシャクナゲ、椿、木蓮などの新種導入が盛況を見せた。「銀の森」はその名残をとどめる所である。それら異国の灌木が高木の森の中に置かれ、下に草花があり、上中下の3層から構成され、典型的な森の庭になっている。

歩き疲れれば紅茶アール・グレイとケーキを、となってふたたびティー・ハウスへ。ゆっくり紅茶を味わい、アール・グレイを2袋買ってバス停へ向かう。バスを逃せば、タクシーも呼べないほどの田舎の真ん中で立ち往生することになるので、予定のバスの姿が見えた時は、安堵を覚えた。

住所 ▶ Howick Estate Office, Alnwick, Northumberland NE66 3LB
経路 ▶ London King's Cross 駅から Alnmouth 駅へ3時間40分。バスを一回乗り換えて50分。

湿地の庭

アール・グレイ・ティー・ハウスとボーダー花壇

46 ベルゼイ・ホール　Belsay Hall, Castle and Gardens

7月27日

大胆さと意外さ

　ベルゼイ・ホールの庭を見に行く。バスは田舎道を長く走る。村の停留所で降りて、ベルゼイ・ホールまで、25分くらい歩く。ベルゼイ・ホールは、いま、イギリス遺産機構のもの。

　この庭の美しさは格別である。際だつ美しさ、である。明確な輪郭線、立体性、変則から生まれる意外性などが、見る者を打つ。大胆な庭である。

　見所は、3つほど。最大のものは、石切場の庭だが、見る順番では、2番目。屋敷に着いて、最初、目にするのは、屋敷の横手（南）に作られたテラスの庭。テラスから下る斜面の向こうに森。森は、濃い緑の塊で、黒々とし、艶やか。前に、数本のイチイが立ち、垂直性も加味された見事な眺めである。テラスから風景式庭園の代わりに、密度の高い森を見る、という意外性。

　テラスの庭は、二段作り。一段目は、屋敷と同じ平面にある。これは芝生の庭。二段目のテラスの庭では、一転して、色彩が踊る。線と形も力強く動く。3つの花壇が並ぶ。中央の花壇は、背も低く、隙間もあって、穏やか。だが、左右の2つは、灌木を織り込み、緊密な作りで、高く膨らみ、横に溢れ、見るものをはじき飛ばすような勢いで膨らむ。植栽は高く、人の背を遙かに超え、圧倒する。色

テラスの庭

彩の取り合わせは優れ、形のまとまりもよい。植え方は、ジーキル伝来の流しだが、組合わせに型破りの強さがある。花壇は3つとも、ほぼ円形。このような3つの花壇の先に、低い花壇がひとつ。そこでは、薄紫などの花が、やさしく風にそよぐ案配。このテラスは相当長く、石壁に沿って、これも奔放なボーダー花壇が延びるが、役割は、テラス全体に調和をもたらすことかと思われる。激烈でなく、ここでは中間的。

そこから、石切場の庭に向かう途中に、3つほど、大小の整形庭園があり、それぞれ見事だが、ここは、急ぎ足で通過しても、悔やまれないかと思う。

石切場の庭

石切場の庭こそ、である。石切場の跡で、「石切場の庭」と訳すことになるが、これは、単なる大穴や崖ではない。19世紀の初め、新しい今の屋敷を作ったサー・チャールズ・モノックは、あらかじめ庭にすることを考えて、慎重に石を切り出した。そこで生まれたのが、垂直の崖に左右から挟まれた峡谷庭で、折れ曲がりながら、続く。

崖の上に、針葉樹を植えて、深さを増し、厳かさを加え、全長は200mほどはあるだろうか。当初は、岩肌むき出しの荒々しい作りで、実は、それが目指したものだった。18世紀の末に起こったピクチャレスク派の造園は、その種の荒々しい自然を求めた。渓谷や滝、深い森林、切り立つ崖などを持つ風景式庭園こそ、作るべき型と、唱えた。理論では、ナイトやプライスが唱道。実作では、ウェールズの地にジョーンズが作ったハファド（後出）が傑出していた。

石切場の庭は、いま、進化し、緑濃い。これは、次代のミドルトン（改名）が、樹木や灌木、草花、シダ類など、植物をたくさん加えたからである。力点は、異国の植物。これも時代の趨勢であった。いま、色合いが、柔和。ニュアンスも豊かになって、森厳ながら、優しさもある。崖の高さは、4、5m。この高さも、適正ではないか。崖に挟まれた苑路、あるいは底は、水平なので、幅広く感じられ、これも快い。帰り道は、もう別で、森の中。別路であることで、人の流れが交錯せず、快い。このような庭は希有、というより、唯一。ここにしかない。ここを歩く事は、格別な体験となり、二代にわたって作られたこの庭の不思議さが、脳裏に深く刻まれる。

折り返し地点にあるのが、城と呼ばれる中世以来の古い屋敷。年来、モノック家が住んできたところ。その屋敷は広い放牧地の真ん中に立っている。丘陵の上で見晴らしがよい。

森

石切場の庭から戻って、次に、足を運ぶのは、森。テラスの庭から、黒々と、艶やかに眺められた森。この森の散策が、3つ目にすべきこと。

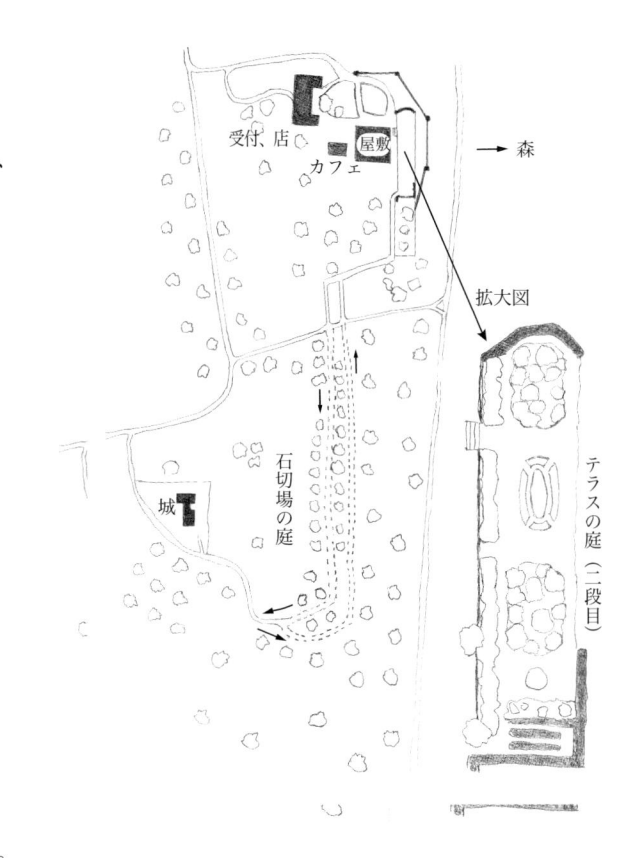

小丘を覆う森は、実際に入ってみると、密度は、ふつう。そして、ごくふつうの森。とはいえ、1本ずつ植えて作った森である。麓に湖（これも作った）を見ながら始まる散策路を一周できる。テラスの庭から見たとき、一体となって見えた、数本の針葉樹は、森の手前にある土手に立っていた。

3つの見所は、それぞれ離れて、さいころの目の3のよう。位置も性格も異なる。しかし、3つ合わさって、良い調和が生まれる。やはり、この3つは、ぜひ、見なくてはならない。

補足したいが、テラスの庭を作ったのも、サー・チャールズ・モノック。新婚旅行でギリシャに行った。1804年のこと。ヨーロッパは、ナポレオンの時代だった。戻ったのは、2年後。帰って、屋敷と庭を設計した。国会議員としての精勤

9―北部

石切場の庭

ぶりは有名だった。

住所 ▶ Belsay, Newcastle-upon-Tyne, Northumberland NE20 0DX
経路 ▶ London King's Cross 駅から Newcastle Central 駅へ 2 時間 50 分。タクシーで Newcastle St James Blvd（coach station）へ行き、バスで 23 分、Belsay village のバス停で降り、徒歩 25 分。

10

コーンウォル
CORNWALL

47　ヘリガンの失われた庭　*The Lost Gardens of Heligan*

9月22日

謎めいた魅力

　ヘリガンの失われた庭は、どこといって突出したものはないが、全体はなぜか非常に刺激的で、その抗しがたい魅力に捕らえられるのが、不思議である。訪れる客も多い。

　1603年に始まる庭園が、20世紀の初め、第一次大戦の前に、ほぼ頂点に達し、第一次大戦後、1920年代に、イタリアに惚れ込んだ当主の一家がイタリアに移って行ったことをきっかけに、顧みられず荒廃し、土砂と雑草に覆われて忘れられるが、20世紀末に、劇的に復元されたことで有名である。復元したのは、子孫の一人と、一目惚れした音楽家。この音楽家トム・スミットは、田舎育ちで考古学を修めていた。それから、建設業を営む、もう一人の仲間だった。始動は1990年だった。初め、近隣の人たちの承諾や郡議会の承認を得るのも大変だった。BBCの「庭師たちの世界」で取り上げてもらったことが突破口になり、援助資金も獲得できるようになり、軌道に乗った。さまざまな人の協力も得られ、とりわけ、遺産等の保存を目的とするヴォランティア団体が常時、人的支援をしてくれたのが大きかった。園芸家が加わり、推進母体は、四人になった。

　復元にあたっては、聞き取りも含め、写真、文書等の資料を集めた。州立記録文書館に残っていた3000点余の資料や、ヘリング氏が個人的な関心から調査・記録した詳細な資料も利用することができた。ヘリング氏は、もとの屋敷が集合住宅になり、そこに入居していた人物だった。発掘していくと、元の庭の姿や設備などもわかってきた。こうして復元計画ができた。1991年に、復元へ向けて作業が開始された。

　庭の基本的な形（骨格）は、1839年までにできあがっていた。復元されるのは、そこからさらに1910年代までに付加整備され、コーンウォルの名庭といわれた庭である。

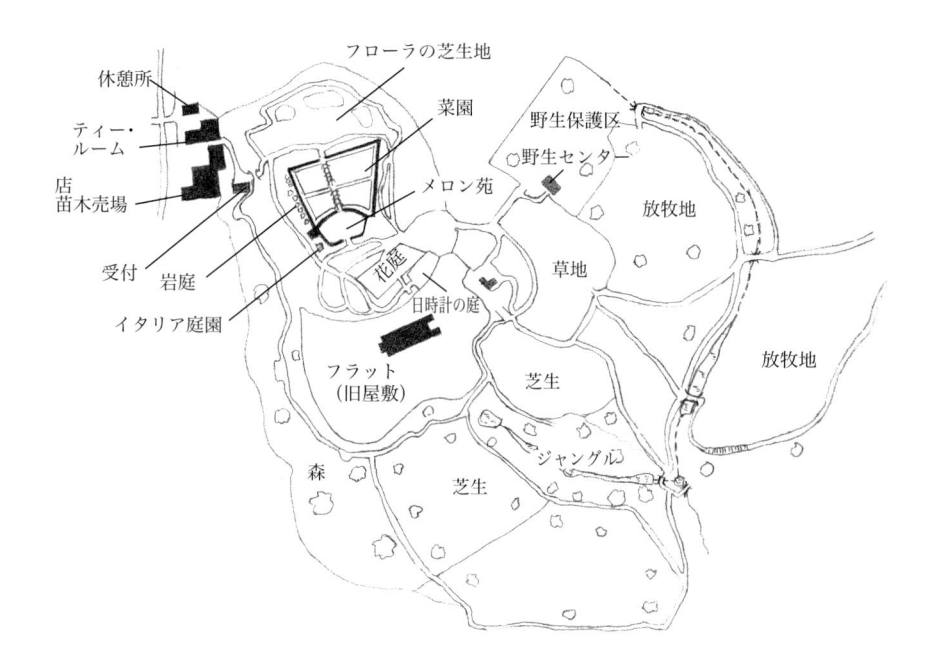

見所

　第1の見所は、「ジャングル」であろう。深い谷に4つの小池が連続し、木が生い茂る。オーストラリアの木性シダと中国のシュロが、亜熱帯風の景観を作る。樹間の苑路を辿り、橋を渡り、見え隠れする景色を眺めていく。植物や木が旺盛に茂るここは、確かに亜熱帯風。20世紀、第一次世界大戦後から70年放置された結果、茂り放題の、土地の人々が「ジャングル」と呼ぶ状態になった。分け入るのも容易でない状態だったという。飛んできた種から育ったシカモアやトネリコも茂り、地面は、コケ、地衣類、シダに覆い尽くされていた。亜熱帯風に復旧し、ジャングルの名を採用した。

　元の庭が作られたのは、19世紀の半ばから20世紀の初めだった。三代にわたったが、格段に整備されたのは、最終段階の20世紀の初めだった。構想は、異国の植物収集だった。ヴィクトリア時代の人々を熱狂させた異国の植物のうち、ここでは、特に、木性シダ、アジアのシュロ、そして竹が多く植えられた。水辺にはグンネラ、アメリカ水芭蕉。南向きの深い谷なので、同じ庭の中でも、上にある菜園や庭より数度も気温が高く、温暖。メキシコ湾流の恵みをたっぷりと受け

10―コーンウォール

イタリア庭園　　　　　　　　　　　　　　　メロン苑で

る。それに地味が豊か。水も豊富。現在も、バナナなど、当主だったトレメイン家の方針に沿った充実が図られている。

　印象深いのは、復元された菜園。全体は壮観。足を踏み入れた瞬間、圧倒される。元がそうであったように、いまも全面、野菜畑。カボチャ畑では、色・形・大きさとも、相互に異なる多様なカボチャが実っている。壮観の一例である。インゲン豆も長いトンネルで連なる。ここで採れる野菜は、一家がロンドンに滞在するときは、馬車で、次の時代には列車で、野菜籠に詰められて送り届けられた。いま、石油や電気で動く農機具は、ほとんど使わない。合成肥料も化学薬品も、ほとんど無縁。菜園の外側に、かつて流行の花形だったパイナップル、ついでメロンを育てた所があり、往時を偲ばせる。

　奥の第二菜園（いま、「花庭」の名）は、切花が中心だった。ハーブ類が育てられたのも、ここ。桃の温室とブドウを育てた温室が復元されている。バナナが育てられていた痕跡も残る。隣では、オーストラリアの珍鳥エミューが飼われていた（推定）。

　第二菜園の先に、いま「日時計の庭」と名付けられたボーダー花壇の庭があり、そこの説明板が歴史的な興味を引く。かつて「トリメイン夫人の花庭」と呼ばれた庭は、「イギリスでもっとも美しいボーダー花壇」があると、評価も高かった。ロバーツなる人物が、「ガーディナーズ・クロニクル」誌（1896）にそんな紹介

ジャングル

記事を書いた。当時の植栽の記録は残されていないので、その時代イギリスにあった花・植物を調べ、当時の庭の写真を見ながら復元を試みたという。

　菜園の陰にある隠れ家のようなイタリア庭園も、見事である。長方形の小池と彫刻噴水（幼児天使プットを噴水にしている）が本物らしく見え、品のよい落着きがあり、庭中の別天地。これは20世紀初めに作られた庭。菜園の横手の岩庭も悪くない。意外なほど、長く、大きい。これも同時期のもの。

　初夏5月に訪れた者は、庭園入口を入ってすぐ、広い芝生地（フローラの芝生地）で、シャクナゲの饗宴を見ることができる。シャクナゲの集合体が3つ、揃って花盛りになる。あたかも小丘で、数十本のシャクナゲが集まる。そこに花が咲くのである。この希な姿は、およそ1世紀半の歳月が作りあげたもの。

　この庭は、堂々とした菜園を中心に据え、4周に庭を配する。変わった構成の庭だが、ヴィクトリア時代の庭作りの骨法に従うもの。整形の庭と不整形の庭、花や植物、また樹木、装飾物や建造物、その他何でも、好みに従って、我が庭に置く、という流儀。置く位置も自由。ヴィクトリア時代、ここはすでに歴史のある庭だったから、好みのものを残し、好みのものを加えた。できた庭は、どうやら劇的、通り一遍ではなかったと想像される。復元された今、不思議なロマン性が漂う。土地に、急峻な斜面と谷があり、森と池が陰翳を秘め、ジャングルが亜熱帯風。堂々とした菜園を筆頭に、実用の庭も充実。楽しみの庭も、作りがよ

く、個性的。ちなみに、コーンウォルは、育つ植物の種類の多さでは、イギリス一。また、温室の景観が、ほぼそのまま屋外の庭となる温暖の地である。

　健脚ならば、ジャングルの下から急峻な丘に登って、稜線を歩き、展望を楽しむことができる。斜面は牛の放牧地になっている。当地の希少種で、保存が目的。放牧されている羊も、同じ。

復元のロマンと運営のロマン

　ヘリガンの庭の復元の物語は、よほど劇的だったらしく、BBC テレビでも改めて取材放送され、売店には、本と CD が何種類も並んでいる。いま、会社経営で、生き生きとし、黒字。ただ、利益を上げるのは目標でなく、働いて、喜びを覚え食べていく程度でよい、としている。あとは、庭の維持と開発に回す資金が出ればよい、と。従業員は、65 名ほど。年間、25 万人が訪れる。この数は、ヨーロッパでみても、上位。訪問者が唯一の収入源で、独立採算。成功の鍵は、劇的な復元という夢物語の衣をかぶせたことにあるのかもしれない。ともあれ、「失われた庭」といい、「ジャングル」といい、イメージ作りの巧さは、際立っている。

　ここも、有機農業と野生の生物の保護に力を入れている。ここで育てられる野菜や、牛、羊、それに鶏卵などが、ティー・ルームのランチに出る。保護区の散策もでき、小鳥や小動物に出会うこともできる。夜間の活動も含む、詳しい撮影を継続実施。そのフィルムをセンターでゆっくり見ることができる。

住所 ▶ Pentewan, St Austell, Cornwall PL26 6EN
経路 ▶ London Paddington 駅から St Austell 駅へ 5 時間。そこからタクシーで 12 分。

11

ウェールズ
WALES

ウェールズ庭園探訪の旅に出る。5泊6日を予定。初日はフェドウ・ハウスの庭。ロンドン・パディントン駅からチェプストウ駅へ。そこからタクシー。

11―ウェールズ

48　フェドウ・ハウス　Veddw House Garden

8月29日

庭作りに一石を投ず

　フェドウ・ハウスの庭は、アン・ウェラムとチャールズ・ホーズという中年夫妻が1987年から20余年かけて、ウェールズのモンマスシャ（州）の寒村に作ってきた庭だが、現今の庭作りに一石を投ずるものとして評価されている。ホーズ氏は、庭園写真家として、雑誌、新聞、本などに写真を提供する。『ウェールズの庭発見』という本にも綺麗な写真をたくさん載せている。フェドウの庭の写真も、冬の庭景色も含め500枚ほど、ホームページに掲載。庭巡りの必携本とされる The Good Gardens Guide の選定委員も務める。ウェラムさんは、女史タイプで、辛口の理論家。新聞、雑誌、テレビ、インターネットで、自説を語り、審査員などを務める。近々、著書を出版する予定。題名は、A Bad Tempered Gardener『機嫌の悪い庭師』。何故、気分が晴れないのか。庭は、花に溢れ、美しければいい、というものではない、とウェラムさんは日頃、主張している。現在は、あまりにも無反省な庭が多すぎる。真剣に考え直す必要がある。庭は芸術なのだ。イギリス文化のひとつ。その本来に戻らなくてはならない。こう考える女史は、thinkinGardens というウェブ・サイトを主宰し、活動を繰り広げる。「庭園界に刺さったトゲ」と自認するが、このウェブ・サイトは、王立園芸協会の支

プールの庭　　　　　　　　　　　　　グラスの庭

援を受けている。

　フェドウの庭の構想は、土地の風景を写す、である。丘陵の多い地形だけでなく、歴史や人々の暮らしも、といった文化・民俗の側面も含める考え。

裏手の庭域

　中核は、おそらく、「プールの庭」。庭全体の中心に置かれていることからも、そのことが伺える。四角い池の縁に置かれたベンチに座って鑑賞する。プールの向こうに見えるのは、衝立のようなイチイの生垣。丘陵の稜線が、図案化され、幾何学の線として滑らかに波打つ。生垣は4つほど重ねられ、頂点と底点が、ずれて、変化の妙。ベンチの背凭れも、この波形。ベンチから立ち上がって、プールを一周すれば、水面に映る景色が変化する。プールの庭自体は、三方からイチイの生垣に取り囲まれ、静かな空間。「残っている仕事を忘れて、ここに座っているひととき」がよい、とホーズ氏はいう。

　右手の斜面には、「グラスの庭」がある。高さ約50cmのツゲの生垣で30ほどのマス目を作る。輪郭線は、折れたり、曲がったり。不揃いのマスである。その中に、1マス1種の原則で、グラス。グラスはイネ科の植物のこと。正確にはカヤツリグサ科の植物も含まれる。イギリスでは、世界から集まり、穂も含め、色も形もじつに豊富である。1マス1種だから、色違い。また、質感が異なり、葉形も高さも違うので、十分に装飾的になる。

　グラスの庭のデザインは、この地方の土地に関係する。1841年の土地台帳を縮小したものだという。10分の1税（教会でなく、国や州に収めた）徴収のため、畑か放牧地か森かなど用途の別や広さ、所有か賃借かの別などを調べ、町や教区単位で地図にまとめた。「10分の1税地図」と呼ばれ、1836年施行の法律に基づいて全国で作られた。地図には、区分線が細かに書き込まれた。誰が、どの土地を持ち、あるいは借りて、どの程度の規模で耕作をしていたか、また放牧

麦畑の庭

をしていたか。当時の住民たちの生業の様が読み取れる史料である。グラスの庭は、これを縮小再現したもの。これを、いま、ベンチから見下ろす。ベンチの背凭れは、やはり、丘陵を象って波打つ。ベンチは、庭全体を見渡す高い位置にあり、同時に、周辺、といっても左手のみ、外の景観が眺められる。税地図で対象になったであろう土地である。

庭は、U字の谷といった地形の中腹にあり、左手に下っていった谷は、這い上っていく丘陵に変わる。その方角の景色が眺められるのである。庭の残る三方は、森か木立。

2つの庭の間にあるのが、「麦畑の庭」。イチイの生垣に閉じ込められたような閉鎖的な整形庭園である。四角い湯舟のような花壇が整列し、そこに麦と雑草。みな、同じ作り。この地の麦畑を四角く切り取って、6つの花壇に写した、といった姿。柱型の水の彫刻がひとつ、垣根際に置かれている。麦畑と水は不可分。すると、水の彫刻は、用水路か川。水平に流れる川を縦の流れに変え、滑らかな柱を滑るという抽象形態に変換させた、と思っていいのだろう。

グラスの庭から見ると、森際に小屋の廃墟が見える。石を積んだ壁だけのものだが、小屋は実際に1842年から1910年に使われていたもの。とても小さい。おそらく一部屋だけの家。ホーズ氏が崩れ落ちた壁だけ再建した。廃墟の付近に、村の歴史を物語るものが、さらに、2つ置かれている。ひとつは、墓石風の石碑。これは、村にあった泉の名前を刻んだもの。1687年時点での名は、Flymony Yearllで、2006年では、Earl's Well。この2つが刻まれている。古文書には、この間の名前の変遷がいくつも記されているという。もうひとつは、当地の歴史の一駒を伝える1850年の書物のさわりを記した石碑。文字は、すでに、汚れ、かすみ、判読できない箇所もあるが、およその内容は「村の住民は、農民、木樵、石切場労働者、日雇いで、森の中や共有地に家を建てて住んでいた。家を建てる苦労は大きく、地面から石を取り除き、針エニシダを払い、ヒースを抜く。このあたりの土地はボウファト侯爵のもので、村人は、生涯賃借の形で借り、それぞれ小さな囲い地にしている。賃借料は、ほどほどであった。食糧は乏しく、食事は貧しかった。ときに、飢えと寒さに襲われた。貧しさに慣れていたが、貧しさ故に、不法とされる行為も慣習となっていた。小学校の教師を務めたジェイムズ・デイヴィスは、1834年の回想録（改訂第5版）で、『食べ物は主に、ジャ

フェドウ・ハウス

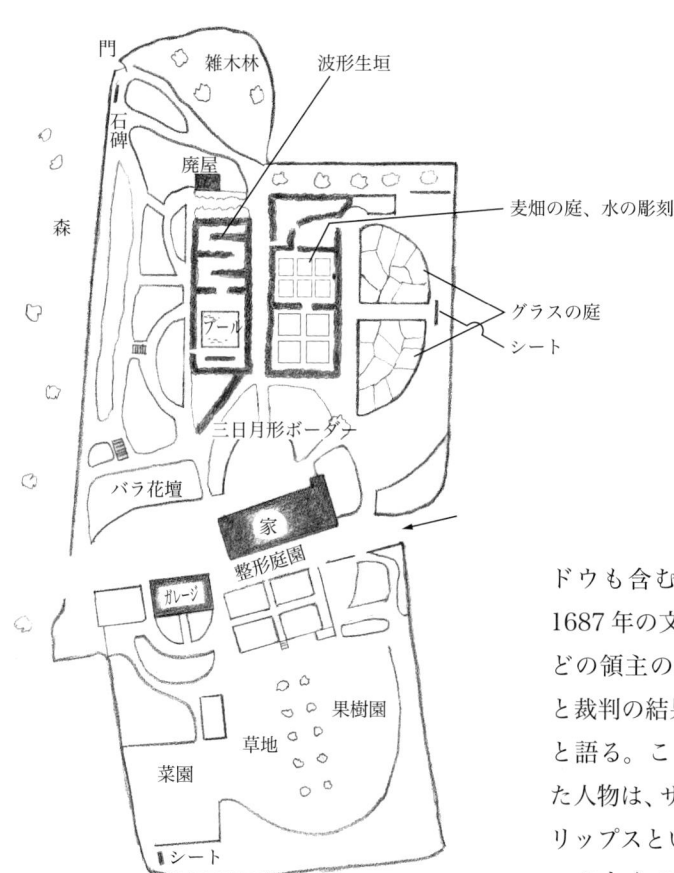

(図中ラベル:)
門／雑木林／波形生垣／石碑／廃屋／麦畑の庭、水の彫刻／プール／グラスの庭／シート／三日月形ボーダー／バラ花壇／家／整形庭園／ガレージ／菜園／草地／果樹園／シート／森

ガイモと粗悪なパンで、人々はヒースの野原に住んでいた。子供たちに、宗教の義務を果たす道を歩ませるために、私は宗教教育を施した』と述べる」。石碑の文字は、さらに、フェドウも含む土地争いがあり、1687年の文書に、どの土地がどの領主のものか、その調査と裁判の結果が残されている、と語る。この書物を書き残した人物は、サー・トマス・フィリップスという。

こちらの庭域には、他に、バラの這い上がる木蓮の道や、ホスタの庭、野花の原、さらに、厚み高さとも十分なボーダー花壇がある。奥手には、小さな雑木林があり、シダと石ころが目立つ。石ころは、一段上のかつての畑から掘り出した石が邪魔で、投げ捨てられたもの。相当な数である。耕地の昔を偲ばせる。

隣地は、2エーカーの森。疎林で、明るく、歩けば足元の落ち葉が快い。ここにも、少し、細工がある。テレビ受像器が置かれ、すこし距離をとって椅子。近くに廃車が1台。物質文明が森を侵す図であろうか。豊かな生活は、自然を壊して栄えるという伝言であろうか。一方、石を円弧に積み上げ、廃墟に見える石壁

が作ってある。積み上げた石の間に、古代神殿の白大理石の欠けた彫像や柱が交じる。人間の長い歴史空間を暗示。先述したテレビや廃車と呼応して、人類の先行きは、いずれ、廃墟か、あるいは、文明の墓場か、といったことを匂わせる。

ウェラム女史とホーズ氏の住まいは1階建てで、大きなものではない。その一部に綺麗に整理された温室がある。壁を黒く塗り、花や葉の色が冴える。

表の庭域

家の前方に、整形庭園と果樹園、菜園などがある。平地に始まり、斜面を下る。平地に作られた4つ割の整形庭園の花も、やはり地味。毎日、家から眺める庭である。はじめコティジ・ガーデン風に気ままに植えていた庭を改め、色彩面でも造形面でも明快にしたという。下に、果樹園。はずれの菜園は、ホーズ氏の管理下にあるとか。

いま、庭見物の季節もそろそろ終わる時期。庭は、やや荒れ気味だった。庭全体は、森と同じ、2エーカーの広さがある。

これまで庭に寄せられた評価では、野心的、特異、独創的、傑出した、一方の旗頭、概念表現的などがある。本人たちは、現代のロマンティックな庭 modern romantic garden という。「いま、ここに」ないものへの憧憬の庭。あるいは、それを希求する庭といった方が適切かもしれない。二人の活動、発言、特にウェラム女史の言うことは、いま、まじめに顧みられないようだ。花の咲き競う庭、見た目スマートな庭、洒落た庭、快い庭が、自明の如く作り続けられる。園芸業界の繁栄と女史の黙殺は、表と裏。軌を一にする。考える庭、言い換えれば、説明がないと十分にわかってもらえない庭は、一般に分が悪い。ウェラム女史の立場を再確認しよう。「イギリス文化の中で庭園を芸術に戻す」'returning gardens to a fine art in British culture' である。

住所▶ Devauden, Monmouthshire NP16 6PH
経路▶ London Paddington 駅から、Swindon と Gloucester で乗り換え、Chepstow 駅へ、2時間50分。タクシーで12分。

49　アバグラスニ　Aberglasney Gardens

8月31日

「回廊の庭」──イギリスの古庭を偲ぶ

　カーマーゼン泊。バス駅から往復。晴れで、暑い。アバグラスニの庭園は、比較的小さな庭の集合からなるが、独特なものがあり、魅力的である。この地に格式のある庭が整えられたのは、17世紀の初め。それが、荒廃から復元された。

　見所のひとつは、「回廊の庭」。主庭として、屋敷から直接眺められた。眺めやすい沈床苑になっている。屋敷との間に幅広いテラスがあり、これが庭の1辺。残る三方は、高いコの字型の石壁。中世の修道院の回廊のように見え、古風が漂う。

　回廊の庭は基本的に芝生の庭。ただ、張り詰めではない。芝生は、四角形、鍵型、円形、四分弧など、幾何学的な形に整い、その図案がきれい。ツゲの円錐が、中心にひとつ、周囲に8つ。4周は幅広い石敷き。これも造形の妙。古くケント州にあった庭を1620年のころに描いた絵があり、これを元に復元した。芝生模様は、当時のデザインの典型だった。庭の芝生は、当時、一種の花壇で、夏には、チューリップ、百合、クロッカス、シラーなどが植え込まれ、秋に、別の花と交代した、と推定されている。夏には、周囲の石敷きの上に、銅製の植木鉢に入ったオレンジが並べられた。沈床苑は、つまり客人に花を披露する場所であった。見下ろし

回廊の庭 　　　　　　　　　　　装飾庭園

ていると、時代が蘇り、実に単純で、それ故に、美しい庭である。このような庭は、記録に残るだけで、復元されたのは初めてだという。

　石壁の上へ登る階段がある。通路があり、そこから真裏の長方形の池が眺められる。長方形なのは、17世紀初め頃ではふつう。池は、週に4日は肉を食べることができなかった時代、養魚池としてかならず作られた。左隣に庭と菜園。

　そこも見所のひとつ。庭は、菜園が変身した装飾花壇の庭。16、17世紀のイギリス古庭を基礎にした設計である。庭園史家のホブハウスによる。中心に楕円の芝生。それをボーダー花壇が取り囲む。ボーダー花壇は、二重。それぞれ、幅広く豪華で、かつ上品。「世界の多年草から選りすぐった新旧の種類」を使い、それに蔓植物と灌木を加えた、という。手入れが良いので、花も葉も新鮮。縁取りはツゲの刈込み。輪郭が明快になる。花壇の所々に、円錐形のイチイが立ち、立体性を出す。メリハリの効いた花壇である。

　デザインの要点は、十字形の苑路がボーダー花壇を四分すること。円に十字を重ねた形である。これは、ケルトの十字架。ウェールズはケルトと縁が深い土地。これを考えたあしらいである。周辺部は広い芝生。壁際に沿って、ぐるりと穏和なボーダー花壇。

　もう一方の壁で囲まれた庭は、昔通りに、菜園。いまも、野菜、果物、切花が育てられる。装飾性が高く、作物は元気。とすれば、見て楽しい。ここも復元されるまで、雑草と厚い土の下にあった。

新しい2つの傑作

　アバグラスニの庭の復元作業は、1990年代に始められた。それに伴い、新しい庭が7つ、8つ作られた。なかでもすばらしいのが、2005年に作られた「小ニンファ」。屋敷を修復したとき、廃墟同然の中心部の部屋（複数）と中庭を残した。壁を補強して、空間の全体をガラスで覆い、そこに、蘭、ヤシ、木蓮、ソテツなど亜熱帯・温帯の植物を置いた。秀抜な温室になった。廃墟のような、地下室のような雰囲気が漂い、植物のどれもが、空から射込む陽光に向かう。所々に、下植えの花。白、黄色、ピンク。それが可憐。

　ローマの南西にニンファという有名な庭園がある。古代ローマ時代の町が、中世に略奪とマラリアのため、うち捨てられ廃墟になった。20世紀に、廃墟はたく

さんの花と植物で満たされ、ひとつの庭に仕立てられた。用水であった流れも残る。廃墟の趣と自然の趣が混じり合って、さながら異世界。魅力に引かれ、世界からひとが訪れる。「小ニンファ」の由来である。

　もうひとつは、やや遠い所に作られた沈床苑。真ん中に、円形と四角形をつなげた池（一部を共有）がある。円形の池の中央にステンレスの大玉があり、水が静かに肌を伝って落ちる。水の膜も池面も水鏡。池面は、覗くと吸い込まれそうになる。空の高さが、そのまま、深淵に転ずる不思議な体験をさせる。この仕組みを作ったのは、有名な水の彫刻家パイ。

往時と現在

　アバグラスニの土地は、1000年頃から記録に残り、16世紀の末には、広い地所をサー・ウィリアムが所有。これを

1　小ニンファ
2　回廊の庭
3　壁囲いの庭(装飾庭園)
4　壁囲いの庭(菜園)
5　沈床苑
6　ティー・ルームとテラス席

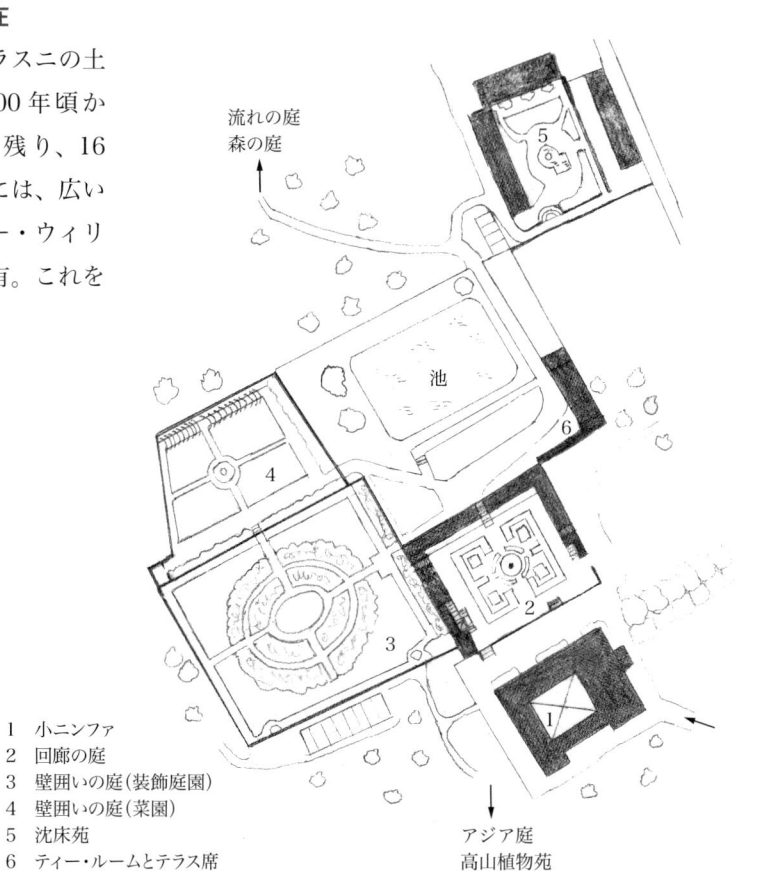

11―ウェールズ

小ニンファ

　ラッドが、1600年頃に購入。近くのセント・デイヴィス大聖堂の大司教だった。屋敷を一新したことが記録に残る。庭も整備したはず。現在、復元された庭はこのときのものとされる。ラッド亡き後、屋敷と土地は、人手を転々とした。所有者はいずれも、二、三代で経営に行き詰まり、負債を負った。20世紀になって、住む人のいない時期が長く、屋敷が荒れた。1955年、土地は賃借人だった農家数軒が分割して購入。屋敷と庭は法曹家が買った。その後も、屋敷と庭は人手を渡り、最後に、1995年、トラストが買い取った。歴史的な屋敷と庭を愛する人たちが、アバグラスニ再興トラスを結成。購入資金はアメリカ人の篤志家が出してくれた。整備なって、1999年、一般公開にこぎつけた。さまざまな団体や個人の寄附がいまトラストの活動を支えている。

住所▶ Llangathen, Llandeilo, Carmarthenshire　SA32 8QH
経路▶ London Paddington駅から、Bridgend乗り換えで、Carmarthen駅へ、4時間。歩いて5分のバス駅からバスで30分、徒歩8分。

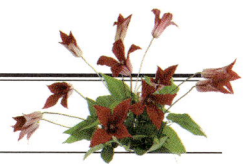

50 ダフリン・ファナント　*Dyffryn Fernant*

9月1日

私の理想郷

　庭園を作ってきた女性の名は、クリスティーナ・シャンド。途中から加わった男性の名はデイヴィッド・アラム。庭は、ウェールズ南部にあって西海岸。ペンブルクシャ（州）である。庭は海から1マイルほど。温暖な気候に恵まれているが、秋には特有の強風が吹く。庭は斜面に展開し、川を挟んで姿の美しい丘陵マニズ・ディナスと向かい合う。この丘陵は、ほんとうに美しくて、頂に露出する岩がすっきりと尖り、そこから左右に伸びる稜線は長くゆるやかに下りながら、微妙に変化する。頂に近い部分はヒース。その色は、茶色。緑、ピンク、黄色が交じる。ヒースの中に、3つほど、細長い緑の放牧地があって、鮮麗。ヒース地帯から下は、自然の森で、緑の微細な色合いが織りなされる。

　庭作りは1995年から。ロンドンにいたシャンドが、田舎暮らしをするために、ペンブルクシャに来たのがほぼ20年前。子供の頃、休暇を過ごした地。好きな植物や花を集めて暮らし始めた。やがて本格的な庭作りを決意。古い農家の家と土地を買って移り住んだ。土地は、雑草とノイバラが生い茂り、石ころだらけ。サンザシも手強い敵。これらを取り除く。石は取り出し、運んだ。庭の設計に従って、整地。大量の土と堆肥を入れた。

　苦労したのが、湿地の庭。元の湿地は、夏には

ダフリン・ファナントと丘陵マニズ・ディナス

ひび割れの粘土、冬には水面下という土地。イグサの根絶も難しかった。いくつも島を作り、土と堆肥を入れて、ようやく庭となった。

　ダフリン・ファナントの庭は、いま、「石切場の庭」、「魔法の庭」、「ツツジの土手庭」、「前庭」、「菜園」、「果樹園とボーダー花壇」、「中庭」、「湿地の庭」、「シダ苑」、「グラスの庭」、「デイヴィッドの森」、「希望の森」など。どこも、シャンドの好きな花と木と植物で溢れている。まったく個人の庭。ホームページには、それぞれの庭にある主な植物が記されている。

庭を巡る
　石切場の庭は、殺風景な石切場を植物で飾って、庭にしたところ。魔法の庭は、もっとも高い所にあって、見晴らしがよい。名の由来は不明。もっとも手の込んでいるのが、家の前にある「前庭」で、色とりどり、姿も大きさも異なる花と木と灌木が所狭しと植えてある。家の壁には、クレマチスにバラ、ハニーサックル。花の間や木の下に、卓や椅子、ベンチ。天気が良ければ寛ぎの空間。家の延長ともいえる庭である。大きなウニ型の噴水が静か。銅製のウィスキー蒸留器の一部だったもので、上の口から溢れた水が、銅の肌を包みながら、下部の１点に集まっていく。傍らに小池。菜園は、自給生活のため。果樹園にあるのは主にリンゴ。近年そこにボーダー花壇を作った。背の高い多年草が風に揺れる。赤、黄色、白が目立ち、薄紫が交じる。地味な配色。湿地の庭は、野生のイグサに代わって、庭の植物が横溢。中心に、デイヴィッドが作ったステンレス製のオベリスク。「デイヴィッドは2001年に私の人生に入ってきた。今は、すべての時間を使って私の庭作りを支えてくれる」。
　グラスの庭は、川辺に近い芝生地にあり、長方形にくり抜いた花壇が50ほど並ぶ。１花壇に１種類、約50種のグラスが見られる。葉色は多様、茎や穂の色も多様。背丈もおのおの違い、葉の広がり方は、直立から円弧まで。一望すれば、グラスの世界の豊かさがわかる。デイヴィッドの森は、カバノキを２種類、それから落葉松をそれぞれ30本ずつ、合計180本の、やがて防風林に育ってほしい小森で、川縁に2003年に作られた。希望の森は、正確には森ではなく、木を円環状に植えたところ。オーク、クルミ、ユーカリ、ハルニレ、トチノキなど、異なる木が順に連なる。「緑の場所で、心を落ち着かせ、考える時間を持ちたい」。

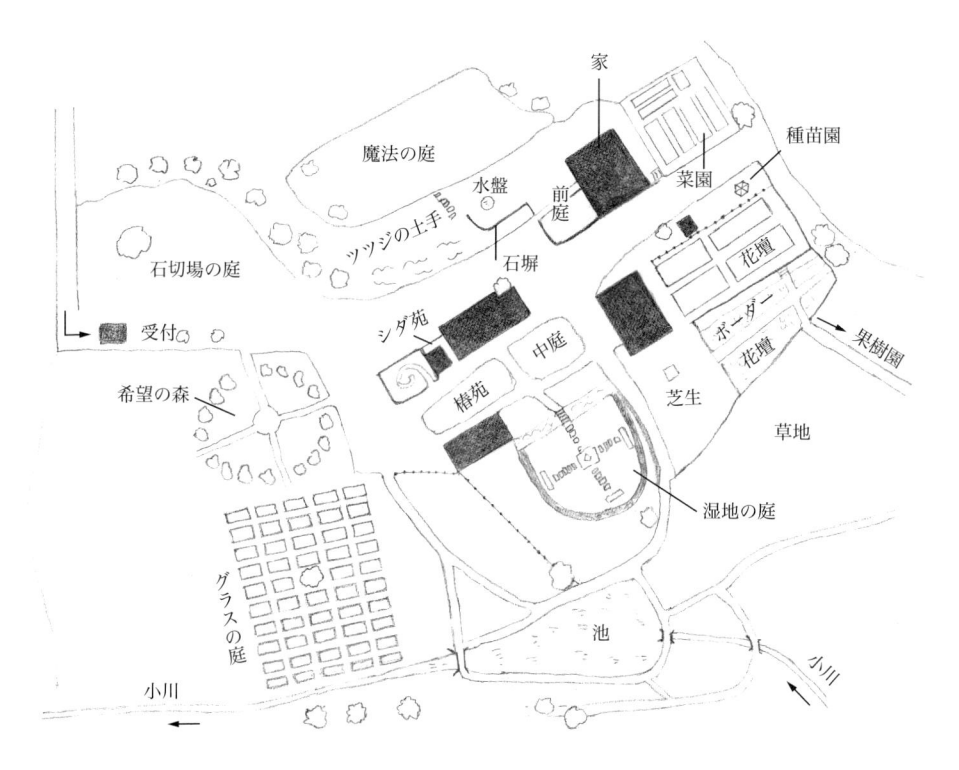

川辺を見下ろして、比較的高い位置にある。庭のあちこちに彫刻が置かれている。デイヴィッドの作ったオベリスクは「抵抗」。頭部だけを柱の上に寝せた「空を見上げる」もある。

思いを実行する

　シャンドは、自分を「直進型で、無鉄砲」だという。羊や牛の飼い方も知らなかった。親切な隣人たちが助けてくれた。同じ植物好きでも、家の庭あたり我慢する人も多い。シャンドは、その域を超え、荒れ地と苦闘して、広い個人の庭を作った。全くの独学で、多くの本を読んだ。師と仰ぐのは、クリストファー・ロイド（グレイト・ディクスター庭園）とベス・チャトー（ベス・チャトー庭園）。庭の現状は、剪定、雑草除去、病気対策など、行き届かない面もある、と認めている。植物が好きで、のめり込む。庭作りがお留守になる。庭は秩序だっていない。でも豊かに生い茂る庭はあたかも土地から育ったかのように見え、それが良いのではない

11 — ウェールズ

前庭　　　　　　　　　　　　　湿地の庭

か。静かな風景への応答だと思っている。個人的な庭だが、公開するのは、みんなの批評や助言が欲しいから。孤絶した庭作りでは、停滞する。

　とはいえ、ここは、シャンド個人の理想郷といえる場所であることは、間違いない。社会的認知も進み、庭園雑誌やテレビで取り上げられ、「テレグラフ」紙はウェールズの庭ベスト・テンに数え、ウェールズの庭を論ずる2、3の著作は、この庭を取り上げる。この庭の美点のひとつは、まわりの景観と生態に溶け込んでいくことだろうか。どこか自然風の庭として。

　10歳上の兄も、オーストラリアに渡って自在な生き方をした。若い頃は、一人でヨットを操って大西洋を横断した。前衛レストランを経営したこともある。ヒッピー天国を作り、コアラの保護地を作った。利潤目当ての土地開発に反対し、生活の質を問題にし、緑の生活を主張した。地方紙「バイロンシャ・エコー」を創刊して、リベラルや左派の声を伝えた。もてなしに厚く、議論好き。意見の異なるひととも良くつきあい、対立の間に立ってまとめたこともある。とにかく人に憎まれない人柄だった。48歳で、交通事故で急死した。二人の父は、ペンブルクシャの創意工夫に富み、人から尊敬された印刷業者だった。

住所 ▶ Dyffryn Fernant, Llanychaer, Fishguard, Pembrokeshire SA65 9SP
経路 ▶ London Paddington 駅から、Cardiff Central 乗り換えで、Fishguard & Goodwill 駅へ、4時間40分。タクシーで10分。

51 カエ・ヒール　Cae Hir Gardens

9月2日

ウェールズの片田舎で

　カエ・ヒールは、ウェールズ語で、長い野原の意味。その名の通り、庭は、細長い。サッカー場より大きいだろうか。庭は一面の艶やかな芝生で、そこに作られた小庭や花壇を10ほど見てまわる。「赤色の庭」、「青色の庭」、「黄色の庭」の3つは、色を主題にした小庭。他に、樹木、灌木、花や彫刻などを用いて構成したいくつかの島花壇がある。頂上には、夏の苑亭があり、そこに休めば、空の下、向こうに高い森の丘が目に入る。眺めが絶妙である。

　斜面の下方に入口がある。家、ティー・ルーム、店があり、苗木売り場がある。そこから、斜面を上りながら見ていく。標高差は30mである。

　作られて20年ほど経った庭だが、テレビ、ラジオ、雑誌などでしばしば取り上げられ、王立園芸協会の提携庭園になるなど、イギリスの名庭のひとつである。

　所在は、ウェールズ南西部の片田舎。バスでウェールズの田舎を1時間以上、走って行く。ここへやってきたオランダ人のアッカーマンスが一人で作った。オランダの学校でフランス語を教えていたが、嫌になって、40歳で転身。既婚で、小さな子供が三人いたが、将来も見えない庭作りに飛び込んだ。もともとオランダで200年あまり園芸業を営んできた一族の一人で、今も、親兄弟、親類縁者、みなこの業界にいるという。イングランドでなくウェールズに来たのは、旅行に来て知り合い、結婚した相手がウェールズの女性だったから。

庭を巡れば

　「赤色の庭」は、赤紫の庭といった方が正確かもしれない。中心に、銅葉ブナを1本立て、その周囲に赤・赤紫・ピンクの花の環。その外側に、紫の地衣類の環。それを砂利路の円環が取り巻く。その外側にバラの円環。全体をメギの生垣が囲む。メギには、赤葉の木が交ざる。生垣は高く、庭の内部は見えない。内部が見えるのは、2ヵ所の開口部から。バラの咲く夏がもっとも美しいという。

　「青色の庭」は、正方形で、青い花の他に、青みがかった葉色の樹と灌木を使

う。全体を取り巻くのが、青葉の針葉樹の生垣。中心に石柱と花。この庭の特徴は、香りの重視。ラヴェンダーを筆頭に、みな香る。ユーカリも強い香りを発する。夏の香りが最高で、人を酩酊に引き込むほど強い、とか。色と香りの世界を、縦の苑路が走り抜ける。ここは、平庭。この庭が好き、という人は多いという。

「黄色の庭」は、黄色と黄金色の領域。やや不規則な形をとり、比較的広く、苑路は細く、曲がり、つながりが複雑。斜面の庭で高低差があり、密植型。つい、埋没して道に迷う。このような作りは、黄金郷に浸らせる仕掛けのよう。オランダにいた頃、友人とミーン・ライスの庭を車で見に行ったという。オランダでは、イギリスのジーキルに比肩する女性で、現代庭園の前線を引っ張った。モンドリアンの抽象絵画に触発された簡素な庭なども作っている。そこに「黄色い庭」があった。着想は、このときのもの。黄色い庭は個人の黄金郷なのだ、とアッカーマンスはいう。「黄色の庭」は斜面の中腹にあり、全体は、高木で囲われているが、いったん出ると、下方を展望する台があり、高い台から眺める開放感がよい。埋没感から眺望へといったリズムである。

庭の上方には、3つほど、樹木・灌木・花を組合わせた島花壇がある。ひとつは、円弧の刈込みで、これだけが幾何学的な整形性を有する。

庭全体にわたって所々に彫刻が草陰に置かれ、かわいい小豚など具象的なものと、尖った石柱を女神に見立てた三美神など抽象的なものがある。三美神はひとびとに喜びを与える美と優雅の女神で、ふつう三人で表される。元来は、春の芽生えの力を表すものだった。この庭を見守る女神さまたちか。

斜面の下方、庭園の入口に近い所に「盆栽の庭」がある。アッカーマンスは盆栽が好きで、日本の盆栽をみると、畏敬を覚えるという。アッカーマンスが作った盆栽は、オークやブナなど、イギリスのふつうの木を素材にしている。トネリコ、サンザシ、ハシバミの盆栽もある。盆栽の出来は悪くない。一昔前と異なり、昨今は、イギリスの盆栽も相当な水準にある。

やはり斜面の下方、「盆栽の庭」の反対側に、いくつか盆栽を並べ、四角い小池に睡蓮を浮かべ、藤のアーチで覆った小庭がある。隅っこだし、気持ちを落ち着かせるのによい所である。ちょうど「青色の庭」の中心線を見通すことができる。

カエ・ヒールの庭が美しい季節は、6月。我々が訪れた9月になれば、花も盛りを過ぎて、衰えた気配が漂うのが、惜しい。客も少なかった。

カエ・ヒール

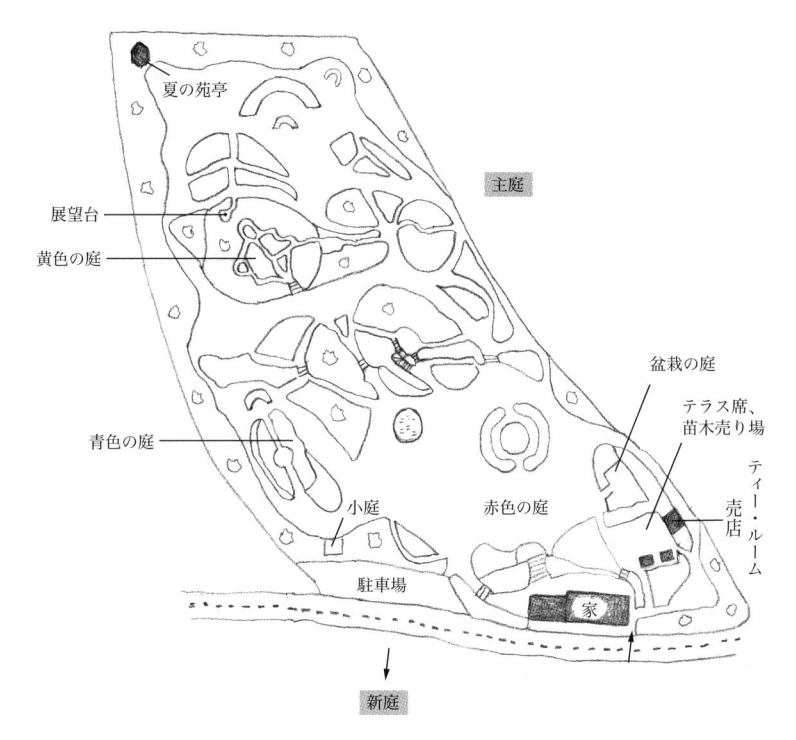

夏の苑亭
展望台
黄色の庭
主庭
盆栽の庭
テラス席、
苗木売り場
青色の庭
ティー・ルーム
売店
小庭
赤色の庭
駐車場
家
新庭

　周囲は、放牧地。そこには牛もいる。アッカーマンスが買った土地も、もとは、生垣によって仕切られたそのような放牧地だった。あたり一帯に見られるウェールズの放牧地のひとつが、偶然、人工的な庭に変わった。庭園という美の世界に。
　下の道路を横切って行くと、もうひとつ庭がある。「白色の庭」、「水の庭」などが、最近、そこに作られた。ともに、つくりは簡素。白色の庭はセダム主体で、水の庭は湿地に小池を5つ掘って作ったもの。その先は、庭の境界の小川、その向こうは、森の丘。人工から自然へ、滑らかに移行させるという構想である。春先、あたり一面は、ブルーベルに彩られる。そして、しきりな小鳥の声。夏の楽しみは木陰。

われ思う

　美しくあってこそ庭、とアッカーマンスはいう。庭作りは美の仕事だ、と。庭園では、樹が決め手。庭に来るほとんどの人は、花にしか目をとめないが、樹こそ、

11 ―ウェールズ

三美神　　　　　　　　　　　　　　樹が基本

庭の構造、また構成の要。それに、樹は威厳の元。外国種か固有種かは問題でなく、種類も問題でない。形が第一で、それ以上に、健康が大事。2番が灌木で、3番目に大事なのが花。

　美しい庭を作るには、人が手を加え、美しく仕立てなくてはならない。庭はいきおい、人工的なものになる。ただ、自然と均衡を保つこと。自然の中にある本来の均衡を壊さない。できるだけ、自然の中に留まる。このような原則が、大事。

　庭仕事は多い。重労働だという人たちもいる。しかし、自然の力を借りれば、楽になる。芝刈りは大変な作業。しかし、刈った芝は薄くなった所に置いておけば、芝が再生する。新しい芝生を作るのも、同じ要領。ボーダー花壇に植えた多年草の切戻しも必要だが、切り取った部分は現場に置いておけば、根覆い（マルチ）になるし、冬の間に枯れ、腐って肥料になる。木や灌木の剪定や刈込みにしても、同じ。自然の循環に委ねる。

　交配種のバラは病気になりやすい。バラは使わず、野生のキンポウゲ、アザミ、ノイバラなどを使う。この顔ぶれで、十分に、繊細で優雅。アザミは、背が高く、建築的。ブタクサやタデも使える。樹も多くはイギリスのものを使うのが自然。

「庭は、樹、灌木、花のためにある。同時に人間のためにある。しかし、また、小鳥、

236

カエ・ヒール

黄色の庭

小動物、昆虫など動物のためにある。庭では、なにかが支配者であってはならない。人間と動植物、すべての生き物の間の公平さが肝心で、これが基本。協力して、それぞれに適した環境を作り維持する。トビやキツネが穴ウサギを捕るのはかまわない。だが、全部取ってしまうのはよくない。人間がキツネを根絶やしにするのも、良くない。鳥が毛虫を食べるのは、全部でなければ、かまわない。すると蝶も絶えない。自然のなかで実現されているバランスを変えない。これを著しく壊すのは、人間たち。人間は動物たちに学ばなければならない。庭作りでも、殺虫剤をばらまく代わりに、自然の力を借りる。安上がりで、簡単。ぜひ、こうした庭作りに進みたい」(要約)。これは、『一人で作った庭』(1999)の最後に記されている伝言。この冊子は、庭作りの雑記帳、あるいはエッセイで90ページ。現代、イギリスで庭作りをしている者の肉声のひとつである。イギリスの庭作りは、おおむね、いまこの流れの中にあるように思われる。

カエ・ヒールは、美を目指し、思想を込めた庭。メッセージを発する庭ともいえる。丘の斜面の地形は変えず、芝生は、ウェールズの放牧地と同じ緑。その中に、小庭と花壇をちりばめる。このような作りで自然につながる。これもメッセージ。

アッカーマンスは、人間以外の訪問者も歓迎する。穴ウサギ、リス、猫、犬、

オコジョ、キツネ、穴グマ、家ネズミ、野ネズミ、ハリネズミ、蛙、とかげ、なめくじ、蛇、鳥、フクロウ、こうもり。蝶、ミツバチ、スズメバチ、ハエ、ハサミムシ、その他、多数。特に挙げたいのは、枝から枝に飛び移る、小さくて彩り豊かなひとつがいのキクイタダキ。他に、以下の如し。カワウソ、メンフクロウ、隣の放牧地から侵入し、食べ跡をくっきりと残す2頭の雌牛、北極地方から飛来し、飛び去っていくガン、灰色と青色の見たこともないトンボ、飼っている猫と間違えたほどよく似ている子狐、数が減っている美しい赤トビ、など。

　基本にあるのは、やはり共生の思想である。

開園まで

　庭作りは、1984年から始めた。転身によって生活は一変した。快適な広い住宅から、古いぼろ家へ。壁も床も湿めり、屋根の穴から雨が漏り、寝ていると雨誰が額を打つ、という家へ。台所には現代的な設備もない。ただ、妻は、転身に理解を示し、文句は一言もいわなかった。妻は、アバリストウィス（ウェールズ中部、西海岸の中心都市。保養地としても有名）の最速女といわれたスピード狂で、医者。庭作りは何も手伝わないが、終始、精神的に支えた。

　5年計画で、5年後の開園を目指した。庭は一人で作るもの、と決めていたので、庭は、ほぼ一人で作った。シャベル、鍬、除草鍬、鋸など、手作業の基本的道具だけ使った。

　最初の大きな仕事は、石運びだった。廃屋の石をもらい受ける話をまとめ、手押し車に乗せて運んだ。距離は相当あって、上り下りもある。1日に12往復がやっとで、結局、500回、往復した。石は、家の前に山と積み上げ、庭から掘り出した石と共に、擁壁や石段などに使った。庭の装飾物もそれで作った。石壁作りでは初め、ひどい失敗を味わった。

　「黄色の庭」では、苑路と石段を作るのに手間がかかった。1日に、1m半までがやっとで、2mはできなかった。排水のために砂利を下に敷く。石は洗う。板や材木を使って枠を作る。そこにセメントを流す。このような作業を繰り返し、3ヵ月かかった。

　土建業者に頼んで、家の裏の土手を崩して、土を「赤色の庭」と「青色の庭」に運んでもらった。表土と底土が逆になり、育ちが悪い、雑草が生える、石ころ

が多い。維持が面倒となった。これは大きな失敗。

あるとき、長さ1.8 m、横30cm、厚さ2.5cmの石を転がして、斜面の3分の2まで上げたことがある。そこでベンチに使った。夏の苑亭を庭の上部に作ったときは、コンクリート・ブロックを40個、一輪車に乗せて運び上げた。柱や垂木も運び、組み立てて、トンガリ屋根を軽く反らし、中国風の苑亭にした。屋根は六角型。村では、屋根のスレートが飛ぶ、庭木の枝が引きちぎられる、煙突が吹っ飛ぶ、倒木が道路を塞ぐ、といった嵐が去った後、夏の苑亭に行って見ると、わずかに傾いていた。ロープを掛けて、直すだけで済んだ。

ガソリンで動く作業機器類は、臭いし、うるさいし、よく故障するので、芝刈り機を除いて使わない。その芝刈り機はよく故障する。エンジンは、坂に耐えられないのかもしれない。レンタルもあるが、新品は1台、1000ポンドほどする。庭仕事のうち、もっとも多いのが芝刈りである。膨大な時間を費やすが、作業は、庭の美しいものをすべて味わう機会になる。

1989年4月30日に開園式を行った。この日は、園芸業（樹を扱う）を営む父の誕生日で、またオランダ女王の誕生日。雨も考えて、大きなテントを張った。長姉夫婦がオランダから来てくれた。青春時代の悪友グループの面々も。それに親しい友人たち。元同僚が数人。妻と義母が飲食物を作り、三人の子供たちは給仕と接客。会計士のデイヴィスが挨拶に立ち序幕式をしてくれた。かれは、私に庭園設計を頼んできた顧客第1号で、以来、親しい。彼からウェールズ語を習い、一緒に酒を飲む。

お客様たち

庭の公開となれば、なにより、芝生を刈り、生垣を刈り整え、木を剪定し、雑草を除く、という仕事が増えるが、圧倒的に多いのは、実は、話すこと。客に説明する、講演会に呼ばれる。受ける質問も多い。庭で、パブで、村の集会場で、ホテルで。

見物客は、さまざまだが、もっとも多いのは、中年から初老の女性。夫がついてくることもあるが、見物は女性が主導。まわる順を決め、庭について語る。夫は、影のような存在。妻が苗選びをする間、退屈そうにしている。いちばん早くティー・ルームに入って腰を下ろそうとするのも、旦那たち。女性たちは、ありがたい

女神様。旦那たちを連れて来るし、植物も買ってくれる。庭を褒め、友人や知人に見物を勧めてくれる。団体客も多い。団体が来る時間は、しばしば夕方。

庭巡りの行動はみな似ている。庭の雰囲気を味わい、植物や花を褒め、風の音や小鳥の声に耳を傾ける。香りを嗅ぎ、葉に触って手触りを確かめ、夏の苑亭のところで、グズベリをもぎって食べる。

訪問客は、むろん、イギリス人がもっとも多いが、フランス、ドイツ、ベルギー、オランダから来る人たちもいる。遠い所では、オーストラリアのシドニーからきてくれた。また、バーレーンやバハマ諸島からの珍客も。遠方から来てくれる女性は、若い。

あるとき、若者の一団が、オートバイでやってきた。不穏な感じさえして、一瞬、警戒したが、なんとオランダの甥とその友人連中で、強く手を握りしめた。

見物の時間は、平均で、20分。毎日、毎週、十数年間、労力を惜しまず、すべての時間、人生のすべてを注いできた庭を見るには、あまりにも短い。不釣り合いな時間である。でも、動かしがたい現実である。そして、もっとも多く受ける質問は、「お客さんは、たくさん来ますか」なのである。

住所▶ Cribyn, Lampeter, Ceredigion SA48 7NG
経路▶ Carmarthenのバス駅から1日3便。Llanwannenで乗り継ぎ、1時間24分。徒歩3分。ロンドンから日帰りは難しいので、カーマーゼンに1泊。Carmarthen駅へは、London Paddington駅から、Bridgend乗り換えで、4時間。

52 国立ウェールズ植物園 National Botanic Gardens of Wales

9月3日

庭園を巡るごとく──美しくて楽しい

　ウェールズ庭園探訪の最終日。カーマーゼンの駅前からバス往復。片道は20分ばかり。晴れで暑い。園内のレストランで、羊の煮込みを食べる。付け合わせは野菜。

　国立ウェールズ植物園は、2000年5月24日に開園した、世界でもっとも新しい植物園である。田舎に置かれ周辺環境もすばらしく、構想、内容ともに、未来へ向けての熱気が感じられる。

　入園すると回遊観覧車が待っていて、無料で湖の側を通り、橋を渡り丘の上のガラス張りの大温室まで乗せてくれる。途中で何回か停まり、運転手兼案内人のおじさんが説明してくれる。大温室の近くに展望所があり、谷の向こうに、放牧地と樹木からなる丘陵が見える。稜線に古い塔が立っており、美景の焦点。パノラマを堪能する。

　回遊観覧車は、およそ半円を描いて来る。主な展示施設は、残る半円に集中している。まず、目の前の大温室から始めるのが順当。ここには、地中海気候に似た世界各地の植物が展示されている。地中海地域を初め、カリフォルニア、オーストラリア南部と西部、チリ中央部、南アフリカ南西部の植物で、多彩さと珍しさが織りなす別世界。中に、カフェ・レストランもあるから、休みながら、しばしこの小世界に身を置くことができる。ここは、

ネルソン提督を偲ぶ古塔

植物を美しく展示して楽しんでもらう傍ら、将来に備えて保存するのも目的。花をつける植物のうち、約20％が、地中海気候の地域に集まっているという。これらの地域の面積の合計は、地球の表面のわずか1％。植物の多様性という観点からすれば、重要な地域である。

　次は、近くの「ごろ石の庭」。大小の石が点在する乾いた庭で、高山植物が集まる。石は、排水、防風、日除け、また霜避けの効果があり、たくさん使われている。石を多用して、屋外に展示するのは、新機軸だという。かなり広い。ここを見終われば、「中央の路」をゆっくりと下る。入口へ向かってまっすぐ伸びる幅広い路で、右手に川のようなボーダー花壇が作られており、これを見る。ボーダー花壇は、多年草の他に、灌木と樹木も使う型で、中に細い苑路が細流のように設けられているので、そこを辿る。花壇は、相当長い。

学習も滑らかに

　植物園らしく系統的に植物の学習ができるところが、「壁囲いの庭」（旧菜園）である。内部を4区画に分け、1区画だけは、伝統的な菜園を再現。残る3区画は、植物の進化の順を追って、それぞれの時期に生まれた代表的な植物と花が展示されている。植物進化の系統樹が掲示され、進化の概要が把握できる。花が咲きそろい、綺麗なところである。

　単子葉植物から双子葉植物へ、そして双子葉植物はバラ亜綱系とキク亜綱系に二分、というのが、ここで扱われている進化過程で、区画は、単子葉植物、バラ亜綱、キク亜綱の3つ。

　単子葉植物の代表は、麦類、草類、百合、バナナ。バラ亜綱は、なんといってもバラで、キク亜綱は、ジャガイモ、トマト、たばこ、ロベリア、ヒースなど。DNAを使った最新の研究成果も基礎になっている。

　もうひとつ勉強できるところが、「ウォラスの庭」。ウェールズ生まれの自然誌学者で、植物に詳しく、ダーウィンと初版『進化論』を出したウォラスにちなむ。小さい庭だが、こちらは植物の進化の全過程が、簡略に、実際の植物で示されている。それを見れば、植物もやはり水中に生まれ、陸に上がって、シダ類、次に花を咲かせる植物と進化し、樹では、まず針葉樹、それから広葉樹の順だったことなどが一目でわかる。

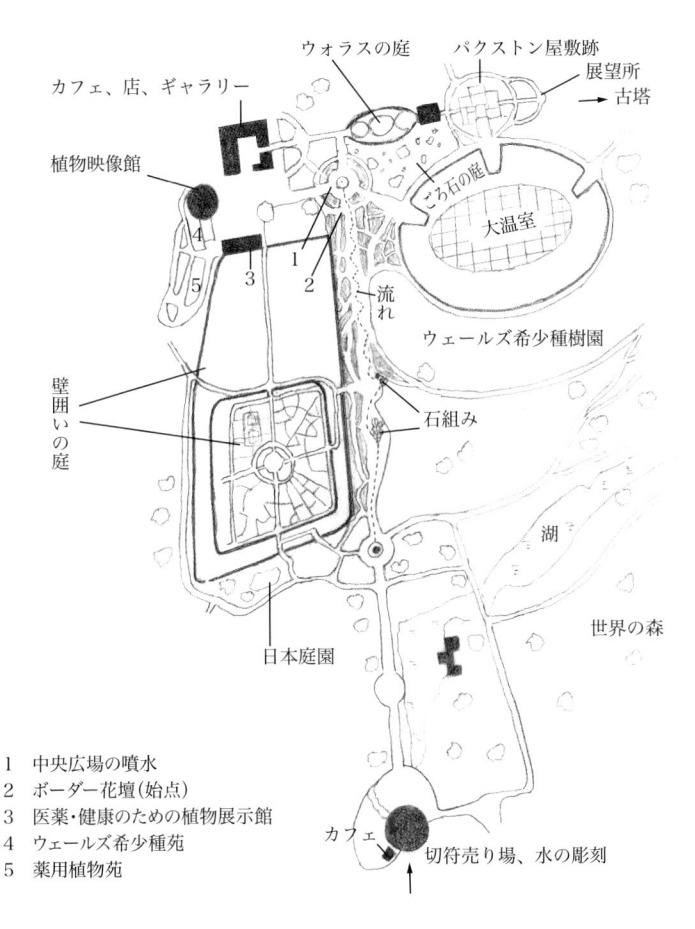

1　中央広場の噴水
2　ボーダー花壇（始点）
3　医薬・健康のための植物展示館
4　ウェールズ希少種苑
5　薬用植物苑

　ただ、この庭の眼目は、植物の遺伝子から見た植物の繁殖と進化というテーマ。受粉、突然変異、メンデルの法則、それに当てはまらない遺伝、伝統的に行われてきた人間の選択による品種改良など、主題別に花壇を作って実際の植物を展示。黒紫の葉に一重黄色の花弁という珍しいダリア。これが人間の選択によって作り出されたものであることを知って驚く。この庭でも、最近のDNA研究の成果を踏まえている。
　勉強というなら、もうひとつ、「医薬・健康のための植物展示館」や「薬用植物苑」もよい。「医薬・健康のための植物展示館」で扱うのは、世界の薬草利用の長い歴史だが、いまでも世界の人口の80％が薬用植物に頼っていることも語られている。

11 — ウェールズ

大温室　　　　　　　　　　　　　　　ごろ石の庭

　この展示館には、19世紀末のヨーロッパで見られた典型的な薬屋の店舗が再現され、棚には大小さまざまな瓶が並び、壁には薬草を収める小引き出しが並んでいる。薬種商は、このような店舗で薬を作り販売した。ここは100年前の医薬の現場といった趣がある。なお、ウェールズには、14世紀から19世紀まで、薬用植物に詳しい医者たちのつながりがあり、その名声はヨーロッパに聞こえていたという。「薬用植物苑」もかなり広い。ちなみに薬用になる植物は、およそ7万種。

保存のために

　特に保存という観点から見てまわるのは、「ウェールズの希少種苑」と「ウェールズ最希少樹苑」だろうか。

　「世界の森」は始まったばかりの計画で、まだ、木は疎らで小さい。構想は、ウェールズの気候に似た地域の木を集めた森を作る、である。それに該当する地域が、タスマニア、アメリカの一部、ニュージーランドの南島、中国の雲南省と四川省、ヒマラヤ西部、チリの一部。「原産地の森の木がなくなれば、ここから補給できる」と回遊観覧車の運転手兼案内者は説明した。森が育てば、灌木を入れ、地表には花を加える予定だという。

　すでに野生動物と植物の保護を実現した広い地域がある。丘の上の展望所から眺められた丘陵で、440エーカー。放牧地と農地、小森や木立、生垣などからなる。先ほど、美景の焦点に古塔が立つ、と紹介したところである。ここには動植

物合わせて1000種を超える生物がいる。蝶と蛾が100種以上、小鳥が60種以上、何千匹という蛙。イモリ、トカゲ、草ヘビも多い。カタツムリは26種を確認済み。イギリスでは急激に減少した哺乳類が、ここにいくらかいる。何百というウェールズ固有の植物がみられ、地衣類180種、コケは92種。多くのキノコ。

水の彫刻「33798」

　これら多くの野生の動植物は、19世紀までウェールズの農地で見られた。20世紀に集約農業が始まってから、激減。事情は、多かれ少なかれ、イギリスでもアメリカでも同じ。いま、ここは、国定自然保護地域に指定されている。ここで営まれる農業は、有機農業。

パクストンの地所——遺産を生かして

　植物園の始点は、1600年頃に誕生したミドルトン家の地所である。ミドルトン家は、この地に初めて屋敷を建て農園を開いた。三代後、結婚によってグイン家に移る。負債が重なり、地所は売りに出され、買い取ったのが、パクストン。フランス革命と同じ1789年のこと。当時のお金で4万ポンドだった。

　パクストンはスコットランドに生まれ、イギリス東インド会社が営むベンガルの造幣局の長となり、その職を利用して、金融に勤しみ、42歳で、巨額の富を築き、イギリスに戻り、ロンドンで銀行を開いた。その関係で親しくなったウェールズ人ウィリアムズに招かれ、この土地を知った。これを購入し、人もうらやむ美麗な屋敷をたて、風景式庭園を作った。

　風景式庭園は、放牧地と羊、木立と樹帯からなる広大な庭園。湖も欠かせないのがふつう。パクストンは、その湖も作った。谷間の川を要所で堰き止め、7つ連なる見事な湖で、複数の滝が作られ、複数の橋がかけられ、水景が完成した。

風景式庭園の仕上げは、今も空を背景に、稜線に立つ古塔。これは1805年、トラファルガー沖の海戦で亡くなった提督ネルソン卿を追悼する趣旨のもの。ネルソンは友人であったという。パクストンはその塔に友人・客人を招いて、美食を尽くし、周囲の眺めを楽しんだ。パクストンは、財ある者の社会的責任も果たした。カーマーゼン（現在は市）住民への水の供給施設。それからテンビ（現在は町）の住民に共同浴場を建立。

パクストンは、いわゆるインド成金だった。東インド会社の社員となり、インドでおおむね短期間のうちに巨富を築き、イギリスに戻ってきた数百人の人々。そのパクストンが1824年、80歳で亡くなると、アダムズという人物が購入。しかし、資産が尽きて、屋敷と土地は、第一次大戦後、1919年にふたたび人手に渡ったが、1931年に屋敷が焼け、農地も荒れていった。その後、カーマーゼン市が購入し、農園として復活させ、一部は、公園として一般に開放した。

このような地所が、植物園に生まれ変わるのは、ウィルキンズというウェールズの画家の奔走のお陰である。美しさに魅了され、歴史の深さ、植物園となった場合の発展可能性を見たウィルキンズは、農園を復元させて植物園を作る基本案を考えた。ディヴェッド州、ウェールズ開発庁、ウェールズ観光庁、ウェールズ農村協議会、それにキュー植物園が賛同。計画が軌道に乗ったという。資金は「2000年委員会」から出された。

この植物園は、パクストンの遺産の影が濃い。いまそれが視覚像として目に入るのは、なによりまず湖も含む風景式庭園だった風景、それから焼け残った、使用人たちの居住した建物。ここには、当時、厨房と洗濯場、さらに醸造所も置かれていた。この建物は現在、会議場に使われている。それから、いま、カフェ・レストランや店、画廊などが入っている元の厩舎。そして通常の2倍はある壁で囲んだ旧菜園。

ウェールズ国立植物園は、イギリスならではの恵まれた遺産を基に生まれたといえるであろう。そしていま、関係者の意気込みがある。展示、保存、研究を一体とし、未来を見据える植物園。その未来は、これからの200年を視野に入れているという。

水の彫刻

　入場券を買って入るとき、最初に迎えてくれる水の彫刻があり、これはまた、帰るときに目にする彫刻である。記憶に刻んで帰るべきもの。彫刻は、板ガラスの多角錐を逆さまに立てて、裏面に水を流している。見上げる者の背丈の3倍はありそうで、かなり大きい。植物と水は切っても切れない関係にあることを示す彫刻。ともいえるが、同時に、別の事も語りかけているようだ。水は流れ、時は流れる。植物は減っていく。2000年の時点で、絶滅の危機に瀕している植物は、33,798種。制作者のマリオン・カルマスは彫刻に「33798」の名を与えている。

　この植物園は、カフェ・レストランの厨房や全園のトイレから流れてくる排水をすべて浄化して再利用しており、すべての熱源はバイオマス発電によっている。環境配慮型である。カフェ・レストランで使う食材も原則、地産地消で、環境負荷を少なくしている。

　案内書の最後のページには、「植物園というだけではありません」という見出しで、古典音楽会など、さまざまな催しがあることを紹介している。催しは、多彩で、ジャズ・コンサート、シェイクスピア劇の上演、ウェールズ聖歌の合唱、メイポールの踊り、牧羊犬とアヒルの催事など。さらに、さまざまな会議や集会に使って欲しいと呼びかける。宴会や結婚式、式典、ワークショップなどを、会議場、大温室、野外大テント、2000年広場、画廊などで開ける、という。

　催しと施設利用は、イギリスの多くの庭園で見られ、ひとつの経営手段。休暇を過ごす宿泊施設を用意している庭園もある。それを植物園がする。

　ウェールズ庭園探訪で興味深かったのは、バスに乗ることが多かったため、ウェールズの田舎の景色がたくさん見られたこと。丘陵が多いので、バスはよく坂を上り、下りる。生垣が比較的細かく牧草地を区切っている。羊たちの放牧地も比較的急な斜面のものが多い。木立も多い。森といえるものもある。川や入江、干潟もよく目につく。

住所 ▶ Middleton Hall, Llanarthne, Carmarthenshire SA32 8HG
経路 ▶ Carmarthen 駅前のバス停から9分。Carmarthen 駅へは、London Paddington 駅から Bridgend 乗り換えで、4時間。

53　ハファド　Hafod Estate

9月15日

究極の風景式庭園

　予定は、「淑女の散策路」を一周すること、途中交差する「殿方の散策路」の一部を歩いてみること、である。「殿方の散策路」は、急峻で長い。いずれも見るのは、渓谷と滝、周囲の急峻な丘陵と森で、これが庭園の中核である。ハファドは、自然が庭となり、庭が自然となる、といった極点にある風景式庭園。

散策路を巡らす

　ハファドに風景式庭園を作ったのは、トマス・ジョーンズ（1748-1816）という大地主で、国会議員も務めた人物であった。ウェールズに接するヘリフォードシャの母方の実家で生まれ育ち、イートン校からエディンバラ大学へ進み、スコットランド高地地方の自然の中を旅する一方で、親友とヨーロッパ大陸旅行にも出た。エディンバラ大学では、新しい考え方や進取の気風に触れた。結婚して住んだのは、生まれ育った母方の屋敷であった。そこは、ウェールズに比べ、暮らしは豊かで、新時代の波動もよく届いた。

　父の死によって、父方母方・両方の地所・屋敷を相続した。妻に早く先立たれ、従妹（父の妹の娘）のジェーンと再婚した。再婚を機に、父方の地所があったハ

殿方の散策路 　　　　　　　　　　　ペイラン滝

ファドに移り住んだ。ハファドは、ウェールズの南西部にあり、7000エーカー（約2800ヘクタール）あって広かったが、土地は痩せ、牧畜や耕作から上がる収益も低かった。あえて、そこに移ったのは、自然に魅せられたからであった。渓谷に急流と滝があり、森があった。川は深い谷間を流れ、淵と急流をなした。いわゆる荒々しい自然 wild nature の世界であった。1771年、すでに友人に「天国」を見つけたと書き送っている。そのとき23歳。この時期に、急峻な丘と渓谷、滝、森林の風景に魅せられた人がいた、ということである。その地に移ったジョーンズは、屋敷を建て替え、新しい農業と牧畜の方法を試し、その成果を冊子にして、借地人たちに配った。屋敷周辺は、直接経営で、その他は、複数の借地人に貸していた。ジョーンズは林業にも取り組み、急峻な斜面に膨大な数の木を植えた。300万本は植えたとされる。多くは、落葉松であった。

　庭作りにも新構想を立て、その独特な庭は、多くの友人と訪問者を招いた。ジョーンズは、地所の自然景観を巡る、という形の庭を作った。順路を定め、整備する、という作業を進めて、合わせて4つ、散策路を作った。最初にできたのが、「淑女の散策路」で、ジョーンズの処女作である。次が「殿方の散策路」で、この2つが主要にして、典型であった。ハファドの地形は、基本的にV字の連続で、屋敷のあるところだけ、すり鉢型に近い。屋敷近くを流れゆくイストウィス川流域も屋敷近くでは、地勢がゆるむ。

　「淑女の散策路」は、屋敷から出て、谷合いのイストウィス川岸を上流に向かって進んで、途中で、冷浴場や牛の放牧地を見て、ジョーンズ夫人が作った1エーカーの花の庭に立ち寄り、ペイラン川がイストウィス川に注ぐ所でイストウィス川から離れ、ペイラン川の渓谷を遡る。ここからは、渓流が散策路のすぐ側を流れ、踊り跳ね、うねり、自在に変化する。滝と滝壺が順に現れる。やがて、最大の見所、最後の大滝に至る。2階家が傾いたかのような巨石が大滝を左右に分け、直下の滝壺は、泡立ち、かつ静かに深い所がある。上流を見上げれば、渓流は、長い滑り台のような河床を、勢いよく滑ってくる。渓流は大滝の滝壺に落ち、やや右手に折れ、流れ去る。急ぎ流れ去る姿も、うねり、落ち、素早い。当時、ここまで巡ってきた人々は、しばし、足を止め、仔細を眺めたであろう。見終わると、滝に背を向けて、森の斜面を上がる。やがて、右手に教会（ジョーンズ家の者と借地人が集まった）が見える。さらに登って、丘の上に出る。下って放牧地を横切り、

11—ウェールズ

養魚池と管理人の家の前を過ぎれば、屋敷が見えてくる。これが3.6kmの「淑女の散策路」であった。

「殿方の散策路」は、屋敷を出て、イストウィス川の橋を渡って、向こう岸をやはり上流方向に、急峻な斜面を横切っていく。一面の森で、木はアメリカツガである。時折、川辺の風景と対岸の丘が見える。川辺には、牛たちがいる。ジョーンズ夫人の花の庭も遠望される。何本かの小滝を横切る。対岸を辿る「淑女の散策路」がイストウィス川から離れるあたりまで来ると、「殿方の散策路」も川岸から離れ、右手の渓谷を遡る。ここも、滝と滝壺の連続である。滝は、段々滝や垂直の滝で、狭い淵もある。対岸から合流する渓谷の水を合わせて、水が垂直の一枚岩に広がる所もある。曲がりくねった急坂は、巨岩に行き着く。そこに洞窟が作られ、9mばかり、暗い中を進めば、滝の轟音が聞こえる。左折すると、明るく、大きな開口部に、落下する滝が見える。白く輝く滝は、素早く、下方へ落ちていく。これは、ジョーンズが仕組んだ劇的な演出だった。横から見るのだが、日本ならさしずめ裏見の滝。ここでは「洞窟の滝」と呼ばれる。水しぶきを浴びれば、全身はすぐ濡れる。洞窟を出て戻り、途中右手、石段を、二、三段下りると、渓谷に木橋が架かっている。2本の木を渡しただけの橋である。その上に立つと、滝の全貌が見える。滝は、相当高い。滑らかな一枚岩を滑って、滝壺に落ちていく。懸崖のオークが数本、景色を引き立てる。滝壺を出た渓流は、曲がりくねって先へ流れ去る。最大の見所に、洞窟と橋を設けて、滝の姿を、2度、楽しむのである。

散策路に戻り、降り行き、途中で左手に折れる。ブナの森を進むと、小丘があって、頂に至れば、広い展望が開け、イストウィス川の景観を見渡す。先へ進めば、対岸に教会と花の庭も見える。さらに、森に包まれた斜面を横切っていく。小さな渓流を横切り、崖に突き出た巨岩に突き当たるが、トンネルが穿たれ、中は折れ曲がり、先が見えず、聞こえるのは、滴り落ちる水音。出口に達すると、対岸の丘が見え、ベッドフォード公爵記念塔が目に入る。これはジョーンズが第五代公爵の農業改良の功績を称え偲ぶもの。トンネルを出て、進んで行くと、渓流に出る。水が、珍しいほど長く、左手の丘の斜面を下って来るのが見える。水勢強く、左右にうねり、上下に波打ち、流れ下ってくる。橋の中央に立って待ち受ければ、その迫力に打たれる。橋を潜った後も、滝の荒ぶる様はしばらく続く。

滝を後にし、やがて散策路は、斜面を上がる。最後、下りの途中で、切り立つ

250

① ----- 淑女の散策路
② --- 殿方の散策路
③ ...... イストウィス渓谷散策路
④ ——— ベッドフォード公爵記念散策路
⑤ ·—·— コウド・ハファド散策路

崖下に渓流を覗く。そこに、いくつか滝があり、淵がある。やがて、散策路はイストウィス川に出て、来たときより下流の橋を渡る。橋を渡るとき初めて屋敷が見え、戻って来たことが実感される。川岸には菜園と温室があるので、そこに寄ってもいいし、まっすぐ屋敷に戻ってもよい。屋敷に戻る途中、屋敷とイストウィス川下流の渓谷が見え、その背景に、高く遠い丘陵が見える。頂の細長い羊の放牧地が、色鮮やか。屋敷前に広がる芝生地と右方の丘の形がいい。「殿方の散策路」は、6kmある。「淑女の散策路」に比べて、地形は険しく、景観は荒々しい。

この主要な2つの散策路は、最初の4年間で作られた。完成は1787年だった。

さらに2つ散策路

ジョーンズは、さらに2つ、散策路を増やした。ひとつは、イストウィス川上流を探索する路である。ちょうど、「淑女の散策路」と「殿方の散策路」が左

右に分かれる地点から、イストウィス川を遡る。出発点は、イストウィス川にかかる石橋。そこから、急流、滝、淵の連続である。道は左岸で、険しい。やがて対岸へ渡り、ペイラン川上流へ出て、そこからペイラン川に沿って大滝まで下り、「淑女の散策路」に合流。そこが終点である。試行錯誤の末に、ジョーンズ晩年の1814年ころに完成された。意図は、沢登りを楽しむ場所を作ることにあったと推定される。親しい友人だったスミスが「ジョーンズは水量が少ないとき、渓谷に入って遡る。岩も登る。眺めの良い場所の選定もする」('A Tour to Hafod' 1810)と語っている。こんなことからジョーンズは沢登りの創案者とされる。現在は、崩落箇所があって、上部に作り替えられ、高低差も減った。いま、1km半ある。

もうひとつは逆に、イストウィス川を屋敷近くから下流に向かう散策路で、「殿方の散策路」の帰路の橋が出発点。左岸を行く。イストウィス川は、下流でも渓谷を刻んで流れる。支流の水が加わって水量が増え、急流と滝は激しく、淵は深い。渓谷が狭まる所を通り抜けるところが最大の見所だが、ここは、上方から覗くに止まる。散策路の途次、さまざまな滝がイストウィス川に落ちる。現在、3kmの散策路として辿ることができるが、難路が多い。

殿方の散策路

このようにジョーンズが追加したイストウィス川の上流と下流の景観は、「淑女の散策路」や「殿方の散策路」の景観より、激烈であった。

「悪魔の橋」

息をのむような景観なら、「悪魔の橋」でも見られた。それは、ハファドの地所の北端にあり、屋敷からの道はおよそ8キロ。時間に余裕のない訪問者は、ここだけ見て帰った。「悪魔の橋」の下を潜ったマイナハ川が傾斜70度はあると思

われる斜面を 120m ほど雪崩れ落ちる。途中に 5 つの踊り場があって、滝がうねり、跳ね、最後は深淵のような滝壺に落ちていく。雨後の水量の多いときは、轟音と水しぶきがあたりを圧する。滝の左右は切り立つ斜面で、森。この滝は、滝壺から出た後も、さらに段段滝をなし、短く流れて、ライドル川に合流する。いま、ライドル渓谷鉄道の車窓から眺め下ろす川が、ライドル川である。ライドル渓谷鉄道は、アバリストウィスの町と「悪魔の橋」駅を結んでいる。

　現在、「悪魔の橋」では、滝を見ながら急斜面を降り、橋で対岸に渡り、急斜面をまた戻る道が整備されているが、当時は、未整備だったから、滝の姿を見るのは、たやすくなかった。

「悪魔の橋」の滝（一部）

　「悪魔の橋」は、中世、1075 年から 1200 年と推定される時期に、近くの修道院の僧たちが作った。短い石橋であったが、そこに橋を架けるのは、人間業とは思われなかったので、悪魔が架けたと口承された。悪魔は、最初に渡るものの命をもらう約束だったという。犬を連れた女性が最初に現れ、パンを橋の向こうに投げた。それを追って犬が橋を渡った。犬の命が悪魔のものになった。女性の機転で、人間は犠牲にならずに済んだ。1753 年、その石橋が危なくなったとして、使用停止、その上方に、石橋を架け、橋は二重橋になった。18 世紀、ここを訪れた者が踏みしめたのは、この石橋である。1910 年、州政府がさらにその上方に鉄の橋を架けたので、現在は三重の橋になっている。

　ジョーンズは「悪魔の橋」を見に来る者、また、そこから屋敷や散策路にやってくる者の便宜のために、橋と谷を見下ろす好位置に宿屋を建てた。それは、のち、ハファド・アームズ・インと名を変え、さらに、現在のハファド・アームズ・ホテルになる。1903 年に開通したライドル渓谷鉄道の終点はそこから近い。

死後作られた散策路

　いま、ハファドには、ジョーンズの死後に作られた散策路もある。手軽に歩くには、便利である。ひとつは、コウド・ハファド散策路だが、ジョーンズが作ったという資料もなく、1888年の地理調査地図に初めて見える。屋敷の東から北に延びる丘陵の森を通る1.2kmで、尾根でなく斜面を横断する。2003年に整備復活された。見所は、いくつかの眺望点から見る風景で、近くに池、浅い窪地に広がる放牧地、そして屋敷跡、イストウィス川、遠方に高い丘陵という雄大な眺め。いま、ブナ、レッド・オーク（赤柏）、落葉松、ダグラス樅、その他が植えられた複合森林で、多くの野生生物の住み処になっている。春には、ブルーベルやサツキが咲く。

　もうひとつは、ベッドフォード公爵記念塔の散策路で、1.6km。1997年に新設された。教会の上にある駐車場から、ほぼ旧屋敷の方向に向けて、幅広い丘陵の背を楕円路で往復する。突端にあるのが、ベッドフォード公爵を称えたジョーンズの記念オベリスクで、碑文には「イギリス農業の偉大な改良者ベッドフォード公爵を偲ぶ」（要約）と記されている。公爵は第五代で、名はフランシスであった。若死にしたが、ジョーンズの同時代人で、農林や酪農牧羊の分野で改良運動が盛んだった18世紀後半の導きの星の一人だった。近くには、27歳で夭逝したジョーンズの一人娘が作った個人庭園がある。この散策路を回れば、旧屋敷周辺の風景を上から見晴らすことができる。

「ピクチャレスク」を語ったナイトとプライス

　ジョーンズの庭作りを導いたのは、「ピクチャレスク」の美学である。論客は、ナイトとプライスで、荒々しい自然に似た風景式庭園を作るべきだと論じた。鍵語は、「変化に富むこと」variety と「複雑に入り込んでいること」intricacy であった。絵にモデルを求めれば、荒々しい山岳風景を描いたイタリアの画家サルバトール・ローザ（1615-73）の絵だという。それまでのブラウンやレプトンの風景式庭園を批判してのことだった。一世を風靡したブラウンの風景式庭園は、土地の潜在的美形を土木工事によって引き出し、一面の芝生にして、オークやブナなどを1本また群れとして、美的に配置し、川を堰き止めて湖を作り、川に橋をかける。周囲は、樹帯で囲む。庭を支配するのは、滑らかな、うねる曲線。たとえば、

丘の斜面や稜線、川、湖岸、アプローチなど、すべては、滑らかに起伏し、うねる。そしてこれは、一望される広い庭。放牧地や鹿園を取り込むことがふつうであったから、かならず、羊、牛、あるいは鹿の姿が見られたのも、特徴であった。

ブラウンの後継者を自任したレプトンの風景式庭園は、湖より川を重視、樹木が多いこと、時に庭外を展望すること、そしてなにより屋敷の側にはテラスの庭（装飾庭園）を設ける事、といった違いはあるものの、明るい芝生の広がりが一望される庭であることも、滑らかな曲線によって美が形成される庭であることも、基本は変わらなかった。

ナイトやプライスは、庭園の景観にはもっと変化と多様性が必要だ、といい、さらに、一目ですべてが見える庭は、平凡でつまらない、樹木の枝が屋敷を隠し、灌木が川や湖の岸辺を隠すといった、込み入った作りの庭が、かえって好奇心を誘発させ、魅力がある、という。そして、線は、不規則な凹凸を持つこと、あるいは折れ線であることが必要で、これが「ピクチャレスク」美なのだ。ブラウンの庭は、滑らかで、きれいに整い、明るく、なんでも見えてしまい、奥に潜むものを想像させる余地がない。我々はこれを超える。こう主張したナイトやプライスは、それぞれ、「ピクチャレスク」の庭を自分の地所に作った。いずれもウェールズは隣というヘリフォードシャで、ナイトはダウントン、プライスはフォクスリであった。その土地の自然が、もともと「ピクチャレスク」であった。したがって土地から生まれた論と庭だった、という面もある。

風景式庭園の極点へ

ジョーンズの地所ハファドは、自然の地形において遙かに恵まれ、二人の論客の庭をはるかに超える庭になった。ちなみにナイトは、母方の従兄弟だった。「ピクチャレスク」派の庭は少ないが、ハファドは、傑作にして極点の庭。同時にまた、より重要な事だが、イギリス風景式庭園の極点に至った庭である。

イギリスの風景式庭園では、当初から、「自然な」natural が唱えられたが、実際は、イギリスの農牧の風景が美化されて庭園となった。農牧の風景を、自然という。今振り返れば、奇妙な感は否めない。しかし、当時は、誰もが納得していた。それまでの人工的な整形庭園からの脱却の方に、よほど気を取られていた嫌いがないでもない。また、すでに、国土のほとんどは、耕地と放牧地に変わっており、

本当の自然がなかったことも、原因のひとつだったかもしれない。ともあれ、この不徹底が、ナイトやプライスに突かれた。ナイトやプライスの主張や庭園を経て、ハファドの庭が生まれる。先輩は触媒だった。ハファドの庭では、自然が庭となり、庭が自然となる。風景式庭園が自然を押し立てるなら、本来ここまで来るはずだった、その到達点の姿を見せる。ようやく果てまできたのだ、といえる。

　風景式庭園は、また、当初から、「変化に富んだ」various や「不規則な」irregular を鍵語にしていた。プライスやナイト等「ピクチャレスク」派がブラウンやレプトンの庭に対抗して唱えた「多様さ」variety や「こみいった複雑さ」intricacy も、大筋では、この種のものであろう。もっと多様に、もっと不規則に、という主張だったと思われる。ブラウンやレプトンが風景式庭園を全国的規模で作り始めて、約 30 年。その間に、趣味が進化した、あるいは深化した。あるいは、それまで人工との対比で語られた、自然で、多様で、不規則な、という鍵語が、それ本来のものを求め始めた。その代弁者が、プライスやナイトだったのだ、との見方も可能である。ハファドの庭は、このような流れの最後に誕生した。渓谷ひとつをとってみても、そこに見られる多様さと不規則さは、格別である。おそらく、イギリスの地形や自然を基にした庭作りでは、この上ないほどに進化したものだった。

　ハファドの庭は、風景式庭園が当初から鍵語に挙げていた、natural、various、irregular が極点まで達した庭として位置づけられる。ようやく、そして然るべく。そして、それは唯一ある。貴重な庭である。

ギルピンが火を付けたピクチャレスクの旅

　庭園の世界の「ピクチャレスク」から離れて、広く一般にいわれるピクチャレスクにも、すこし触れておきたい。

　ピクチャレスクは、ギルピン（1724-1804）が「絵のように美しい」「絵になるような美景」といった意味で唱え（1768）、その種の風景を求めて、旅をして、順次、『ワイ川風景紀行』（1782）、『湖水地方風景紀行』（1789）、『スコットランド高地風景紀行』（1800）を世に送り出した。これによって、一挙にピクチャレスクとピクチャレスク旅行の時代が到来した。折からのナポレオン戦争が、有利に働いた。ヨーロッパ大陸は戦乱、あるいはその気配によって、イギリス伝統の

大陸教養旅行はむずかしくなった。勢い、国内旅行に足が向く。

　グレイ（古典学者、詩人）など、ピクチャレスクを唱えた先駆者はいるが、ピクチャレスク流行の功績はギルピンのものである。ピクチャレスクの旅人が向かった先も、ギルピンと同じ、ウェールズ地方、湖水地方、それからスコットランド高地などであった。ゴシックの修道院の廃墟や古城のある風景に向かって、また、丘陵や山地、渓谷と湖と森の自然風景に向かって、巡礼に似た旅行者の群れが押し寄せた。イギリスに多い水平的な風景でなく、新規に、立体的な風景に向かった、ともいえる。

　ハフォドの散策路や「悪魔の橋」を訪れる人々も、このような人々であった。ジョーンズに親しい者は、2週間ほど屋敷に滞在して、ジョーンズの庭を見物した。その他の人々は、1日のみ、訪問が許された。親しい人々の中には、ジョーンズと感性を同じくする人々もいて、ハフォドの風景を心から堪能し、本にし、また、スケッチにして、残した。

　ピクチャレスクの流行は、ジョーンズの亡くなる頃には、盛りを過ぎるが、さらに下って、1855年のハフォド売却広告に名残りが偲ばれる。「崇高にして驚くべき美しさ」、「驚嘆すべき景色の組合わせ」、「美しさと雄大さを兼ね備える」、「自然の荒々しさによく出会う」、「変化に富む見事な自然」、「雄大な山々と岩崖と急流」、急峻な斜面の「オークと落葉松の森」など。なお、ハフォドに来る方法も記されており、ロンドンから鉄道でシュルーズバリへ来て、郵便馬車で「悪魔の橋」へ至り、そこからふたたび郵便馬車で4マイル、という方法などが挙げられている。

ジョーンズ亡き後

　ハフォドの屋敷と地所は、ジョーンズが亡くなり、次いで妻ジェーンが亡くなると、継ぐ子供もいなかったため、売却され、以後、10人あまりの人手を渡った。19世紀の半ばには、「悪魔の橋」一帯が、地所から切り離されて、売却された。ハフォドの土地が抱える元々の生産性の低さは克服できず、時代が下るにつれて、農園経営は半ば放棄され、森林の伐採と販売に向かった。1950年に、政府が購入し、森林委員会が管理・運営を担当したが、この流れは改まらなかった。森林委員会とは、およそ日本の林野庁に相当する公的機関である。1980年代に、民間から「ハフォド友の会」が生まれ、遺産として復活する運動が始まり、1989年、ある

篤志家の寄附によって「ウェールズ歴史的庭園トラスト」が誕生した。トラストは、1992年に、森林委員会と提携して、さらに規模の大きいハファド復興運動を進める体制を作った。1994年、国営宝くじの遺産維持基金から給付金を受けることになったのを機会に、「ハファド・トラスト」が設立され、「ウェールズ歴史庭園トラスト」に代わって、森林委員会と提携して復興運動を進めた。火災で焼け落ちたまま、いま、ハファドに屋敷はないが、かつての厩舎が残され、そこに事務所が置かれている。復興活動の具体的目標は、ジョーンズの庭園の復旧維持、生態系の保存、ジョーンズの散策路の復活維持などである。

　イギリスの国営宝くじは、国民的関心も高いようで、テレビでは、始終、派手な演出の当たり籤の中継をしている。1993年に、国営宝くじ収益の一部を、遺産維持基金として、庭園の他に、博物館、考古学遺跡、自然環境、文化伝統などに当てる法律ができ、支給は1994年から始まった。実績は、2010年までだが、約3万4000件、総計約45億ポンドである。円でいえば、約7000億円ほどであろうか。ハファドでは、1998年以降、ここから受ける給付金が、財政の基盤になっている。他に、個人寄附と、団体や組織からの寄附がある。

住所▶ Pontrhydygroes, Ystrad-Meurig, Ceredigion SY25 6DX
経路▶ ウエールズの中心都市 Aberystwyth からタクシーで30分。アバリストウィスからライドル渓谷鉄道で悪魔の橋駅へ行けば、そこから徒歩5.5キロ。
　　　Aberystwyth 駅へは、London Euston 駅から、Birmingham International 駅乗り換えで、5時間10分。London Paddington 駅から直通で5時間36分。

12

スコットランド
SCOTLAND

　8月15日（日）から、スコットランド7泊8日の庭園探訪に出る。ロンドンのキングズ・クロス駅から、エディンバラ駅へ行き、乗り換えてインヴァネス駅へ。B&Bに泊まる。翌16日にインヴェリューへ向かう。鉄道駅近くのバス駅から、小型バスで、2時間。
　バスは、丘陵地の間を走った。ヒースの丘で、裾は、放牧地や植林の林。植林は唐松。樅の林や白樺の林もある。小滝や川、湖も時々見える。切り通しでは、左右は石の壁。ベルゼイ・ホールの「石切場の庭」で見たような箇所を走り抜ける。

54　インヴェリュー　Inverewe Garden

8月15日

悪条件を克服して

　インヴェリュー庭園は、マッケンジーが、スコットランドの北西部の海岸に、潮混じりの強風、岩と泥炭の土地、という悪条件を克服して作った庭として有名である。死後は、一人娘が継承。1952年からスコットランド・ナショナル・トラストが所有。庭の保存と発展に努めている。

　マッケンジーは、後添いに生まれた子だったので、父の家屋敷と地所は先妻の息子たちが継いだ。母が買っておいてくれたのが、隣接するインヴェリューとカーンサリの土地で、農地、放牧地の他に、ヒースの地と湿地からなる広大なもの（4800ヘクタール）。これが、20歳のマッケンジーのものとなった。整備の着手は1864年（22歳）。屋敷を建てる場所に選んだのが、インヴェリュー半島の先端。いまも屋敷のある場所である。見晴らしはいいが、環境は厳しい。半島は見渡す限りほとんどが、短いヒースと低いガンコウランに覆われていた。その下は、厚さは5〜7.5cmの泥炭、その下は岩であった。泥炭は、かつて氷河期が去った後、岩の表面を覆った水苔が次第に堆積してできたもの。半島には、どこにも肥沃な土地はなく、砂利も砂もなかった。特に先端は、強い潮風が南西から吹き付けるところで、森はなく、わずかに、90センチほどの柳の叢が2つあるだけだった。

　いま、菜園の入口に立ってみると、左手、入り江を挟んだ対岸に、石だらけの磯とヒースの丘が見え、右手には、マッ

菜園――花を育てる

インヴェリュー ―――

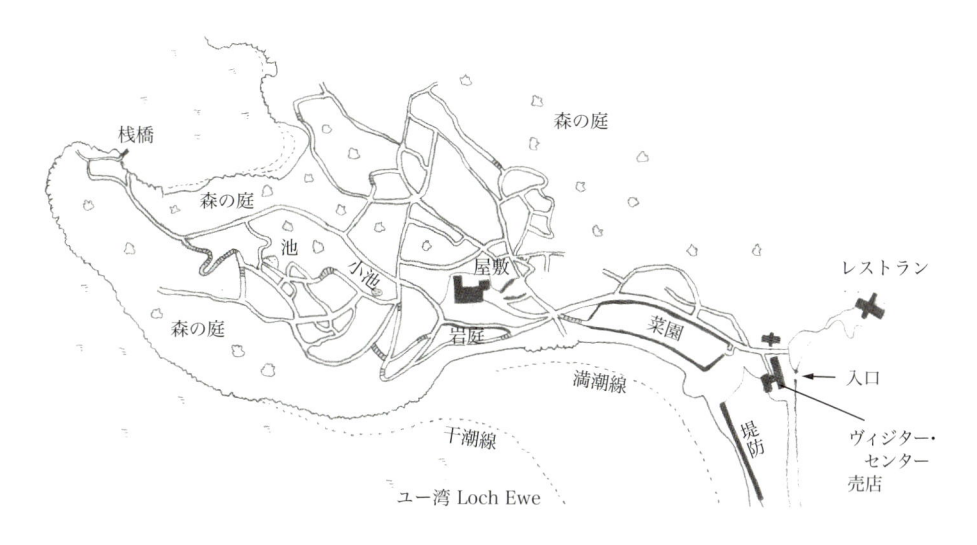

ケンジーが作った濃い森が見える。ビフォーとアフターの対比が目に飛び込んでくる。こちらは屋敷、対岸には、昔から続くプールウェ村。白壁の家が点々と立ち、僻地の寒村といった眺めである。

まず菜園

マッケンジーは、屋敷の生活に必要な野菜・果物・切花、それから園芸を楽し

菜園――野菜を育てる

森

む花を育てる菜園を作る作業に取りかかる。まず、磯の石ころを取り除くことから始めた。磯は、4分の3が石、残り4分の1が良質の土だった。石を取り除く作業は果てしない芋掘りみたいだったという。大人と子供が一組になる。大人が熊手を使って、石を掘り起こし、子供に手渡す。子供は手押し車に積む。石は、運んで海に捨てた。手押し車はこうして何千回何万回となく、往復。石を取り除いたところに必要な土を入れた。まず、引き潮のとき、海底から軽灰土を掘り出して入れた。軽灰土は、蛎の殻や蟹の殻（炭酸カルシウム）、その他の養分を含んだ土である。それに加えて、遠くから運んできた赤土。もっともたくさん入れたのが、泥炭であった。層をなしているところから、これも数え切れないほど何回も、荷車に積んで運んだという。こうして畑・花壇ができた。次に、磯に降りてくる丘の斜面の裾を削って、石壁で抑えた。この擁壁は、高さおよそ3.7m。その壁面にリンゴや梨を平張りにして育てた。菜園作りに、4年ほどかかった。完成したのは、1870年頃。果物、野菜の育ちは順調であった。プラムもよく育った。花の生育も良好で、イギリスで育つ花なら、ほとんどが、問題なく育ったという。

マッケンジーが特に挙げている花は、イクシア、ラッパ水仙、クロコスミア、スキラ。彼岸花科のクリヌム、アルストレメリア、ハブランツスの3種。それから、ワトソニア、百合。百合のなかには、高さ3mになる種類もあったという。紅ロベリア、青サルビア、ダリア。とりわけ、スキゾスティリス・コッキネアは深紅に輝き、海からも見えたという。これは切花用。ティー・ローズ（紅茶の香りを持つ中国原産のバラの栽培変種の総称）も各種育てた。それから、ティグリディア、コレア、カリステモン、カッシア、ロムニーヤなど。

マッケンジーは子供の頃から、花や樹が好きで、庭作りや植物収集に憧れていたという。それは、祖父、父と伝わってきた遺伝だった。

森作りに挑む

したがって、当然ながら、森を育てた。岩と薄い泥炭の土地に素人同然で挑んだ。強風地帯なので、本来なら、強風に強い松のトリオ（第1列にモンタナ、第2列にアウストリアカ、第3列にラリキオ）で樹帯を作ってから、内側に、オーク、ブナ、樅、シカモア、スコットランド松など、通常の森の樹を植えるべきだったが、マッケンジーは、それを知らず、森の樹の種子をヒースや泥炭の中に播いた

という。誰しも、うまく行くはずがないと予測したが、4、5年経った頃、芽をふき、幼樹が育った。それから、15年ほどかけて、保護樹帯と内部の森を作り上げた。内部の森に植えた樹は、前記の樹の他に、ヒノキ、トチノキ、銅葉ブナ、白樺、唐松。また、ダグラス樅など数種の樅。秋の紅葉が美しいオーク（クエルス・コッキネア）、その他、多数。ユーカリも数多く植えた。ウェリントニア、アルブツス、グリセリーニア、コルディリネ、竹、シャクナゲといった名前もマッケンジーは挙げている。1880年頃には、屋敷を包み、半島の先まで延びる森が斜面に誕生した。広さは40ヘクタールを越えた。

　森のなかの気候は、温帯のものに近くなった。メキシコ湾流の恩恵も受ける。マッケンジーは、この森に、イギリス南部のデヴォン州やコーンウォル州でよく育つという異国の珍しい木と灌木をすべて取りそろえる計画を立てた。森の中に空き地を作り、兎や鹿から守る1.8mの柵を回し、そこに異国の珍種を植えた。こうして、世界の温帯地方から集めた樹木と灌木が順に植えられ、森は、収集の森となった。その収集は、国際的に評価されるまでになった。マッケンジーは、20世紀の初めに、キュー植物園から訪れたビーン氏に、種から育てた、ヤシ、びわ、ドリミス、シッキム石楠花、アブティロン・ヴィティフォリウム、オレアリア、サワギク、クワガタソウ、メトロシデロス、ミトラリアなどを見せ、喜びと誇りを覚えた、という。ニュージーランドのマオリ族が百人乗りのカヌーを作るという珍樹ポドカルプスも見てもらった。加えて、ヤシに似たシダ（ディクソニア）など約10種の珍種も。

　森に集めた植物では、マッケンジーが海外に出かけて持ち帰ったものも、多かった。マッケンジーには、狩猟や魚釣りという趣味もあったが、庭や森作りの情熱は、段違いであった。

一人娘よりナショナル・トラストへ

　マッケンジーの死後、植物好きの娘メアリが庭を引き継ぎ、今も屋敷の前方に残る岩庭を加えた。さらにその後、庭を所有することになったスコットランド・ナショナル・トラストが付け加えたものがあって、現在の姿になった。スコットランド・ナショナル・トラストは、菜園の中や、屋敷前の芝生地の縁などに、ボーダー花壇を加え、庭を華やかにした。森に花を植え、地表の色彩を豊かにした。数カ

所に眺望点を設けて、崖などの上から、周囲の風景を眺めることができるようにした。スコットランド・ナショナル・トラストの基本方針は、マッケンジーの作った庭の性格を失わない、であるから、スコットランド松などが枯れれば補充するなど、植栽の維持であるが、収集の充実も図る。また、花数を増やして魅力的にするなど、観光客を引きつける手も打つ。

レストランは、おいしい料理を出す。レストランは、1995年に完成した。建築に当たっては、ヨーロッパ地域開発基金とロス・アンド・クロマティ・エンタープライズから助成金の交付を受けた。

今日は、細かい雨が降りしきり、ときおり、それが激しくなる天気だった。見物客は、雨が激しくなると、いきおい、店舗に集まる。売り場のおばさんは「今日は雨だったので、いい商売ができた」とにこやかだった。この日ドイツの観光バスも来た。いま、年間の訪問客は、10万人を越え、開園以来500万人に達する日も遠くないという。

とはいえ、運営の基礎は会員。その会員は、いま30万人。スコットランド・ナショナル・トラストは、1931年、少人数のグループから出発した。

レストランの入口の壁に、庭の維持についてスコットランド・ナショナル・トラストの訴えが掲示されている。

「スコットランド・ナショナル・トラストは、ヴォランティアあるいは有志による公益団体で、政府から直接的な補助は受けていない。インヴェリュー庭園の維持運営には、年間約100万ポンド（1億5000万円）かかる。庭の保存と発展を保証するのは、入場料と商業活動である」（要約）。

住所 ▶ Poolewe, Highland IV22 2LG
経路 ▶ london King's Cross 駅から Edinburgh 駅乗り換えで、Inverness 駅へ、8時間30分。1泊して、翌朝インヴァネスのバス駅から小型バスで2時間。夕方の便で戻る。

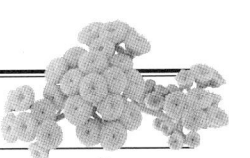

55　ブランクリン庭園　*Branklyn Garden*

8月17日

老後の庭が有名になる

　老後の住まいの用地として、戦間期に果樹園を買ったレントン夫妻が作りあげた植物と花の庭である。妻のドロシーは植物好き、夫のジョンが設計を担当。有名な植物の狩人たちとも知り合いで、かれらから入手した植物・花・灌木も多い。園芸団体の賞も授与された。とはいえ、二人は素人だった。

　ゆるい傾斜地に、30ほど、不整形な、多くは楕円に近い花壇を作って、苑路を辿り、順に見ていく。それぞれの花壇には、中心になる植物、花、あるいは灌木があり、興味をつないでいく。すべてに名札がつけられているので、学習も正確になる。ただ、少し、花の寂しい時期だった。ヒマラヤの青ケシは終わっていた。

　植物好きの人の作った庭だから、やはり、密植型である。おそらく限度いっぱいに植えられているのだと思われる。今も、植物マニア、園芸家がよく訪れるという。

　戦間期は、それまで足を踏み入れることができなかったヒマラヤ地方が開かれ、植物の狩人たちが、チベット、ブータン、中国奥地に分け入り、多くの珍しい植物を持ち帰った。戦間期は、海外の植物移入がひときわ活気を帯びた時期。活躍したのは、フォレスト等数名。夫妻は、特にフォレストやウォードとの関係を深め、彼らが持ち帰ったもの（多くの場合は、種子）を直接、分けてもらった。1936年には、種子を112包み、1938年には、4000種の植物、といったことが、ドロシー

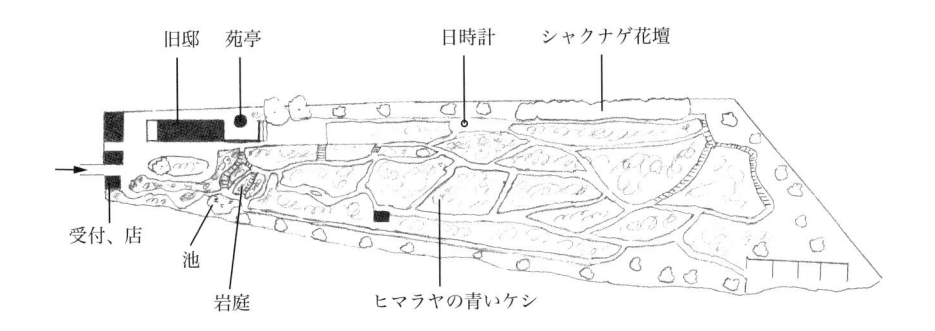

12 ─ スコットランド

のつけていた詳細な記録に残されている。異国の植物をうまく育てたことは高く評価され、さまざまな賞やメダルを獲得した。芝生のテラスに代えて、ピート（泥炭）の塊を積んだ花壇にしたのも、先駆的だった。植物の組合わせもよかったという。庭の広さは、2エーカーほど。ドロシーが第二次世界大戦後の1966年に亡くなり、ジョンが翌年亡くなった。それ以降、スコットランド・ナショナル・トラストが引き取り、継承発展に努めている。現在、この庭にある植物の種類は、約3500種で、そのうち40パーセント（1400種）が夫妻の集めたもの。

　この庭は、戦間期のイギリスの海外植物移入ブームが色濃く残された、個人が達成した高度の植物の庭であったことは、間違いない。

住所▶ 116 Dundee Road, Perth, Perth and Kinross PH2 7BB
経路▶ London King's Cross 駅から Edinburgh 駅乗り換えで Perth 駅へ5時間12分。タクシーで5分。

56　ドラモンド城　Drummond Castle Gardens

8月18日

奇跡のような——美しい設計の幾何学

　城（実質は屋敷）の立つテラスから、下に広がる庭を眺める。この庭は、ここから見るとき、いちばん綺麗。庭は喩えれば、地上の絨毯。取り巻く丘の風景と一体となって、眺めは卓抜。正面には、斜面の森の中を抜け、空に消える通景線が走る。いま森の彩りがよい。森の左右に放牧地と木立があって、絵のような背景である。放牧地の、羊たちは、白い点となって動く。

　庭は、サッカー場よりもいくらか細長い。テラスはあたかも正面スタンドといった所。庭には聖アンドリュー十字の苑路が対角線として走り、それを縦3本の苑路が、3つに刻んでいる。外側は、左右とも、円。このような基本設計の内部に、苑路や結び目花壇を置き、デザインの細部を完成させている。

　平面設計も優れているが、立体性も、抜群。たくさんのトーピアリを用いて立体性を出す。トーピアリは、大小さまざま。形は、筒型、紡錘型、また球型。素材は、杉、イチイ、またツゲ。色合いと質感が少しずつ違う。
自然な樹も、庭の立体性に寄与する。まず、中心部の左右に立つ銅葉ブナの高木。それから、左右の端近くの高木のツガ。トーピアリにしろ、樹木にしろ、色彩の基本は、緑。そこに、桜のわずかな赤紫やイチイの黄金色が点ずる。対比が際立ち、鮮麗。

ドラモンド城

デザインの平面を彩るのは、花。花は、淡い。聖アンドリュー十字の縁飾りは、アナファリスとニューサイラン。ともに、淡い。銀灰色や薄いピンクである。結び目花壇の中の花は、金魚草。白、ピンク、黄色など。これも淡い。左右両端の円形花壇は、芝生の緑と白いバラ。庭平面の色彩は、控えめ。それ故に、内部から静かに輝く。所々に見える赤が、鮮やか。

庭の飾りに、白色の大理石で作られた彫刻や飾壺が、交点や中心に置かれている。与える印象は、清新。

すっきりモダンに

ドラモンド家はスコットランドの有力貴族で、1606年には、すでにたいそうな庭があったとされる。聖アンドリュー十字を骨格とする現在の庭の形に改まるのは、1840年前後と推定される。1842年、ヴィクトリア女王夫妻が訪れ、歩いたのは、改修された庭で、庭を歩く姿が絵になって残されている。

改修案は、ルイス・ケネディという造園家に出るもので、なぜこれほど大胆で斬新な立案ができたのか、わからない。フランスで、ナポレオンの妃ジョゼフィーヌの居館マルメゾンの庭園で仕事をした経験があるが、そこにあったのは、イギリス風、つまり風景式庭園であった。ルイス・ケネディは、造園家として多忙で、仲間とロンドンで種苗園も開いていた。さらに、イングランドやスコットランドで、地所経営の助言者も務めた。そんなケネディがドラモンド家の地所経営を1818年に引き受け、亡くなる1868年まで、その職責を果たし、黒字の安定経営をもたらした。庭の改修案を考えたのは、この間のことである。その案は、息子ジョージの書いた改修案（1838）にまとめられている。細かに彩色され、色彩は賑やかである。1842年秋、ヴィクトリア女王が庭を歩く絵は、その案を立体化したものと眺められる。ヴィクトリア時代らしく過飾の庭で、満艦飾さながらに、花とトピアリで埋め尽くされている。トピアリの数は、驚くほど多い。絵には、ヴィクトリア女王の歩む先に、2羽のクジャクが描かれている。なるほど、当時の庭にはクジャクがよく似合う。

時を経て、このような庭が、いまのようにすっきり洗練されるのは、第二次大戦後である。そこへ踏み切ったのは、公爵夫人フィリス・アスターで、作業は1950年代に始められた。ただ、誰が青写真を描いたのか。肝心のことがはっき

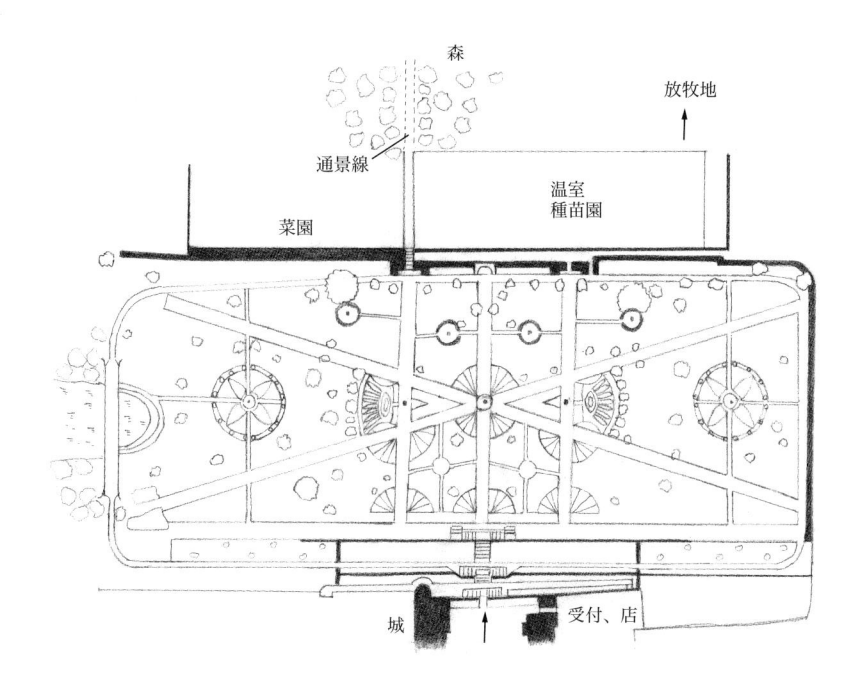

りしない。庭園史に記録されるべき事項だと思うが、惜しい。

美の秘密——基本設計を基に

　なにより、この庭のすばらしさは、基本設計にある。整形庭園でも、これだけ、すっきりと美しいものは希であろう。大きな平面を大胆にひとつにまとめる。イタリア、フランス、イギリス、その他の国の整形庭園でも、かつてないもので、卓絶。独創にきらめく。

　細かな部分のデザインも、優れている。たとえば、中心付近の八分円の形をした結び目花壇は、その形も異例なら、内部の模様も独特。複雑に見えて、しかし、きわめて明快。

　さらに、この庭には、植栽の良さがある。色模様は、洗練され、芸術へ向かう。そして、もうひとつ。庭をとりまく丘の森と放牧地という周辺環境がよい。それはほぼ、すり鉢型。この自然風の背景があればこそ、整形庭園がいっそう冴える。庭全体を見下ろす高いテラスがある。これが、またよい。庭を訪れた者は、いきなり、テラスの上から、予想だにしなかった庭をみる。劇的な演出である。最高

269

12—スコットランド

| 庭の左端部 | 庭の中心部 |

の眺望点が、はじめに、用意される。そして、去るとき、ふたたび、そこに立つ。

テラス仕立て——新イタリア式

　テラスから庭へ降りるには、斜面中央に作られた石段を使う。斜面は、三段のテラスに作られ、石段は、左右振り分け。イタリアのルネサンス庭園（バロック期の庭園も含む総称）で完成された典型で、かつてはバチカン宮殿の中庭で見られ、現在ではローマ近郊の名園エステ荘などに見られる。踊り場には欄干、石段には手摺り、いずれも立派な石造りで、その上に、飾鉢など石製の小さな装飾物が置かれている。踊り場の擁壁には、軽快なグロット。このような中心部の作りは、まさしくイタリア庭園のもので、南国の古典文化を連想させる。いま、テラスには、ボーダー花壇がある。以前にも花があった。つまり細長いテラスは、庭。庭に仕立てられ、庭として利用される。これもイタリアの庭の系譜。

　中央の石段とテラスの庭、これもケネディの改修案（息子作成）に描かれている。イギリスで、イタリア庭園の復活利用が、新イタリア式の名で、時代の流行になり始める。ドラモンド城のテラスの庭は、それにやや先立つ。

住所 ▶ Muthill, Crieff, Perth and Kinross PH7 4HZ
経路 ▶ London King's Cross 駅から、Edinburgh 駅乗り換えで Perth 駅へ、5 時間 12 分。近くのバス駅から Crieff へ 45 分。タクシーなら 10 分。

57　リトル・スパルタ　*Little Sparta*

8月20日

庭園界は意表を突かれた

　エディンバラ駅近くのイングルビ画廊前から、午後1時30分に送迎ミニバスに乗る。これは、リトル・スパルタを所有・運営する財団がインターネットで予約募集する。リトル・スパルタは、バスでも行けない田舎にある。

　途中から雨になり、庭園見物も前半は、雨のなか。後半は陽が射す。詩人・版画家のフィンレイが作った庭で、「1950年以降、イギリスで作られた庭の中で、ただひとつ、独創的な庭」（庭園史家ロイ・ストロング）とも、「21世紀の庭の指針」ともいわれ、きわめて評価が高い。

　家のまわりに10の庭を作り、そこに、詩句や字句、頭文字などを刻んだ石板、石柱、木板、また、彫刻やベンチなどを、275ほど配している。庭巡りでは、庭の作りや景を眺めて確認する他に、字句の読み取り、設置物や彫刻の解釈も併せてしなくてはならない。読みづらい小さな字句もあるし、意味不明な字句や抽象的な彫刻の解釈に戸惑うことも少なくない。見ていく上では、結構、時間のかかるやっかいな庭である。四方は、スコットランドの風景で、放牧地やヒースの丘が起伏する。

　ミニバスで来れば、見る時間は2時間ほど。ざっと見ていくだけの時間しかない。

船は波を切って進む——貿易船や漁師の船

LIBERTY ——フランス革命

見終わってみると、庭としては邪道、衒学的すぎる、美しくない、といった感じが強く、21世紀の庭のモデルになるのか、そうなっていいのか、考えさせられる。

10 庭の作り

家のまわりに作られた庭は、「前庭」、「ローマの庭」、「ジュリの庭」、「市民菜園」、「神殿と池の庭」、「閉じられた庭」、「森の庭」、「自然の庭」、「エック湖の庭」、「イギリスの放牧地」の10。他に、アプローチの途中に、リトル・スパルタ初期奮闘記念碑がある。

10の庭は、名前はともかく、作り自体は、どれも、独創的なものではなく、既存の庭、あるいはそれを少し変形させたものである。庭の作りでは、「森の庭」から「自然の庭」へ連続するゆるい斜面が良い。流れや滝、小池がうまくつながり、樹木や灌木、花もほどよく配されている。もうひとつ、「エック湖の庭」は、大きめの池とヒースの丘からなり、スコットランドの風景の縮図のように見えて、新鮮。外のスコットランドの風景に広く視界が開けるのも良い。

同じように、字句や石柱・彫刻類抜きで、作りだけいえば、「前庭」は灌木や樹木の多い庭で、「ジュリの庭」は、草花や低木のミニ庭園、「市民菜園」もミニ。「神殿と池の庭」は、円柱を並べて、ローマの神殿を表し、中心に浅い小池を置いたもの。「閉じられた庭」とは、中世の壁囲いの正方形の庭のこと。敷き詰めた芝生に小花が咲き、噴水や苑亭があり、芝生のベンチが設けられていたもの。狭い空間ではあったが、息抜きや娯楽、読書や語らいの場であった。単に、絵として描かれることもあり、その場合は、聖母マリアがいて、純潔の空間、あるいは天国としての意味を持たされた。リトル・スパルタの「閉じられた庭」は、厚い壁囲いのなかに、ミニ結び目花壇などを閉じ込めた、あたかも庭の牢獄のように見える作りである。ただ、これはフィンレイ没後に、計画予定に従って作られたもの。「イギリスの放牧地」は、芝生（牧草）の広がりのなかに、生垣や樹木、橋などを配した作りで、ミニ実景に近い。

庭が孕む世界——思索へ誘う

10の庭に配された字句を刻んだ石柱・彫刻類の役割は、連想によって、いまいる庭という狭い世界から、重要な世界の歴史や思想の世界へ人を誘い出すことに

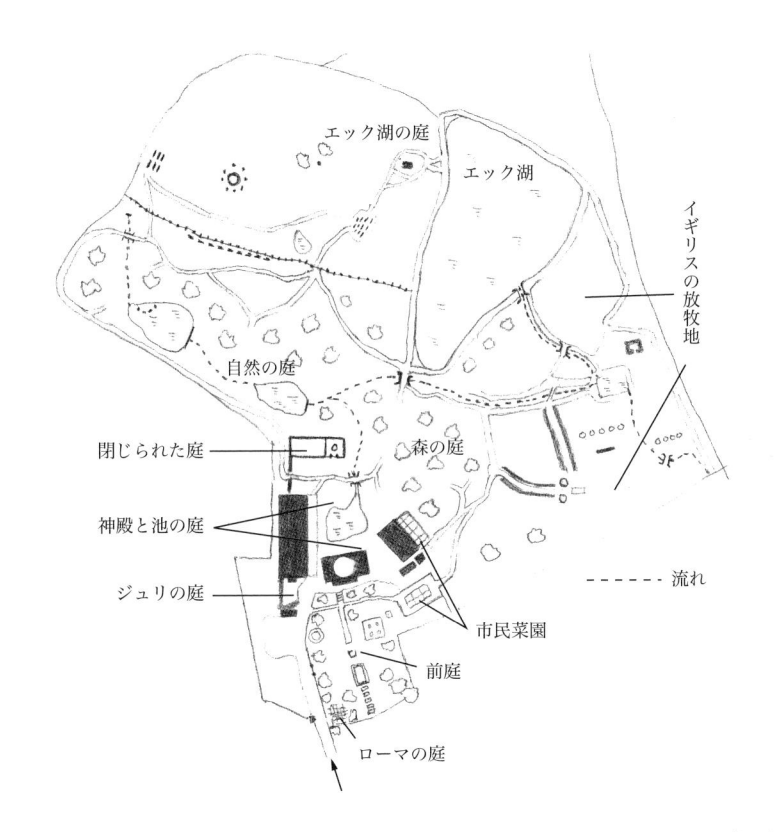

ある。字句や彫刻が想起させるのは、古代ギリシャのアルカディア（牧歌的楽園）、アポロやディアナなどが織りなすギリシャ・ローマの神話の世界、神話や文学で有名な3組の恋人たち、また、ドイツ・ロマン派の世界、ドイツの画家デューラーの世界、ヘーゲルやフィヒテの思想世界、古代ギリシャの哲学者や初期キリスト教教父たちの思索の世界、フランス革命や第二次世界大戦など歴史と社会を激変させた事件、思想家ルソーや劇作家シラーの世界、そして海。その他、その他。連想で連れて行かれる世界は、遠く近く、広く狭く、じつにさまざまである。それすべてがリトル・スパルタの孕む世界になる。つまりフィンレイが重視する思想と出来事の世界。

　フランス革命を連想させる字句や彫刻は、たとえば、4つの庭に配されている。庭を巡れば、間を置いて、4度、フランス革命に思いを馳せる仕組みである。他の主題も同様で、庭巡りの路で、何度か出現し、連想を誘う。1度だけ遭遇とい

THE PRESENT ORDER IS THE DISORDER OF THE FUTURE　　SAINT-JUST——フランス革命

う主題もある。
　フランス革命の取り上げ方は、もっともまとまっている。焦点は、ロベスピエールのジャコバン派。革命の精神をもっとも純粋に突き詰めた派。ただ、恐怖政治との抱き合わせだった。崇高な思想と激烈な暴力の組合わせ。行き詰まって、ギロチンの露と消えた。若きエースだったサン‐ジュストも庭に出現する。意外かも知れないが、ジャコバン派の革命歴は、農牧世界を反映するもので、それまでの暦の365日は、それぞれ聖人に対応していたが、代えて、花がひとつひとつ対応する。その革命歴を考案した人物も、フィンレイの庭に現れる。フランス革命は、穏健派から急進派へ、そして穏健派へ、と推移する。この過程も、庭に反映されている。
　海の連想世界も広い。ローマ人が、我らが海、と呼んだ地中海、スコットランドの帆船が行き来する海、そして港、スコットランドの漁民が漁をする海、海難をもたらす海、荒波と強風を陸地に吹き送って来る海、第二次大戦で日米が戦ったミッドウエイの海。第二次大戦に関連して、ナチスも顔を出し、破壊と暴力の

匂いを漂わせる。

　字句が刻まれているのは、彫刻の他、石板や石柱、丸石、噴水や日時計、銅板、ベンチ、壺や飾鉢、建物の壁、敷石あるいは路石（ステッピング・ストーン）、柵や小屋、橋、門扉、如露など、さまざま。刻まれた字句は、ふつう、２つ３つの連想を誘う。ただ、一見、一読して、不明なものも多い。ラテン語も多い。英語も多い。フランス語とドイツ語が少し。かがんで読み取る、跪いて読む、落ち葉を払って読む、消えかけた字句を読む、小さい字を読む。読むのは、かくて、難儀な業。

アポロ——詩・音楽・学芸・戦いの世界

原子力潜水艦——現代の海

　字句の意味と連想のおよそがわかるためには注釈書が不可欠。ジェシー・シーラの『リトル・スパルタ』がよい。謎解きの連続みたいに読める。これはこれで楽しいが、実際の庭巡りとは、別。庭巡りは、戸惑いと違和感につきまとわれる。

ハミルトンだからできた

　ハミルトンは庭に無縁な人ではなかった。フランスのプロヴァンスに所有者と一緒に本格的な庭を作っている。ただ、旅行嫌いなフィンレイは、代理人を送って、施行を任せた。ドイツ、オランダ、アメリカ、イギリスなどで作った庭もひとつずつだが、ある。リトル・スパルタの庭は、詩を書き、版画を作り、庭作りをし

たフィンレイの総まとめの作品といえるもの。庭というより、庭を媒体にした文学。詩的作品で、伝えたいのは、最終的に意味の世界。フィンレイは、具体詩（視覚詩。行の長短で、たとえば魚の形を象る）を書き、一言詩のような簡略極めつきの詩も書いた。意味のくみ取りは、読者任せ。フィンレイの採用したこのような表現方法と、この庭は無関係ではないであろう。

確かに、余人には作れなかった庭ではある。本人には、庭の革命であるとの密かな自負もあり、フランス革命と重ねる。しかし、特例に止まって欲しい庭。「21世紀の庭作りの指針」などともてはやしてはならないだろう。文学を志す者はみな、ジェイムズ・ジョイスの『フィネガンズ・ウェイク』(1939) の後に続け、と叫べないのと同じである。この作品も超難解。ジョイス独自の英語表現で書かれ、二重三重の含意が随所にあり、日本語を含む世界の言語が鏤められている。ただ、このような庭を作ったフィンレイの深い才能に、一方で、感嘆と驚きは禁じ得ない。

5時閉園。送迎のミニバスに乗って、エディンバラに戻る。乗客は、合わせて四人。車で来ていた人たちは、十数名くらい。

案内書の終わりのページに、リトル・スパルタ庭園財団の目的が、庭園の長期維持にあり、その費用として100万ポンドの基金を集めたい、と記されている。すなわち、基金が約1億5000万円あれば、未来が保証される、という。

リトル・スパルタの名は、1983年にフィンレイがつけた。背景は、2、3あるようだ。古代ギリシャの尚武の国スパルタ。ここも民主制の国だとハミルトンはいう。また、ハミルトンも含め、スコットランドの芸術家たちが、スコットランド芸術協議会や当局を相手に、芸術の自由や租税軽減などで戦った「リトル・スパルタ」の戦い。結構長引き、1970年代から80年代まで続けられた。エディンバラが「北のアテネ」なら、自分たちはリトル・スパルタといった含意もあった。展示作品の引き上げなど、実力行使もした。

住所 ▶ Dunsyre, Lanark, South Lanarkshire ML1 8NG
経路 ▶ Edinburgh 駅近くの Ingleby 画廊前から送迎バス（リトル・スパルタ庭園財団の home page の Evenbrite で予約、£30）が毎週金曜日午後1時半に出る。London King's Cross 駅から Edinburgh 駅までは、4時間22分。

13

現代庭園の水脈

KEY GARDENS IN MODERN TIMES

　イギリス現代庭園の流れを作ってきた人物に触れておきたい。父祖といえるのは、ロビンソンである。イギリスの現代庭園の考え方の原点は、もほぼすべて、ロビンソンに発する。それを承け、現代庭園の典例といえる庭を数多く作って世に示したのがジーキルである。ジーキルが示した現代庭園の基本形は、複数の小庭＋小森であった。小庭はそれぞれ設計（趣き）が異なり、庭作りと見る楽しみを多様にするものであった。小庭は、屋外の小部屋 garden rooms と想定された。なお、ここで小庭というのは、小さい庭という意味ではない。庭の中の庭の意味である。相当大きなものもある。小森はふつう、英語で woodland, wood, woodland garden つまり単に森とか、森の庭といわれる。

　庭に使われる花は、ロビンソンによって格段に増えたが、花の取り合わせの美しさを打ち出したのはジーキルであった。それがボーダー花壇で、現代庭園の目玉になった。手前が低く、奥に向かって高くなっていく傾斜型の花壇で、たとえば、長さ70m、奥行き5mといった規模の細長い形のもので、そこに花を連続させる。花は1種をそれぞれ小群にまとめ、順に繋げていく。正確に言えば、左右上下に配する。組合わせは、およそ分ければ、寒色系か暖色系であった。葉も大事な要素で、色合いやテクスチャー（質感、表面特性）、形、また大小などがよく考慮された。このボーダー花壇は花の美しさを最大限に引き出す工夫で、花壇の可能性を大きく開くことになった。ジーキルはしばらく建築家ラッチェンズとコンビを組んだ。ラッチェンズは庭の設計を担当し、ジーキルの庭を構造面で格段に進化させた。ジーキルとラッチェンズの共作によって、ひとまずイギリス現代庭園は完成の域に達した。第一次世界大戦を迎える前のことである。

戦後、ようやく社会に安定が戻ってくると、庭作りは再開され、そこで、2つの傑作が生まれた。まず、ジョンストン少佐のヒドコート・マナで、次が、サックヴィル－ウェストとニコルソン夫妻によるシシングハースト城の庭である。ジョンストン少佐の庭は、なにより構造に秀で、色彩も見事なのが特徴。きわめて芸術性の高い端正典雅な庭である。ひとつの絶対に達した庭といってよい。他方、シシングハーストの庭は、変則構造ながら絶妙なバランスを見せ、植栽の横溢するような豊かさが人を圧倒する。色彩の豊かさには、庭を巡る者を包みいつしか酔わせる。この庭は、豊穣の庭といえよう。やはり芸術的な庭で、ある絶対に達する。この2つは現代庭園の双璧で、今後、誰も超えることはできないであろう。2つとも、小庭は10ほどで、それぞれ、煉瓦壁や生垣で囲われていることでも、典型性を持つ。それぞれ、森の庭がある。

　ベス・チャトーの庭とジョン・ブルックスの庭は、新しい展開を示す庭で、いずれも第二次大戦後である。ベス・チャトーの庭は、平地から湿地に下りていく土地に、仕切りなく、いくつかの小庭が作られている。画期的なことは、地味が悪く雨が少ないという悪条件の土地に適応できる植物と花を見つけ、実に青々とし花も綺麗な庭を作ったことである。地中海地方の植物と花を集めた小庭も作り、いっぽう、森の庭も作った。いちばんの驚異は、やはり乾燥地のドライ・ガーデンで、島形花壇を採用し、夏、雨が3ヵ月降らなくても水遣り不要という。低地にある湿地には、これも生き生きとした水辺の庭を作ってみせた。ベス・チャトー庭園はイギリス東部にある。

　ジョン・ブルックスは、南部のデンマンズ庭園を拠点にし、著作も多い。デンマンズでは、島形花壇が用いられ、芝生地に相互に仕切りのない小庭が展開する。ブルックスの考え方は、(1) 庭は、周辺の自然環境に合わせる。(2) 同時に歴史的景観に合わせる。(3) 庭に野生の生物を呼び込む、である。

　庭に、周辺にある木や草、花を使えば、野生の生物が戻ってくる。庭を小さな自然として作れば、全国で、相当大きな自然になる、という。それまで現代庭園になかった主張を盛り込んだ点が新しい。チェルシー・フラワー・ショー、その他で、随時触れたが、環境配慮、持続可能性、野生生物への配慮やその保存といった思想が庭作りに見えるのも、現代庭園の新しい側面である。ブルックスは、町や村の家や橋に伝統的・地方的特徴があれば、それに合わせた苑亭や橋を庭に作ることも勧める。

　なお、ベス・チャトーやジョン・ブルックスが採用した島形花壇については、発祥の地ブレッシンガム・ガーデンズのところで触れる。父祖ロビンソンと祖ジーキルの庭と合わせて、以下、3庭を見たい。

58　グレイヴタイ・マナ　*Gravetye Manor*

多年草による庭作り

　グレイヴタイ・マナは、庭園史研究者の聖地であろう。イギリス現代庭園の祖ウィリアム・ロビンソン（1838-1935）が50年ほど（1885-1935）、拠点にしたところである。雑誌や著書を通して、園芸と庭作りの世界で名と財をなしたロビンソンは、1885年（47歳）、古い領主屋敷と地所を買って、ここに移り住んだ。整形庭園 Flower Garden、自然の庭 Wild Garden、それから菜園 Vegetable Garden と森の庭 Warren's Wood などを作って、理想とする造園活動を繰り広げた。荒廃していたその場所に、文字通り、無から有を作り上げた。これだけ広範囲のことを精力的にこなす一方で、なおロンドンに通って雑誌を刊行し、著書を公刊した。

　ロビンソンが提案し、実践したことのなかに、イギリス現代庭園の考え方の原点がほぼすべて含まれている。イギリスの気候風土に適合し、温室を必要としない植物を使った庭作りは、ヴィクトリア時代の庭作りからの大きな転換になった。

整形庭園

それは、多くの植物が庭に登場する道を開いた。

　ロビンソンは、とりわけ、英仏の植物に詳しかった。英仏の植物園や庭の多くを見て回った。アルプスにも足を伸ばし、アルプスの草原に咲く花も高山植物もよく知っていた。ロビンソンは、その知識を基にイギリスの気候・土壌に合う多年草を使ってイギリスの庭を豊かにしようとした。

　ロビンソンが目指したのは、庭だけに限らなかった。牧草地や森、川辺に湖岸、アプローチ、門や石塀、家の壁など、あらゆるところに花を植える、という構想を打ち出した。至る所に花を、といってもいい。庭を越え、周辺の環境まで花と植物で美しくしようとし、人々に推奨した。

　ロビンソンは、また整形庭園に限らず、形も自在な、自然な趣のある庭を作った。美しい森の庭を作ることにも力を入れた。森の庭では、とりわけ樹木の美しさに力点を置いた。灌木と下植えの花も備えた。

　ロビンソンの庭作りと活動は、全体として、風景造園 "landscape gardening or planting" と呼んでいいであろう。グレイヴタイ・マナはその活動の全貌が刻まれた土地である。

今の庭の姿

　ロビンソンが住んだ館は、今、ホテルになっており、庭は、宿泊客とレストランの客に開放されている。ホテルは、古い館の重厚さがあり、どこか温かみを醸している。スタッフも気取らずどこか温かい。レストランは、一流のフランス料理を出す。5つ星のランクだから、1泊の料金は安くない。ロンドン南方のイースト・グリンステッドの駅からタクシーで行く。庭では、七、八人の男たちが、ビール片手に中央付近に陣取り、談笑していた。皆、黒のスーツに身を固めていたから、会社の宴会なのであろう。

　整形庭園のすばらしさは、すぐわかる。その構成、ボーダー花壇の色合い、そして周辺の景観。みな優れている。ホテルから奥に伸びる長方形の庭は、配色のよいボーダー花壇に囲まれる。十字苑路で4つ割。片側に、高さ1mほどの石塀。その外に、草原。それは湖へ下りていく。湖から立ち上っていく対岸の斜面は、草地と森の組合わせ。その模様が綺麗。相当な高さに達し、空に接する。翻って反対側は、上り斜面で、色彩豊かなツツジが見られ、なおその上方に、樹木が仰

グレイヴタイ・マナ

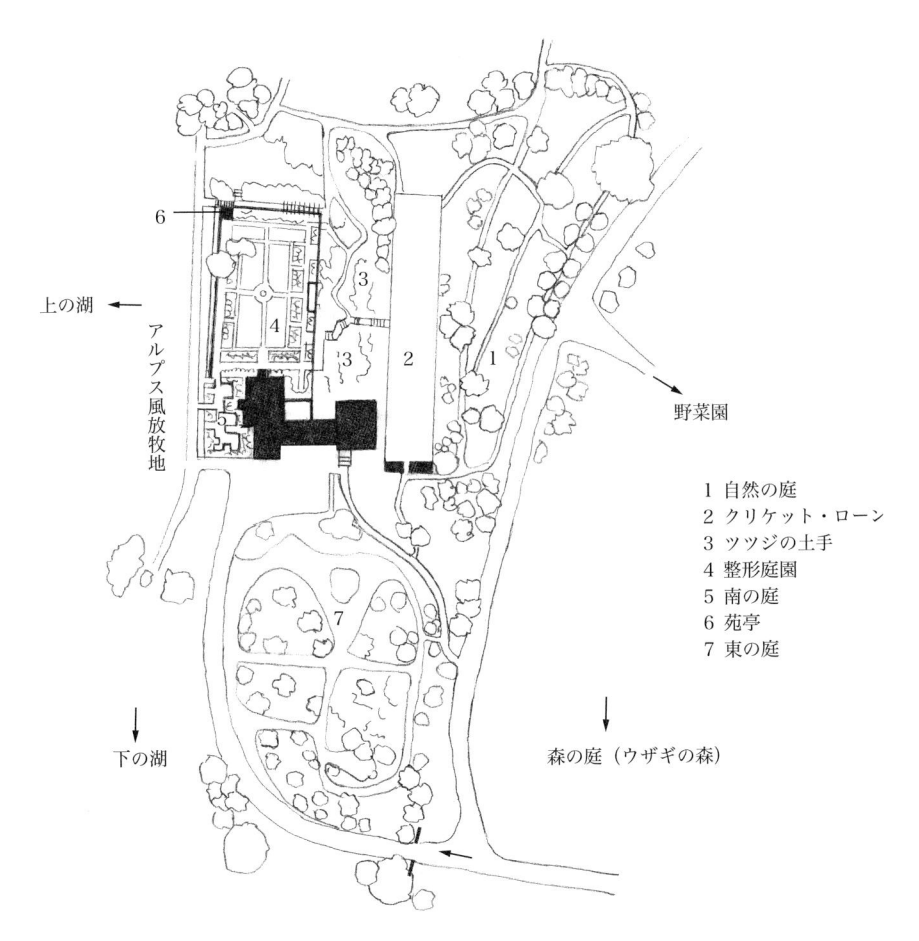

上の湖 ←
アルプス風放牧地

1 自然の庭
2 クリケット・ローン
3 ツツジの土手
4 整形庭園
5 南の庭
6 苑亭
7 東の庭

野菜園

↓
下の湖

↓
森の庭（ウザギの森）

ぎ見られる。

　庭の遠い一隅に苑亭がある。苑亭の前には、古木が2本枝を広げ、庭に変化を与える。その向こうは、高いテラス。テラスにパーゴラとボーダー花壇が連続して、一本の飾り。

整形庭園（花の庭）

　現在の整形庭園は、西の庭と呼ばれるが、ロビンソンが花の庭として作ったもので、その名も「花の庭」Flower Garden であった。構想は現在の庭と異なっていた。

ロビンソンが、最初、この庭に植えた耐寒植物は、バラ、カーネーション、パンジー、アスターの4つ。いずれもロビンソンが好み、かつ、当地の気候と土壌に合うものだった。4種を植え始めたのは、1886年。中心部に芝生、周辺に花壇という構成だった。ロビンソンは、バラでは特にティー・ローズが好きで、約70種を植えた。カーネーションは、初年度、野ウサギに食べられて全滅した。野ウサギを退治し、鉄柵や針金で防御する対策を施し、翌年に植えた2000本のカーネーションは、無事、花をつけ、夏から秋にかけて庭を彩った。パンジーは、春から秋にかけて、青、紫、黄色の花を咲かせた。ロビンソンは、初夏の季節にアルプスの草原に群生して咲く様を連想したという。アスターは、シャクナゲの間に植えた。アスターは秋に咲く。4種類の花はみな、形も色も単純なものであった。

　1886年の冬も、引き続いて翌年、翌々年の冬もとりわけ寒冷であったが、花は、三度の寒い冬を越した。1888年の夏は、雨や強風が多く冷夏であったが、それにも耐えた。

　ロビンソンが、庭を作る時に重視したのは、(1) 好きな花　(2) 気候　(3) 土壌　(4) 楽しむ季節であった。グレイヴタイでは、気候は冷 cool、土壌は冷 cool、楽しむ季節は、夏から初秋。これがロビンソンの認識であった、という。ロビンソンは、庭は机上の計画でなく、土地から生まれるもの、と考えていた。

　ロビンソンは、ジーキルと異なり、特に色彩計画は考えなかった。まとめて植えれば、十分美しい、と考えた。ただ、群生の間には、隙間を空け、そこで相互に花が自然に交じるように配慮した。

　地被植栽は考えた。地被植物で、主役の花が引き立つという。地衣植物には、特にマンネングサを使った。マンネングサもそうだが、多くはアルプスの高山植物で、冬でも色が美しいものを使った。

　ツツジの斜面の下にある小池も、当初のもの。1885年頃すでに、フランスの睡蓮が浮かんでいた。その睡蓮は、フランスの有名な種苗園ヴィルモランから取り寄せたもの。ロビンソンは、フランスの睡蓮が、イギリスで広まり、池や湖の水面が美しくなることを願った。水面にも花である。

　1902年、ロビンソン（64歳）は、花の庭を作り直した。それまでと逆に、中心部を花壇にし、芝生を周辺部に回した。ロビンソンは、芝生を庭の精髄として重視していたが、今度は、周辺部にまわし、面積も減らした。花壇は46の四角

形に分割した。花壇は、石で縁取った。2年前、1900年には、庭の二方（西と北）のテラスにパーゴラを作り、藤、バラ、葡萄を這わせた。同じ1900年、南西の隅の木陰に、すなわち、屋敷からもっとも遠い所に、人気建築家アーネスト・ジョージに設計してもらった苑亭を建てた。

　この庭は、その後、何度か作り替えられたが、やはりロビンソン流の花の庭で、たとえば、1922年の段階では、46の花壇があり、ロビンソンの好きなバラ、百合、クレマチス、なかでも、バラとクレマチスが多用された。デルフィニウム、カーネーション、アイリス、スミレ、スノードロップ、クロッカス、水仙、オキナグサ、ラヴェンダー、フクシア、桜草、シダ、フロックスなども植えられた。そのほか、高山植物など10種ばかり。縁取りと下植えに使う花はまた別。バラやクレマチスが、屋敷の壁やパーゴラ、格子など、垂直面を飾った。

　1922年当時の庭には3つのボーダー花壇があった。ロビンソンの作るボーダー花壇は、苑路や壁に沿う細長い花壇。伝統的なもので、ジーキル以前のもの。ひとつは、紫と白のコーカサス・マツムシソウを植えたもので、縁取りはウンラン。二つ目、長いボーダー花壇は、さまざまなデルフィニウムを集めたもので、縁取りはカスミソウ。デルフィニウムの下にスキラ・シベリカの広い帯があって、いわば二段式だった。そして一端にバラ、他端に百合を置いた。三つ目のボーダー花壇は、カーネーション。縁取りは高山マツムシソウ。これに西洋ヒルガオのボーダーを連続させ、合わせて1本だった。

　この1922年の庭は、夏の庭であった。わずかだが、一年草も使われた。

南の庭

　ホテルのそばに、もうひとつ、小さな傑作がある。ホテルに寄り添い、作りはさりげなく簡潔のようで、実は複雑、その見事さは、いくら試みても言葉では表わせない。一画に、テーブルと傘が置いてある。傘は円形で、日除けだから大きい。ここは、いま、南の庭と呼ばれる。ロビンソンの時代には、整形の花の庭であった。少なくとも1922年段階の姿はわかっている。13の花壇からなり、ここでもバラやクレマチスが多用され、ボーダー花壇は、長短2本あった。整形庭園であった。

　ちなみに、ロビンソンは、自分の整形庭園は、「花の群生を自然な形で連続させ、花のさまざまな本当の姿をみせるもの」で、ブロムフィールドなど整形庭園派の

ように「花を幾何学模様に押し込み、ときに絨毯の模様をまねる」ものとは異なる、という。

自然の庭

　整形庭園の上にツツジの庭があり、その上に、真っ平らなクロケット・ローンがある。細長い一面の芝生で、もとは、ボウリング・グリーンの名だった。これより上の斜面に作られているのが、ロビンソンの発案した「自然の庭」Wild Garden である。樹木、灌木、草、そして草花からなり、コンパクトな自然ともいえる。林の風情がある。ロビンソンが庭作りの基本とした自然と自生がよく現れている。とはいえ、人が作る自然である。自生も、ここでは、固有種に限らず、耐寒性のある外国種も含めてのこと。このような操作性もあるが、人工の極に達したヴィクトリア時代の庭作りからすれば、きわめて挑戦的な庭であった。逆転を目指す、きわめて反時代的な庭。人はここで、踏分け道のような苑路を辿る。ロビンソンがそこに植えたのは、樹では、松、糸杉、落葉樹、木蓮。そして、ティー・ローズ、スミレ、ラッパ水仙、小型のチューリップなどの花。地衣植物は高山植物であった。

　「東庭」はホテルの正面玄関を出ると、車回しの向こうにある。ゆるい傾斜地で、ほぼ楕円形。その内部に、自由な形で、樹木・灌木・草花を取り合わせた島（花壇）が、いくつか作られている。植物の密度は高い。島の間は狭く、圧迫感がある。とりわけ目立つのは、ツツジとシャクヤクの多さ。色鮮やかな庭である。風に揺れるハンカチの木が気分を一新させる。

　「東庭」は、もともと灌木苑で、外国種、自国種の花咲く灌木を中心に構成されていた。いま、大きく育ち、密度も濃くなって、空気を奪い合うほど、生い茂っている。元の姿はよくわからない。

菜園

　ホテルの外側にある菜園に行く。花卉も育てられている。ロビンソンが立てた石柱もあり、1898年という年号が刻まれている。着手は案外と遅い。2年かけて、完成した。ロビンソンが最初に植えたのは桃であった。リンゴも植えた。ロビンソンにとって、果樹も、接ぎ木でなく、果樹が自分の根を張り、自力で育つこと

アルプス風牧草地

が重要であった。以前は、鶏もたくさん飼われていた、という。相当広く、約1エーカー（0.4ヘクタール）あり、全体は楕円形である。

牧草地に花を

　整形庭園の外に眺められた草地を下りていく。草地は湖の岸辺まで続く。ここは、かつて歴代の領主たちが、牧草地 meadow（わかりやすく hay meadow ということもある）とし、冬期の飼料とする干し草を得ていたところである。ロビンソンは、ここにも花を植えようと考えた。イギリスの牧草地に、早春から、干し草が刈り取られる晩夏まで、花を咲かせるという構想であった。牧草地に花が咲けば、イギリス全土で、どれだけ美しい風景が生まれることになるか。ロビンソンは、自然の庭を作った後、この斜面の美化に取り組んだ。

　この草地は、もっと広かった。下流の大きな湖を含むあたりまで広がっていた。この広い草地にロビンソンは、イギリスの気候になじむ外国種の球根類を植え、花を咲かせた。「アルプスの牧草地」Alpine meadow という構想であったという。直接のきっかけは、1891年の春、ギリシャを訪れ、青いギリシャ・アネモネが一面に咲く風景を高地で見たことであった。このとき、王の所有するアテネの庭園にも招かれ、スミレの群生を目にした。

ロビンソンがグレイヴタイの牧草地に植えたのは、14種で、青アネモネ、クロッカス、スノードロップ、水仙、スノーフレーク、ムスカリ、カタクリ、オルニトガルム、フリティラリア、アンテリクム・リリアゴ、キオノドクサ、野生ヒアシンス、スキラ、野生チューリップであった。いずれも早春を彩る花々で、今も咲くという。ロビンソンが植えたこれらの花は、湖の岸辺で、イギリスに自生する草花と交ざった。草地の両脇に、ロビンソンはオークを植え、バラなどの蔓性植物を配した。いま見える2つの湖も復元されたものである。下流の大きな湖は、ロビンソンの死後、自殺があり、いったん埋められた。

　下の湖の岸辺にオークを植え、ラッパ水仙や野性チューリップを群生させた。湖面には、先述したフランスの有名業者から取り寄せた睡蓮を浮かべた。ボート小屋も設けた。このような整備は、ロビンソンが鋭意取り組んだ農園の美化の一環であった。

　草地から仰ぎ見るホテルは、絵のよう。この地方で取れる灰色の石を用い、古色を帯びた館は、風景のなかにしっくり納まっている。湖は、ミニ湖だが、橋を渡って対岸を歩くことができる。しかし、斜面を上ることはできない。鉄線で囲われている。そこもロビンソンのものだった。ロビンソンが作成した地所の詳細地図がホテルの玄関に掲げてある。広さは、440ヘクタール。1892年までに数回、買い足した合計の面積である。鉄線の向こうの地所は、1935年、森林委員会に遺贈された。

「ウサギの森」――森も庭

　最後に行ったのが、「ウサギの森」Warren's Woodである。ホテルに来る者はいま、公道を折れると、長いアプローチのような細い道を走る。その左右にある森である。現在は、すっかり下草とヤブに覆われ、中を歩くことはできない。ロビンソンの時代には、馬車に乗って散策する森として整備された。森の中の馬車道を描いた絵が残されている。

　馬車道は、また、森の作業のため荷馬車を通す便宜、また狩りのためのものでもあった。あちこちに通せば、森が明るく、広く感じられ、通気も良くなる、とロビンソンは考えた。森の庭も、ロビンソンが反時代的なものとして提案したもののひとつである。ロビンソンの森は、たんに樹木だけからなる森ではなく、バ

ラなどの灌木、また草花を使って、いくらか潤色した森であった。ロビンソンの後半生には、かなりの精力がウサギの森に注がれた。カエデ、シカモア、樫、アカシア、ポプラなども加えられた。ロビンソンは、森がいちばん好きであった。森作りは、「他の仕事より、多くの喜びと満足を与えてくれる」という言葉を残している。美しい森作りも、ロビンソンの農園整備の一環であった。

森の景観美を作る

　この森の造成について補足したい。ロビンソンは、不要な木を伐採し、灌木を取り除くなど、下準備をし、その上で美化のための大規模な植樹を行った。1889年から1890年の間をとってみても、12万本が植樹された。目指したのは、春、夏、そして秋、それぞれの季節に美しい森であった。森は、合わせて、200ヘクタールを超えた。北米訪問（1870）で知り合ったアメリカの景観設計家（造景家）オルムステッドから贈られた38種のアメリカの木も植えた。ヒッコリー、クリ、スカーレット・メイプル、オーク、カキノキ、ポポー、ササフラス、スタッガー・ブッシュ（ツツジ科ネジキ属の低木）、オオバユク（マメ科の中高木）、クサントリザ（キンポウゲ科の低木）、ウィスコンシンしだれ柳などである。ロビンソンが自ら選んで植えた木も多かった。とりわけ、気に入ったのが柳で、ロビンソンは美と実用を兼ね備えた柳が、他の農園にも広がることを願った。

風景造園と風景画

　1893年に、館の改修、庭作り、湖や牧草地の美化、森の整備、道路造成など主な作業が終わった。こうして、美しい農園の中に立つ館というロビンソンのグレイヴタイ・マナができ上がった。

　ここは、文字通り農園で、ロビンソンは、実際に、農園経営も行った。1896年には、酪農場も設けた。牛も飼ったのである。しかし、1897年、酪農も含め、農場経営はすべて止め、土地は賃貸に出した。12年間、赤字続きだった。

　ロビンソンは、折々に知り合いの画家を招いて、農園の景観を描いてもらった。グレイヴタイ・マナの景観は画家の芸術心に訴え、フィッシャ、パーソンズ、オリヴァ、ムア等がグレイヴタイ・マナを描いた。1891年秋、彼らが描いたグレイヴタイ・マナの絵68点が、ロンドンのパル・マル通りにある画廊で展示された。

カタログの題名は「古い田舎屋敷の1年——森、原、そして庭」であった。ロビンソンは、クローム、コロー、ターナーのような、自然 the natural と美 the beautiful を同時に描く画家が好きで、これら画家たちの絵を部屋に飾っていた。

1906年、ブラックランズ農園を購入し、ヴォウルズ・レイン（公道）からのアプローチが完成した。門柱をたて、アーチを架け、鉄の透かし扉をつけた。

庭作りの記録

ホテルの部屋には大判の "Gravetye Manor Or Twenty Years' Work round an Old Manor House" という本が置いてある。ニューヨークの出版社が1984年に、復刻再版した本である。原著は、1911年ロンドン刊で、グレイヴタイ・マナにおける作業が記された一種の回想録である。これがフロントで購入できる。ホテルの共同所有者の一人が、ロビンソンのグレイヴタイ・マナの保存を決意して、ホテル事業に乗り出したからであろう。もう一人の共同所有者は、ホテルのレストランを預かるシェフである。

活躍の日々と空白の晩年

1909年（71歳）、ロビンソンは、教会に行く途中、放牧地の出入口で足を滑らせ、転倒して、背骨を痛めた。背骨を痛めた事によって、それまで体内に潜在し、進行してきた梅毒が表面化した。因果関係は、はっきりしない。ロビンソンは、このときから麻痺に侵され、以後、歩くことができなくなった。先の挙げた回想録は、付き添いの看護婦に「それでも、座り、書くことはできる」「私に喋ったこと」を書くことはできるでしょう、と慰められ鼓舞されて書いた本である。

長寿で刻苦勉励型のロビンソンはアイルランドに生まれた。アイルランドの侯爵家で徒弟修業をし、ダブリン近郊グラースネヴィンのアイルランド国立植物園で学んだ。ロンドンへ出てきたのは23歳。リージェンツ・パーク内の王室植物園の庭師になった。宿根草部門の責任者に進み、調査研究に没頭、イギリス各地の植物園や庭を見て回った。はやくも、ガーディナーズ・クロニクル紙に寄稿。1866年には、ダーウィン、ヴィーチ（有名な種苗商）、ムア（アイルランド国立植物園園長）らの推薦を受け、リンネ協会の会員になった。植物園を辞め、フランスへ渡った。28歳の独立であった。フランスのあらゆる種類の庭を見て回った。

折しも皇帝ナポレオン3世が開催したパリ万博(1867)の園芸展示について、取材の記事をイギリスの新聞に書き送った。ガーディナーズ・クロニクル、フィールド、ザ・タイムズなどへ。

ナポレオン3世とパリ県知事オスマンが敢行したパリ改造もロビンソンの関心を引いた。計画のひとつの柱は、都市の緑化であった。いくつかの都市公園が作られ、多くの緑地、そして庭園がパリに生まれた。そこには多くの植物が植えられた。ロビンソンは、帰国後、これを2冊の本にまとめた。『フランスの庭から』(1868)と『パリの公園と庭』(1869)である。ロビンソンは、庭を彩る花や植物ばかりでなく、果樹や野菜にも目を配った。ロビンソンの精力的な活動は驚くべきものだった、というべきであろう。有名なフランスの種苗業者ヴィルモラン-アンドリュー社と関係を結んだ。アルプス山地に出かけ、その成果を『庭で使える高山植物』(1870)にまとめ、高山植物を庭で育てることが可能である、と述べた。これは、当時の常識を覆す考えだった。同年、著書『自然の庭』も出した。イギリス現代庭園の魁となる書物である。外国種では、温室で育てるような一年草でなく、手のかからない耐寒性のある植物を使うこと、自生種・外国種とも、できるだけ多くの種類の植物と花を活用すること、門、アプローチ、塀、石壁、建物の壁、森、草地、水辺など、あらゆるところに花を植えること、たとえばリンゴの木にバラを這わせること、このような画期的な提案をした。この本では、そうした目的で使うことができる植物200種ほどを詳しく紹介した。1871年、週刊園芸誌「庭」を発行、これを1899年まで続けた。1879年には、「絵入り園芸」を発行。これは、より庶民的

整形庭園　ボーダー花壇

な読者向けのものであった。

　著書では、『イギリスの花庭』（1883）が重要であろう。イギリスの新しい庭作りの指南書といえた。庭作りの基本的な考えを述べ、具体的に細部を語り、庭で使うべき花と植物を列記したもので、ヴィクトリア時代の庭作りから180度の転換を示すものであり、と同時に、現代庭園の出発点をなす著作である。ロビンソンは、45歳の時、これを出版し、以後、亡くなる前年の1934年まで、15回、改訂版を出した。花の庭については、（1）屋敷の傍に作るもので、一種の大きな居間であること、（2）花壇の形は、設計集のような本から取らずに、場所と地形に合わせてふさわしいものを考えること、（3）気候と土壌に合わせて好きな花をたくさん使って、個々に異なる花壇を作り、全体に自然の多様性を写すような庭にすること、（4）苑路は歩くことと庭作業に必要な最少限度に留め、できるだけ花壇の面積を広く取ること、（5）一部に多年草のボーダー花壇を作ること、などを基本として挙げた。四季それぞれに庭を楽しむことを考え、春の庭、夏の庭、秋の庭、冬の庭の作り方も示している。

　『イギリスの花庭』では、花の庭の他に、自然の庭、水の庭、湿地の庭、高山植物の庭、岩庭、壁庭、といった庭を述べ、美しい果樹園の作り方も指南している。

　この本は、体系的に記述するのではなく、さまざまな項目を立て、庭作りで考えるべき実際的な知識をもれなく盛り込む、といった体裁の本である。たとえば、項目は、いま述べたさまざまな庭の他に、多年草のボーダー花壇、花の庭の色彩、簡単な花の庭のデザインなどがあり、さらに、芝生と遊び場、苑亭・橋・門・柵・路、パーゴラ、植栽のデザイン、灌漑、常緑樹の森林美と防風など、数は多い。植物・花、また樹木の一覧も適宜、織り込まれている。全体で、わかりやすく、ロビンソンの画期的な庭作りの考え方のすべてが示された本である。

　ロビンソンがグレイヴタイ・マナに移り住むのは、このような主要かつ影響力の大きい仕事を成し遂げた後である。雑誌や著書による活動それ自体が、庭園史に残る大仕事だった。人に説いたことを、今度は自分で実践する。それが後半生を捧げたグレイヴタイ・マナの造成である。ロビンソンが他人から依頼されて作った庭はないようだ。すると、グレイヴタイ・マナは、ロビンソンの造園の記念碑であろう。

　また、いくらか補足である。グレイヴタイ・マナに移っても、ロビンソンは雑

誌の編集・出版の仕事を続けた。ロンドンへ行く前に、小さな湖で泳ぎ、駅には文字通り、駆けつけた。1892 年から、週刊誌「住宅の庭作り」を手がけ、一般市民に向けて住宅庭園の作り方を教えた。読者からの質問に、専門家も回答したが、読者の回答も掲載し、読者の間で経験と知識を共有することを図った。この雑誌は、1898 年まで続けられた。柱である週刊誌「庭」の編集は、1899 年まで続け、1900 年からクックとジーキルが当たった。ただ、ジーキルは 1 年でやめた。第 1 号は、19 世紀の前半、多くの雑誌と著作で、超人的に活躍し、イギリスの造園と園芸の前線を主導したラウドンに捧げられた。雑誌の編集に協力してくれたのは、マーノック等、10 余名であった。のち、1927 年に、「邸宅と庭」に吸収された。月刊誌「フローラとシルヴィア」(1903-04) も手掛けた。65 歳で始めたもので、カラー図版を含め、図版の多い豪華な雑誌であったが、短命であった。有名な専門家が寄稿してくれた。1907 年 (69 歳) に著書『故郷の森と風景』を出した。

　ロビンソンがグレイヴタイ・マナの景観造形に勤しんだのは 1909 年の事故までであるから、その間、20 年あまりであった。25 年足らずというべきか。事故後、亡くなるまで、ほぼ空白の、といってよい時間を 25 年あまり過ごした。私共が訪れたのは 2008 年 5 月 22 〜 23 日。

住所 ▶ Vowels Lane, East Grinstead, West Sussex RH19 4LJ
経路 ▶ London Victoria 駅から East Croydon 乗り換えで East Grinstead 駅へ 1 時間。タクシーで 10 分。

59　マンステッド・ウッド　Munstead Wood

年 2 回の公開

　マンステッド・ウッドは、イギリス現代庭園の祖といっていいガートルード・ジーキル (1843-1932) が 1895 年から庭作りと執筆活動の拠点としたところである。今も、屋敷と庭、そして森が残されており、往時を偲ぶことができる。6 ヘクタールあった土地は死後しばらくして切り売りされたが、約 3.5 ヘクタールほど、その核心部が残されている。現在は、所有者のクラーク夫妻が住み、年に 3 度ほど、慈善公開制度によって、一般に開放される。歴史的なメイン・ボーダーも、忠実な復元に向かって庭師の作業が続いている、という報道もあった。訪れたのは、2008 年 5 月 18 日。

　屋敷のそば（北側）に複数の小庭がある。庭と庭の間は歩くように作られているが、これほど細分しなくてもよかったのではないか、と思われるほど、区切りは細かい。花壇は、いずれも小さく細長い。花の色はおおむね淡い。まだあまり咲いておらず、いま寂しげである。秋にアスターがボーダー花壇となって現れれば、たいそう賑やかになる。ハーゼル・ナッツのミニ並木もある。イチイの生垣が、隣の芝生庭との間を一部だがうまく仕切っている。

　屋敷との間にあるのが、「北の中庭とタンクの庭」である。タンクとは、ここでは小池のこと。タンクの庭は、石敷きの中庭と小池から構成され、小池は地表より低い位置にある。設計は家と同様にラッチェンズで、すっきりしている。

タンクの庭

マンステッド・ウッド

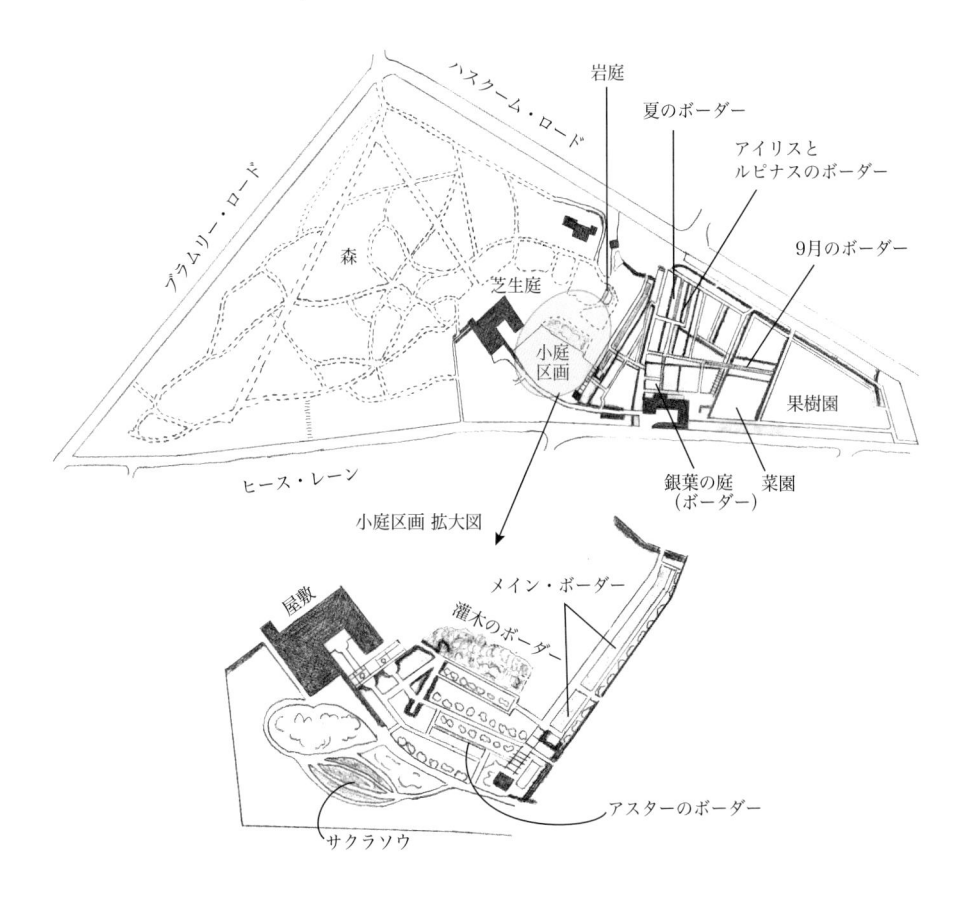

[図: 庭園配置図]
- ハスクーム・ロード
- ブラムリー・ロード
- ヒース・レーン
- 森
- 芝生庭
- 小庭区画
- 岩庭
- 夏のボーダー
- アイリスとルピナスのボーダー
- 9月のボーダー
- 果樹園
- 菜園
- 銀葉の庭（ボーダー）

小庭区画 拡大図
- 屋敷
- メイン・ボーダー
- 灌木のボーダー
- アスターのボーダー
- サクラソウ

　ラッチェンズは、ジーキルと組んで、100ほど、現代庭園を作ることになる。ヘスタークームなど、いくつかの庭はイギリス現代庭園の傑作とされる。

　ぜひとも見たい「メイン・ボーダー」Main Hardy Flower Border は、芝生庭の縁をまっすぐ走っている。現代のボーダー花壇の記念すべき原型だが、5月では季節が早い。ジーキルは、メイン・ボーダーを夏花壇として作ったのだから、中央付近では土がむき出しのままである。

　ジーキルはここでは76種の宿根草を使った。記録もあるので、再現は可能である。ジーキルは、ここで（1）宿根草を使う（2）色の取り合わせは、対照 contrast でなく、調和 harmony の原理による（3）細長い、しかも背後に向かっ

て順に高くなっていく傾斜型の花壇にする（4）石壁や生垣を背景にする（5）苑路に沿う、という諸点を特徴とする現代のボーダー花壇を作り上げたのである。それまでのヴィクトリア時代の花壇と反対に、（1）一年草は使わない、そして（2）色の組合わせは対照を原理としないことにした。メイン・ボーダーの長さはおよそ60mで、幅は約4.2mである。花の色は、左端から、白、クリーム色、淡青、紫色などに始まり、順に、中央に向かって、黄色、オレンジ色、紅色や赤といった色に変わっていき、それを過ぎると、また、右端に向かって、白、クリーム色、淡青、紫色になっていく。寒色―暖色―寒色と変化する型のものであった。花の植え方に、独特の工夫があった。1種ずつ小さな群れにまとめ、連続させるのである。あたかも典型的な印象派絵画のタッチ（筆触）の如く、である。ジーキルは、小群を「流し」driftと呼んでいた。なお、最後にいささか補足する。ここで使われた76種のなかには、わずかだが、一年草もあった。一年草を使わない、は「原則、一年草は使わない」である。ちなみに、ヴィクトリア時代の花壇では、温室で育てた派手な一年草を春と初夏に、一斉に植えた。

メイン・ボーダーは石壁を背にしている。石壁に潜門があり、そこを潜る。「春の庭」と「夏の庭」が見られる。いま「夏の庭」となっているところは、当時の名称では、「古種シャクヤクの庭」、別名「三角の庭」であった。いまジーキル風になっているが、原状と違うであろう。

メイン・ボーダーのところに戻る。メイン・ボーダーと石壁の間には、細い苑路が走っている。これは、ボーダー花壇を背後から手入れをするのに便利だからと、ジーキルが設けた。細かいことだが、この苑路と石壁の間に、低木が並んでいる。この並木とボーダー花壇の間の色彩の調和もきちんと考慮された。

ボーダー花壇の前には幅広い苑路が走っている。苑路を歩きながらボーダー花壇を楽しむのである。

ボーダー花壇の前に広がる芝生庭は、広がり狭まり、自然な形である。芝生の縁に、ジーキルにしては珍しい「灌木のボーダー」があったが、いま、灌木の無造作な連なりに退化したようで、それらしく見えない。その反対側、木立に隠れるように、小さな岩庭が作られている。地面を一段低く掘り下げ、シダを中心にした簡単な岩庭である。

往時の実験場

　かつてマンステッド・ウッドでは、「種苗園と菜園」と呼ばれた広さおよそ0.8ヘクタールの区画があった。「種苗園と菜園」の名であったが、この一画で、植物と花の色の取り合わせの実験が行われた。この作業は、ジーキルがもっとも魅力を感じていたもので、主庭がほぼ完成した1900年頃から始められた。

　そこに作られたもののうち、ボーダー花壇と名が付いていたのは、「ハスクーム・ボーダー」、「パンジー・ボーダー」、「9月のボーダー」、「アイリスとルピナスのボーダー」、「夏のボーダー」だった。ここにはまた、「銀葉の庭」、「エゾギクの庭」があり、花壇相当のものとして、さらに「ラッパ水仙とスズラン」があった。

　このうち、ボーダー花壇を意図して作られたのは、実は4つである。いずれも当然ながらメイン・ボーダーとは異なる色彩構想のものであった。まず、「9月のボーダー」、「アイリスとルピナスのボーダー」、「夏のボーダー」の3つ。いずれもダブル・ボーダーであった。それに、名前は「銀葉の庭」だが、これがダブル・ボーダーであった。

　9月のボーダーは、アスターの白を基調にして、黄色の花を取り合わせ、青や紫や赤でアクセントをつけたもの。銀白色をおびた淡い緑の葉を持つ植物も使われ、1本の銀柳が添えられ、シデの生垣を背景にした。アイリスとルピナスのボーダーは、6月のボーダーとして構想され、ルピナスのピンク、赤紫、青、淡い紫と白、アイリス・パリダ系統の淡いライラック色が中心であった。主役のルピナスとアイリスの間に、薄い青色のアンクサ・アズレア・'オパール'。縁に白いナデシコとパンジー。このボーダーの一方は、イチイの生垣を背にし、もう一方は灌木の生垣を背にした。ジーキルの植栽方法の精髄を見るなら、これといわれたボーダーである。夏のボーダーは、その名にふさわしく、赤-オレンジ-黄色の順で配され、最後は白で締めくくられた。白で締めくくったのは、次の「銀葉の庭」につなげるためであった。「銀葉の庭」は、苑路の左右とも、ジーキルが好んだ銀葉 grey foliage を後景にし、前景に、青、紫、ピンクの花を置いた、繊細で品の良いボーダー。洗練度が高かった。この実験場では、ジーキル後に展開するボーダー花壇の雛型がみな見られたといえよう。

　「ハスクーム・ボーダー」は道路沿いの石塀に沿って135mほど伸びる花壇だったが、顧客に売る宿根草を植えておく場所であった。「パンジー・ボーダー」は、

パンジーの他、さまざまな花が植えられた帯状の花壇で、屋敷の部屋を飾る切花が育てられた。1920年代の中頃、「夏のボーダー」と「アイリスとルピナスのボーダー」が作られたとき、これは取りつぶされたとされる。ジーキルは、ボーダー花壇に灌木類を使うことも考え「種苗園と菜園」で試していたという。

メイン・ボーダー（5月）

　種苗園は顧客に納める苗を育てるところで、1908年に設けられ、没年の1932年までジーキルの大事な収入源であった。カタログには300種の植物が載せられ、おもに、庭の設計を依頼された時、顧客に勧めて、市価より安く提供した。たとえば、ある庭に1250本、別の庭には600本、また別の庭に3000本の苗を提供したなどの記録がある。全体で、年に300ポンドを越えるほどの収入になった。ジーキルは、ラッパ水仙（イースター用）やスズランを「ラッパ水仙とスズラン」の区画でたくさん育てて、地元の花屋に売り、これもいい収入になった。ジーキルは庭の設計料はとらなかった。

　このように重要な役割を果たした「種苗園と菜園」は、いま「春の庭」や「夏の庭」がある場所の外側にあった。ジーキルの死後、しばらくして1948年、マンステッド・ウッドが切り売りされたとき、切り離されなくなった。

　ジーキルがマンステッド・ウッドで創出したボーダー花壇は、イギリス現代庭園の目玉となり、現代庭園といえば、すぐさまボーダー花壇が連想されるほど、中心的な役割を果たすものとなった。その後、造園家たちは、園芸の知識を動員し、色彩の感覚を磨き、また造形感覚を競って、じつにさまざまな優れたボーダー花壇を作った。そして、この事態は現在も進行中である。ジーキルが使ったのは主に宿根草だったが、その後の造園家たちによって、バラや藤など灌木類を交ぜたボーダー花壇も作られるようになり、さらに木も加わって進化した。また、イ

ネ科植物だけを取り合わせるグラス型も生まれた。ボーダー花壇の前線はいつも斬新である。

ボーダー花壇の歴史

　歴史を振り返れば、すでに、整形庭園の時代である16世紀の頃から、庭を囲む壁や中を走る苑路に沿って、細長く帯状に花を植えて飾りとするのは普通で、このような植え方は、イギリスの整形庭園や菜園では、長い伝統であったとさえいえる。菜園ではそこに野菜も使われた。19世紀の園芸と造園を主導したラウドンも、主著のひとつ『郊外住宅の庭作り』(1838)において、庭作りの基本的な原則と多くの設計案を示しているが、整形庭園の設計では、この帯状の花壇がよく登場する。この本は、当時、貴族に代わって庭作りの担い手になった中産階級(ブルジョワ)が郊外に建てる邸宅の庭としてふさわしいものを提示するもので、ラウドンの設計の他に、当時の人気造園家の設計が多数紹介されている。ラウドン等は、花壇 beds とボーダー borders という言い方をするが、ラウドン等のいうボーダー花壇はやはり、伝統的なもので、まだ傾斜を持たない。色彩の使い方も研究されているとはいいがたく、たとえば、「あらゆる色を均等に使うと良い」という程度にとどまっている。また、花壇の色使いに関して、ラウドンは「1花壇1色」とか、「1色1ヵ月もよい」という。花壇でもボーダーでも、色彩については、きわめて単純な段階にある。

　ボーダー花壇の傾斜については、18世紀の末に、一例がある。ロンドン郊外のオスタリ・パーク(前出)にそれが出現した。ただ、これは、背の低い花を第1列とし、次に少し高い花を第2列、同様に、第3列、もっとも高い花を第4列として並べたものであった。さらに時が過ぎて、1846年、今度はジーキルのボーダー花壇の先駆と見られるものが、イギリス北西部にあるアーリ・ホールの庭で作られた(前出)。最後は、現代庭園の祖ロビンソンのボーダー花壇だが、まだ傾斜型ではなかったし、色彩面での考慮も進んでいなかったことも改めて確認しておきたい。

森

　次にわれわれは、ジーキルの「森」woodland を見なくてはならない。ジーキルは、

疎林に植林して、この森を作り上げた。マンステッド・ウッドの庭は、イギリス中産階級でも上層の富裕層（upper middle）が求める庭のモデルといっていいものであった。この階層が主にジーキルの、後にはジーキルとラッチェンズ共作の顧客であった。その庭には、やや小さくても森が付いていなくてはならなかった。それがまだ庭園の概念だったからである。かつての王侯貴族が持ったパーク（狩猟園や樹林園）ほどの規模ではないにしても、当時のブルジョワの庭にも、森がついていなくてはならなかった。庭と森、合わせて5ヘクタール前後、というのが、標準的な富裕層の庭であった。西洋の庭園の源泉のひとつは古代オリエントの庭であるが、この庭も、整形庭園とパーク（狩猟園）の2つが組合わされていた。以来、古代ローマの庭、中世の王侯の庭、イタリア・ルネサンスの庭、フランス幾何学式庭園、イギリス風景式庭園、いずれの庭でも、この組合わせが保たれた。狩猟が廃れても、森は残り、整形庭園＋森（パーク）が庭の定型として残ったのである。イギリスの風景式庭園の場合は、木立があり、周囲に帯状の樹林があったので、景観上、森に類似していたし、実際に庭園で鹿狩りやウズラ猟が行われることもあったので、庭が森を兼ねていたと考えられる。あるいは潜在的な森である。また別地に大きな森があるのが普通であった。

　ジーキルの森の庭の特徴は、直線の並木道（いわゆる avenue）が2本、幹線、あるいは骨格として使われていることである。1本は芝生からまっすぐ森の奥へ伸び、1本は、そこから90度折れて、左方へ、やはり奥深く伸びていく。あとは、気ままな蛇行の細道である。ジーキルの森の庭の特徴は、もうひとつ、花であった。びっしりではないが、あちこちで、散策する者が、道端や木陰で、季節の花と出合うように作られていた。かつての森の写真と今の森を比べると、現在は、木が大きく育ち、密度も増して、いかにも自然の森といった姿に育っている。

　全体として、現在のマンステッド・ウッドの姿は、忠実な再現とはいえないが、それでも基本的な姿は残されている。

ジーキルの基本

　ジーキルは多彩な才能をもち、はじめ工芸、インテリア、絵画に腕を振るい、それで生計が立てられるほど高い評価を受けたが、眼が悪くなったために、38歳の頃から園芸と庭作りに専念するようになった。植物や花への関心は子供の時か

ら強く、すでに20歳の時から、地中海地方に始まり、イギリスそれからヨーロッパの植物と花を採集して育てた。庭への関心も高く、早くからイギリスやヨーロッパの庭を広く見て歩いた。

　ジーキルは庭と園芸の本を14冊著し、庭と園芸の雑誌に生涯1134編の記事を書いた。したがって、ジーキルの庭作りの考え方は明瞭に文字となって残されている。

　一般によく知られているのは、庭は絵、すなわち「庭作りは植物・花を使って地面に絵を描くようなもの」という考え方や「庭は目に喜びを与え、心に憩いと爽やかさを与えるのが目的」で、そのために庭は「静かな美しさに満たされた場所」でなくてならない、であろう。

　庭の設計には6つほど原則があり、(1) 花壇などを交ぜない平明な芝生面を用いる (2) 上品な宿根草を群生させ（単体で植えず、1種ごとの小群にまとめて連続させ）、花・葉・形を楽しむ (3) 園芸と美の観点から適所に敵材を配する (4) 植物・花の数量は相互の釣り合いが大切で1種を過度に使わない (5) 植物・花の群（1種ごとの小群）は、色の調和と形姿、それから開花期や秋の葉色を考慮して組合わせる (6) 家を庭に繋げ庭を森に繋ぐ、である。ジーキルが1908年に書いた『花の庭の色彩』の中で具体的に語られている。

　亡くなるまで手を掛けたマンステッド・ウッドは、ジーキルの考え方をよく表しているが、最初に作ったのは、隣の土地にあった母親の家の庭であった。

　最後にもうひとつ、大事なことを付け加えておかなくてはならない。ジーキルは、およそだが、ひとつひとつの小庭を屋外の部屋とみなし、庭全体は小庭＝小部屋の集まり garden rooms だと考えていた。「小部屋として楽しむ」という。マンステッド・ウッドでは、この考えがまだ明瞭な形をとっていないが、後の、たとえばバーリントン・コートなどでは、個々の小庭が生垣ではっきりと区切られ明確である。

住所 ▶ Heath Lane, Busbridge, Godalming, Surrey GU7 1UN
経路 ▶ London Waterloo 駅から Godalming 駅まで、53分。タクシーで10分。

60　ブレッシンガム庭園　Bressingham Gardens

島形花壇の誕生

　ここはもともと、アラン・ブルームという人物が、宿根草中心の種苗園を開いたところである。アランは種苗園を英国でも有数のものに育てる。やがて、アランは、顧客が見やすいように宿根草を島の形にして植えることを考えついた。それが1953年、すなわちこの年が庭園史上、記念すべき島形花壇誕生の年となる。島形花壇は、いま、ベス・チャトーやジョン・ブルックスなど、現代のイギリス庭園の旗手たちに採用され、ガートルード・ジーキルが19世紀の末頃に考案したボーダー花壇と並んで、現代イギリス庭園の代表的な花壇の形となった。

　アランは、なぜ、島形の花壇を考えたのか。見やすさを考えてだった、とされる。いいかえれば、従来の種苗園にない斬新な展示方法を工夫した、といえよう。核心的なことは、アラン自身に庭作りへの興味があったことだと思われる。

　アランが作った最初の実験的な島形花壇は、現在、B&Bに使われている旧屋敷の前に幾つか残され、「初めの島形花壇」Original Islands Bedsと呼ばれる一画

フォギー・ボタム庭──島形の針葉樹　　　　　　　　　小谷の庭──島形花壇

で見ることができる。アランは翌年、隣の草地を使って本格的な島形花壇を作り始め、1962年までに6エーカー（約2.4ヘクタール）の草地に48の島形花壇を作った。そこで用いられた宿根草は、ほぼ5000種に上った。48の島形の花壇は全体で、種苗園で扱う主な宿根草を美しく展示する庭になったというべきだろう。そこは浅い窪地になっており、いま、「小谷の庭」と呼ばれる。

　アランの島形花壇では、中心に背の高い宿根草が置かれ、周辺に向かって順に低くなっていく。この植え方にすれば、どの植物にも太陽の光と空気が十分に与えられるので、みな丈夫に育つ利点もあるという。個々の花壇では、宿根草が、高さ、形、花期によって組み合わされている。こうして、6月から9月まで、順に開花する花を見やすい形で楽しむ。島形花壇では、ジーキルのボーダー花壇と同じように、宿根草は1種ごとに小さな群をなし、順に連続する形になっている。

針葉樹の庭の美しさ

　父アランの跡を受けた息子のアドリアンが作り始めたのが、奥手にある「フォギー・ボタム庭」である。主に、針葉樹とヒースを植えて、1年を通して色彩を楽しむという構想であった。そこでは、およそ500種の針葉樹と100種のヒースが使われたという。着手は1967年で、庭は現在も進行形で、姿と色を変えて

フォギー・ボタム庭──島形の針葉樹

13 ─ 現代庭園の水脈

1 園芸センター
2 陸軍博物館
3 レストラン
4 受付、店
5 ミニ蒸気鉄道の駅
6 庭入口
7 夏の庭
8 冬の庭
9 初期島形花壇域
10 B&B(旧屋敷)
11 小谷の庭
12 香りの庭
13 フォギー・ボタム庭

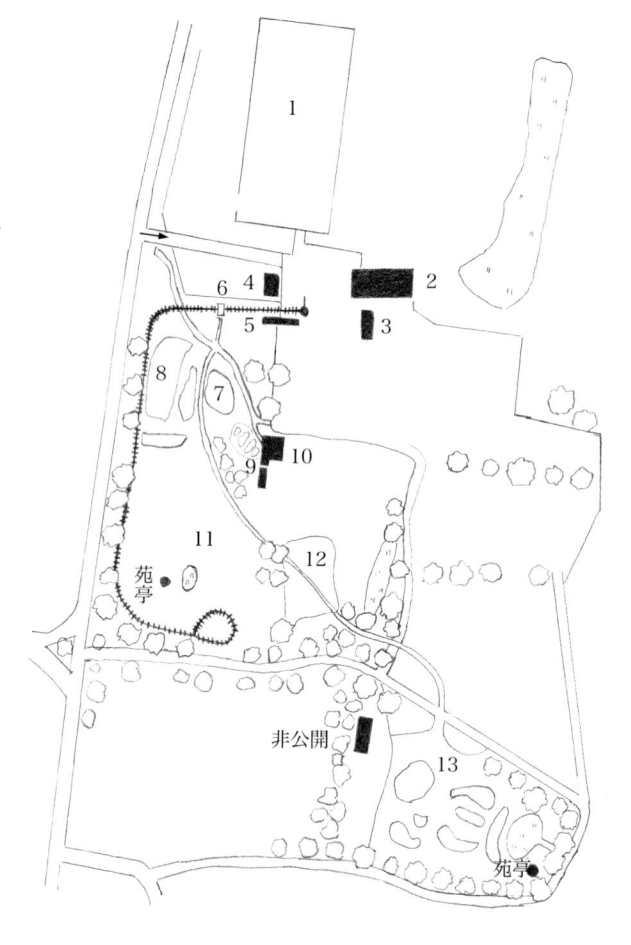

おり、おそらく将来もそうであろう。私共が訪れた5月下旬の雨の日でも、鮮やかな色彩にあふれ、歩く先々には、針葉樹のさまざまな新葉の色、とりわけ黄色から金色に輝くような色彩が美しく、そこに広葉樹の葉色、また灌木の花、蔓草の花、宿根草やグラスが加わり、どこでも、地面から梢まで、色彩は目が覚めるほど鮮やかであった。

歩むところは、ここもみな芝生で、広さも、「小谷の庭」と同じく6エーカーである。樹木は10ほどの大きな島形花壇にまとめられ、全体を見渡すことはで

きず、歩くに連れて、現れてくるものを順に見ていく。見通しの眺め（ヴィスタ）がつねに変化する庭で、美の変幻に驚かされる。ここで使われているものすべてを数えれば、およそ3000種あって、その巧みな組合わせである。庭全体は樹木で囲われ閉鎖空間なので、巡り歩くほどに夢の世界にでもいるような錯覚にとわれる。美に魅了され、酔っていることさえ忘れさせる。ここには、創り出された新しい美と驚異がある。

　針葉樹の庭を誰が最初に構想したか。これは確定するのが難しい。樹木が好きだったフェアファーヴェン卿は、ケンブリッジシャのアングルシ・アビ庭園で、広大な樹木の庭を作り、その一部に飛び切り見事な針葉樹の庭を二つ、いくらか先に作っている（前出）。第二次世界大戦が終わって間もない頃である。いずれにしても、針葉樹の庭は、現代イギリス庭園の生み出した新しい型の庭で、庭園史に一ページを刻む。

　島形花壇と針葉樹の庭がブレッシンガムの中心だが、他に、2001年に作られた「夏の庭」と2006年に誕生した「冬の庭」がある。2つとも、宿根草を中心に作られ、「夏の庭」は夏に花盛りの庭となり、「冬の庭」では、冬季に、冬咲のヒースが咲き、冬枯れしない草の色が見られ、早春にはスノードロップや水仙が彩る。

　父アランは鉄道マニアで、蒸気機関車を集め、ミニ鉄道を作った。これは今も走って、子供連れの客を喜ばせる。訪れたのは、2008年5月17日。

住所▶ Bressingham, Diss, Norfolk IP22 2AB
経路▶ London Liverpool Street 駅から Diss 駅へ1時間40分。タクシーで5分。

あとがき

　英国の庭園をもっと知ってもらいたいと思い、大学を定年退官した後、半年、ロンドンを拠点にして、庭巡りをし、本にまとめることにした。
　初めの2ヵ月は、北園ハウスで過ごした。これは、インターネットで知った貸部屋で、ロンドン南西部にあり、移民の多い地域だった。私たちが借りたのは、1階に広い共同の台所兼食事室があって、3階まで合計6部屋というフラットの一部屋だった。部屋は3階で、小部屋2つとバス・トイレという構成だった。屋根裏部屋だから、昼間に屋根と壁に籠もった熱が、夜間、室内に放射され、とにかく明け方まで暑かった。思い出深いのは、早朝聞く小鳥の声である。また、1階の台所兼食事室で入居者と、ほどよくおしゃべりできたこと。そこの入居者は、まず、社交ダンスの人たち。イギリスの大学院に行くため、英語学校に通う若者。衣服を扱う貿易商の夫の手助けに、市場調査をしている女性。日本の服をこちらで捌くのである。貿易会社の拠点はイタリアのミラノにあるので、イタリア在住中はイタリアの女性と組んで花飾りの仕事をしていたという。それから日本の美大の講師。
　圧倒的に多いのが、社交ダンスの人たちだった。リヴァプールの北のブラックプールというところで社交ダンスの世界大会があるので、早めにイギリスに来て練習し先生に見てもらうために押し寄せてくるという感じだった。北園ハウスの近くに、2つダンス・スタジオがあり有名な先生がいる。誰かが出て行くと、代わりに入って来るのもたいがいダンスのペアだった。若いペアもいたが、半数ほどは中年のペアで、日本で名の知れた先生たちだった。
　北園さんは、寝具の交換にやってきたり新聞をもってきたり。裏庭の芝生も刈る。切手を売ってくれ、時には現金を渡せば小切手も切ってくれた。こちらでは、よく、料金は小切手を送れ、などといわれるが、こちらの銀行に口座がないと小切手は切れない。北園さんは、気のいい人で、入居者の交流のために、参加費ゼロ・飲み物は持参というパーティーを広い裏庭で2度、開いてくれた。そのときは他の2つの北園ハウスに住む住民もやってきた。その住民の多くは大学の先生

あとがき

で、借りている部屋も広かった。

　次の４ヵ月は、ロンドンのハイド・パーク脇のフラットで過ごした。半地下から数えれば６階の白塗りの建物で、コの字型に連なっていた。縦割りに、はっきりと数はわからなかったが、おそらく10のホテルとフラットに分かれて所有・利用されていた。フラットのひと月の賃料は、内装や備え付けの家具にもよるが、40万円から60万円くらいだと聞いていた。こんな身分不相応のところに住めたのは、偶然の好運だった。フラットの持ち主は妻の友人で、ちょうど上のフラットが全面改装に取りかかったので、工事の音がうるさい。床は、意外なことに板なので、音がよく響く。こちらも、いい機会だから奥の小部屋を２つ改装することにした。その間は、人に貸せない。タダでいいから、住んでみては、といってくれた。結局、電気・ガス・水道の基本料金＋アルファーで引き移った。ご主人は大企業に勤め、海外生活が長かった人で、もし、日本に帰ったとき子供たちが不適応だったらロンドンで教育を続けさせる、という用心のために買ったフラットだった。子供三人は、すぐ日本の学校に順応したのでフラットは貸家になった。

　ここでの暮らしは、打って変わって、都会の孤独を味わう毎日になった。同じフラットの人とはあまり顔も会わさず、会っても挨拶は交わさない。ただ、地下鉄の環状線の駅に近く、鉄道のパディントン駅も近い。イギリスのどの方面に行くにも至極便利だった。本当にこのフラットはありがたかった。

　観光ビザぎりぎりの滞在６ヵ月弱で、90の庭を無事、まわることができた。探訪に出かける度に、長い時間をかけて交通・宿泊など庭園探訪の計画を綿密に作ってくれた妻に深謝したい。行けそうになかったところにも、行くことができた。庭の写真を撮ってくれたのも妻である。一眼レフが理想だが、重いので、軽いデジカメを使った。庭園図も描いてくれた。

　列車とバスでどう行くかでは、ウェブ・サイトの Traveline across the UK と National Rail Enquiries 、それから鉄道路線案内 Rail Atlas (S.K.Baker) という本をいつも使った。Traveline across the UK は、鉄道、バス、歩行まで含む行き方の案内で、最寄りの駅やバス停から歩く地図まで出てくる。たいへん便利であった。

参考資料

各庭園の案内冊子の他に、特に利用したのは、以下の本である。

Little Sparta. The Garden of Ian Hamilton Finlay, Jessie Sheeler, London, 2003.

Nature Over Again. The Garden Art of Ian Hamilton Finlay, John Dixon Hunt, London, 2008.

Highgrove. Portrait of an Estate, H.R.H. The Prince of Wales and Charles Clover, London, 1993.

We made a Garden, Margery Fish, London, 1995（First published in 1956）.

Cottage Garden Flowers, Margery Fish, Reprinted in 1973, Newton Abbot, Devon（First Published in 1961）.

A Hundred Years in the Highland, Osgood Mackenzie, Reprinted in 1974, London（First published in 1921）.

My Garden in Spring, Edward A. Bowles, Reprinted in 1997, Portland, Oregon（First published in 1914）.

The Cloud Garden. A True Story of Adventure, Survival and Extreme Horticulture, Tom Hart Dyke & Paul Winder, Bantam Press, 2003.

The Lost Garden of Heligan, Tim Smit, London, 1997.

Hinton Ampner. A Hamshire Manor, Ralph Dutton, London, 1968.

庭園案内書やウェブ・ページでよいのは、以下のものである。

Gardens of Britain. A Touring Guide to over 100 of the Best Gardens, Patrick Taylor, London, 1998. イギリス庭園百選の目安になる。

The Good Gardens Guide 2010-2011, ed. by Katharine Lambert and Anne Gatti, Readers Digest, 2010. イギリスとアイルランドの庭園・緑地・公園が1230紹介されている。カラー写真も多く、記述は明快である。

http://www.greatbritishgardens.co.uk（Gardens to visit at Great British Gardens-England Scotland Wales でも検索できる）。画像が多く、イギリスの740の庭園が簡明に紹介されている。各庭園のホームページにリンクできる。

クレジット

[写真]
p 93　The Prince Of Wales Launches The Coronation Meadows Initiative ―
　　　　― Getty Images
p 136-137　サマリトン・ホール庭園――Somerleyton Hall and Gardens
p 140-145　イースト・ラストン旧牧師館庭園――East Ruston Old Vicarage
その他全点　岩切　千代子

[庭園図描画]
　岩切　千代子

岩切　正介　Iwakiri Masaaki

1940年生まれ。1962年東京大学法学部卒業。1966年東京大学大学院人文科学研究科独語独文学修士課程修了。横浜国立大学教育人間科学部教授を経て、現在横浜国立大学名誉教授。1975年7月〜76年9月ウィーン大学、1999年4〜9月ヨーク大学にて海外研修。
著書：
『英国の庭園―その歴史と様式を訪ねて』（法政大学出版局）
『ヨーロッパの庭園―美の楽園をめぐる旅』(中公新書）
『男たちの仕事場―近代ロンドンのコーヒーハウス』(法政大学出版局）
その他、共著、論文多数。

珠玉のイギリス庭園をいく
60の緑の楽園ガイド
●
2013年9月15日　第1刷

著者　　岩切　正介
　　　　いわきり　まさあき

装丁　　川島　進　（スタジオギブ）

発行者　成瀬　雅人
発行所　株式会社　原書房
〒160-0022 東京都新宿区新宿1-25-13
電話・代表　03-3354-0685
http://www.harashobo.co.jp　振替　00150-6-151594
印刷・製本　中央精版印刷株式会社
© Masaaki Iwakiri 2013
ISBN 978-4-562-04934-9 C0026 Printed in Japan